《老子》译本总目：全球老学要览

［美］邰谧侠（Misha Tadd） 著

南开大学出版社

天　津

图书在版编目(CIP)数据

《老子》译本总目：全球老学要览 ／（美）邰谧侠
(Misha Tadd) 著. —天津：南开大学出版社，2022.11(2023.9
重印)

ISBN 978-7-310-06320-8

Ⅰ. ①老… Ⅱ. ①邰… Ⅲ. ①《道德经》-译本-图
书目录 Ⅳ. ①Z839.1

中国版本图书馆 CIP 数据核字（2022）第 224367 号

《老子》译本总目：全球老学要览
《LAOZI》YIBEN ZONGMU：QUANQIU LAOXUE YAOLAN

南开大学出版社出版发行
出版人：陈　敬
地址：天津市南开区卫津路 94 号　　邮政编码：300071
营销部电话：(022)23508339　营销部传真：(022)23508542
https://nkup.nankai.edu.cn

天津创先河普业印刷有限公司印刷　全国各地新华书店经销
2022 年 11 月第 1 版　　2023 年 9 月第 2 次印刷
230×170 毫米　16 开本　19.75 印张　2 插页　324 千字
定价：98.00 元

如遇图书印装质量问题，请与本社营销部联系调换，电话：(022)23508339

序

长时期以来，在研究老庄哲学的历程中，我逐步注意到了国外学者对老庄的研究与翻译。近年来，我陆续从世界各地收集了三百余种《老子》译本。除英文外，译本还包括其他众多语种。我据此推测，目前全球若能有五六百种《老子》译本，已实属难得。此后，我与邰谧侠（Misha Tadd）博士相识，得知他正在从事《老子》译本的收集、整理与研究工作，并已发表了不少杰出的相关研究成果。通过与 Misha 交流，以及阅读他的研究文章，我才得知海外《老子》译本的数量之庞大，以及研究议题之广泛。基于不同的文化背景，不同国家对《老子》的解读也都丰富多样。

1985 年，我第一次造访欧洲，停留与访问约一个月。此后，我又多次前往欧洲。而在我第一次访问法国时，最为感慨的是，我得知法国的高中生需要系统阅读从古希腊、古罗马时期至文艺复兴时期，一直到现当代的二十本人文经典。此种对于人文精神的崇尚，以及对于文化传统的重视，不禁令人感佩。中华文明延续至今而不曾断裂，我们当然也更有理由珍视自身文化传统。由此，我殷切希望透过 Misha 的研究，引领海峡两岸暨香港、澳门的学者对于道家乃至中国文化研究的关注与热忱。

另外，1996 年，我曾举办第一次有关道家研究的国际学术会议，并由此结识了很多海内外从事道家研究的同行学者。自那时起，我开始关注世界各国关于道家研究的状况，并逐步收集不同语种的老庄译本，也有不少世界一流学者因此赠予我相应的译本与研究著作。在与 Misha 结识后，我一直非常关注和重视他的研究工作。在全球化的背景之下，各国间的文化交流与思想沟通自然是极为重要的。无论是在中国还是在海外，我们都非常需要有人来进行这样的工作。Misha 目前的研究正充当了这样的桥梁。今闻 Misha 的研究成果即将出版发行，我乐见其成，也倍感欢欣。

陈鼓应
2020 年 12 月于北京大学中关新园

序言　目录学是西方汉学研究之基础

　　邰谧侠做了一个全球《〈老子〉译本总目：全球老学要览》，据我所知这是全球第一份最为详尽的《老子》译本目录，为此，我在《国际汉学》2019 年增刊全文发表了这个目录，现这个目录正式出版值得祝贺，《考狄书目》是西方汉学目录学的奠基之作，邰谧侠继承了考狄的事业，将海外汉学目录学推到了一个新的阶段。

　　做中国学问，文献学是其基础。"文献学"一词源于 1920 年梁启超在《清代学术概论》中所说的"全祖望亦私淑宗羲，言文献学者宗焉"。他在《中国近三百年学术史》中说："明清之交各大师，大率都重视史学——或广义的史学，即文献学。"当代文献学大家张舜徽先生在谈到中国文献学时，总结历史，阐明近义，对中国文献学做了很好的表述，他说："我国古代，无所谓文献学，而有从事于研究、整理历史文献的学者，在过去称之为校雠学家。所以，校雠学无异成了文献学的别名。凡是有关整理、编纂、注释古典文献的工作，都由校雠学担负了起来。假若没有历代校雠学家们的辛勤劳动，尽管文献资料堆积成山，学者们也是无法去阅读、去探索的。我们今天，自然要很好地继承过去校雠学家们的方法和经验，对那些保存下来了的和已经发现了的图书、资料（包括甲骨、金石、竹简、帛书），进行整理、编纂、注释工作，使杂乱的资料条理化、系统化；古奥的文字通俗化、明朗化。并且进一步去粗取精，去伪存真，条别源流，甄论得失，替研究工作者们提供方便，节省时间，在研究、整理历史文献方面，作出有益的贡献，这是文献学的基本要求和任务。"[①]

　　张舜徽先生所讲的中国文献学的范围是中文文献。但至晚明以后，中国的历史已经被纳入全球史之中，晚清之后，更是被拖入以西方世界为主导的世界历史之中。这样，来华的传教士，做生意的西方各国东印度公司，驻华的外交官和汉学家留下了大批关于研究中国的历史文献，翻译了大批关于中国古代的历史典籍。由此，中国文化开始以西方语言的形态进入西

---

①　张舜徽：《中国文献学》，上海：上海世纪出版集团，2009 年，第 3 页。

方文化之中，关于中国近代历史的记载也再不仅仅是中文文献组成。这样，西方中国研究中的文献问题就成为治西方汉学之基础，同样也构成了研究中国近代历史的重要文献。这里我们还简略掉了中国文化在汉字文化圈的传播和影响，那有更长的历史，更多的历史文献，或者以中文形态，或者以东亚各国的文字形态存在着，形成东亚文明史的一个整体。

　　根据张舜徽的理解，我们可以说，在西方汉学的历史中也同样存在一个西方汉学文献学的研究领域，西方汉学文献学作为一个西方汉学研究的基础研究领域是完全存在的，进一步扩展来讲就是"西方语言的中国文献学"。

　　伯希和曾说过："治'中国学'须有三方面的预备：1. 目录学与藏书；2. 实物的收集；3. 与中国学者的接近。"因此，治西方汉学，目录学是其基础。而谈起西方汉学的目录学，则一定要从考狄的《汉学书目》(*Biblioteca Sinica, dictionnsaire bibliographique des ouvrages relatifs a l'Empire chinois*) 说起。

　　考狄的家庭原籍在法国萨瓦省，他于 1869 年进入中国，2 年后就成为"皇家亚洲学会"中国北方分部的图书管理员，由此开始了他的汉学生涯。他 1876 年离开中国，1925 年去世。考狄是一位极其勤奋的汉学家，一生著作等身，尤其在汉学和东方学文献上成就非常之大。但其一生影响最大的还是编写《汉学书目》和创办《通报》这两件事。

　　按照考狄的看法，较早编写的西方汉学书目的是 Andreae 博士和 Geiger 先生编辑的《汉字文法增广总目：汉学书目》(*Han-tsé-wen-fá-chou-kouang-tsóng-mou, Bibliotheca Sinologica*)①。这本书目 1864 年在法兰克福印行。在此之前，美国来华传教士卫三畏（S. Wells, Williams, 1812—1884）在《中国丛报》(*Chinese Repository*) 上也刊出过书目，即皮聂罗（Pinelo）的《东方学书目概要》(*Epitome de la Biliotheca oriental*)，此后，德国汉学家穆林德（Paul Georg von Möllendorff, 1847—1901）所编的《中国书目》(*Manual of Chinese Bibliography, being a list of works and essays relating to China,*

----

① Han-tsé-wen-fá-chou-kouang-tsóng-mou, Bibliotheca Sinologica. Uebersichtlich Zusammenstel lungen als Wegweiser durch das Gebiet der Sinologischen literatur von Dr. med V. andreae und Johm Geiger. Als Anhang ist beigefugt: Verzeichniss einer grossen Anzahl ächt chinesische Bucher nebst Mitetcheilung der Titel in chinesischen Schrifzaichem. Frankfurt a. M.

Shanghai, London: 1876）是较早的一个汉学书目①，而法国汉学家考狄所编写的《汉学书目》（*Biblioteca sinica*）则是在前人一系列的专题书目和片段性书目的基础上完成的最为完整的西方汉学书目。《汉学书目》的第一版于1881年在巴黎出版时为两卷八册本，1893—1895年又做了增补说明；它的第二版，于1902—1908年出版，内容比第一版有大幅增加，增补说明到了1922—1924年才出版，1938年以增订本的五卷本形式再版。②《通报》有"书目"栏目，在这个栏目中，分别在1892年、1894年、1895年刊载了考狄的《中国研究》（1886—1891）、中国研究（1891—1894）第一部分、中国研究（1891—1894）第二部分，这样考狄书目以书和论文形态先后在西方学术界亮相。

考狄所以能完成这部西方汉学目录之学的奠基之作，与他在上海皇家亚洲学会北中国分会（North China Branch of Royal Asiatic Society, 习称"亚洲文会"）担任图书馆馆长有关，这家图书馆虽然藏书的总量不大，但确"收藏了16、17世纪以来出版的关于中国和远东方面的外文图书"，被称为"中国境内最好的东方学图书馆"。③考狄在《汉学书目》序言中讲述了自己从事这一研究的想法。

　　差不多十年前，当我抵达中国时，当我开始对这一庞大的帝国进行历史、科学、道德与风俗方面的研究时，我发现自己面对所有最初进入一个无限深广的研究领域的人所面临的困境。置身于这数量极为巨大、以各种语言完成、处理主题极尽繁富的有关中国的出版物之间，谁能给我指点迷津？我的第一个反应是求助于合理编排的书目：而这种书目并不存在。这迫使我自己动手对所能得到的这类著作进行某种挑选，某种分类整理。希望能够使其他人免除我自己正不得不做的这种无益而烦琐的工作，我产生了这个想法：一部精心编制的与这个中央帝国有关的著作目录的出版，将能够对那些研究远东方面的学者和对远东问题感兴趣的人有所裨益。

　　我刚到上海不久，由于被任命为（英国）皇家亚洲学会北中国分

---

① 参阅王毅：《皇家亚洲文会北中国支会研究》，上海：上海书店出版社，2005年，第50页。感谢王毅提供该书原文书名。

② 相传陈寅恪先生从欧洲返回中国后，在清华国学院开设的一门课就是西方东方学书目，讲的就是考狄书目。

③ 参阅王毅：《皇家亚洲文会北中国支会研究》，上海：上海书店出版社，2005年，第49页。

会的图书馆馆长，就开始着手这家学术团体的藏书编目工作。

　　亚洲文会的图书馆藏书大约有 1300 册（再加上 1023 卷中文书），其中有关一般意义的东方和专门研究中国的一大部分，都是伟烈亚力先生（Mr. Alex Wylie）转让的；藏书中也还包括数量可观的由各种学术机构编辑的连续出版物和文献汇编。这个图书馆的藏书目录于 1871 年年底出版①：尽管在法国和英国的先期研究，已经为我准备了文献编目方面的经验，这个目录的编纂对我还是起到了一种有关崭新研究领域的导入作用，而且给了我一种特殊的敏觉，文献目录学方面的敏觉，如果可以这样表述的话；它对我从事中国书目手册的编纂是必不可少的。我为了完成那本书目所积累的笔记和所做的研究，促使我决定实施我刚到上海时就有的想法，为那些由西方人写作的有关中国问题的著作，做某些无疑更有实力的其他人，对欧洲各国问题已经做过的工作。我也比较多地考虑到批评界对某种第一次尝试所会表现的宽容：所以说第一个尝试，因为，在我开始着手收集本书的基本材料时，中国书目索引是被我们的先驱者所非同寻常地忽略了，那些构成本书所必须的基本信息分散在几乎是四面八方。②

　　同时，考狄在中国生活期间与一些传教士汉学家和业余汉学家过从甚密，如卫三畏、费赖之（Louis Pfister, 1833—1891）、伟烈亚力（1815—1887）等人。这些人在书目的收集上对他帮助也比较大。

　　考狄的另一个重要贡献就是与德国汉学家施古德（Gustave Schlegel）一起于 1890 年在荷兰的 Brill 出版了国际汉学的综合性刊物《通报》，伯希和认为"创刊《通报》并使之持续下去，也可能是考狄能够为东方学做出的最大的贡献"③。这里我们不再展开。

　　考狄的《汉学书目》在西方汉学发展史上的贡献是巨大的，尽管在此之前也有不少汉学家做了相类似的工作，但考狄是集大成者，在这个意义上，他是西方汉学文献学的奠基人。从文献学的角度来看，考狄的《汉学书目》以下几点是我们应注意的。

---

① 《皇家亚洲学会北中国分会图书目录》（包括伟烈亚力先生的藏书），由亨利·考狄有系统地分类编辑，上海：Ching-foong 印书局（General Printing Office）印行，1872，大 8 开，8＋86 页。
② 考狄著，韩一宇译：《我与汉学书目之缘》，张西平主编：《国际汉学》第 17 辑，大象出版社，2009 年。
③ 伯希和：《法国百科全书式的汉学家考狄》，见［法］戴仁编，耿升译：《法国中国学的历史与现状》，上海：上海辞书出版社，2010 年，第 232 页。

1.《汉学书目》是首个最权威的西方汉学书目。在考狄书目之前，关于西方汉学的书目也有几个，但影响不大、流传不广。自从考狄书目出版后，其他关系西方汉学的书目基本上销声匿迹，考狄书目成为在西方汉学界最权威、流传最广且被西方汉学界完全接受的基础性书目。考狄所以取得这样的成就，考狄书目所以达到这样的效果，根本原因在于他所编的书目的权威性主要建立在两个基点上：第一，书目全，考狄书目所录入的书目是任何在此以前关于中国研究的书目所不可比拟的，数量之大要超出以前书目的几倍；第二，所记录的书籍和文献可靠。由于当时在编制这个书目时，他有得天独厚的条件，绝大多数的汉学书籍他都能看到，因此，他在《汉学书目》中所提供的书目，绝大多数是他亲自过眼的，他利用的是一手材料，而不是拾别人之牙慧。考狄在编制目录的过程中也表现出一个汉学家严格的学术态度，凡是进入目录，未经他亲自过眼的书，他均标出星号，以提醒读者。因此，考狄书目的一个特点就是他所提供的文献书目可靠性极大。

2. 考狄《汉学书目》进一步完善了西方汉学著作的初步分类。根据德国汉学家魏汉茂研究，第一本西方汉学书目是 1876 年在上海出版的《中国书目》，这个目录在汉学文献学上的贡献也是很明显的，因为它开启了一个西方汉学文献目录学的工作，如作者所说："毋庸置疑，对于生活在远东地区的外国人来说，有关中国的各种出版物的编撰是必不可少的。即使某些个别领域，特别是语言学和历史记录领域的出版物，已有了相对精确的目录，但关于泱泱中华的全面的文献却没有得到详尽的处理。"①

考狄前，西方汉学的文献学家们对西文汉学书目也有一个初步的分类，考狄在做这些工作时，显然参考了这些前人的分类方法，在此基础上，他的分类更为全面，大大推进了西方汉学文献学的书目分类体系。在《汉学书目》中他的分类是：普通作品、地理、人种志、气象学、自然史、人口、政府、法律、历史、宗教、科学与艺术、语言与文学、行为风俗、外国对中国的了解、贸易、条约开放港口、外交关系、中国对外了解、旅游、大使馆、移民、鞑靼（满族、蒙古族）、新疆、西藏、朝鲜、琉球（群岛）。

考狄在分类上较之前人更为仔细，如学者所说："从考狄的内容分类上看，他是从中国和外部世界的关系上来划分汉学研究领域的，反映了当时

---

① 参阅魏汉茂：《西方学界有关中国书目的简介》。

包括考狄自己在内的西方汉学家对汉学研究内容的归纳和总结。"①鉴于考狄书目的影响，考狄的这个汉学书籍编目在西方汉学文献书目编目上具有重大的影响。可以这样说，考狄开创了西方汉学目录学和文献学，在西方汉学史上功不可没，在我们研究中国典籍外译时，这是我们的必备之书。②

　　3. 考狄《汉学书目》的历史局限。任何事业的开创者都是不圆满的，考狄的汉学文献学事业也是如此。伯希和在纪念他的文章中，尽管对考狄的评价充满赞誉之词，但也不无遗憾地说："尽管他已经付出过巨大的辛劳，却始终处于不完善状态，他必须再从中补入其他著作。"③这是指，在考狄《汉学书目》中尚未编入俄罗斯和中亚研究的著作。考狄在他的《汉学书目》前言中说："书目提要类著作的编排可以有三种不同的操作方式：第一种以作者的姓氏字母排序，像在 Brunet 的书中做的那样；第二种以年代排序，如泰尔诺-孔邦（Termaux-Compans）的书所做的；第三种以材料本身分类，在巴黎出售的大部分书目著作都属于这一种编排方式。最后一种方式显然最具有科学性，也最方便使用，尤其是如果它有作为附录出现的一个以字母排序的作者索引的话。我们尝试结合这三种方式，把各种著作分章编排，在每一章之内，它们又按年代排序；最后以一个按字母排序的索引来为这部有条理的书目提要收尾。"④

　　由此看出，考狄自己心中是十分清楚的，这样一个大型书目，必须有一个索引系统，但直到考狄去世，《汉学书目》也没有出现索引系统，这不能不说是一个很大的遗憾。考狄是心有余而力不足，人生常常是这样，有很多理想，想到了，但生命的时间却不够了，匆匆而去，撒手人寰，事业留给后人去做，一代代文人相接。⑤

---

　　① 张红杨：《考狄的〈中国学书目〉和袁同礼的〈续考狄中国学书目〉》，国家图书馆编：《袁同礼纪念文集》，北京：国家图书馆出版社，2012 年，第 290 页。

　　② 魏汉茂先生为考狄书目编撰了索引，考狄的《汉学书目》此书不久将在中华书局出版。

　　③ 伯希和：《法国百科全书式汉学家考狄》，（法）戴仁编，耿昇译：《法国中国学的历史与现状》第 229 页，上海辞书出版社 2010 年。

　　④ 考狄：《我与'汉学'书目之缘》，见张西平主编：《国际汉学》第 17 辑，大象出版社，2009 年。

　　⑤ 1926 年中国的汉口俱乐部图书馆还专门印行了一个索引，来解读考狄的目录（Bibliography of China: Being a Rough Index to Cordier's Bibliotheca Sinica Columms! 4428, Hankow Club Library, 1926），1953 年纽约也编制了一本考狄《汉学书目》的作者索引（Author Index to the BIBLITHECA SINICA of Henri Cordier），但这也是一个内部刊印本，尚未正式出版。北京外国语大学中国海外汉学研究中心委托德国著名汉学家魏汉茂编制了一个考狄《汉学书目》的索引，考狄的《汉学书目》连同新的索引将在中华书局出版。

　　继承考狄事业，将西方汉学的目录学推向新的阶段的是国立北平图书馆馆长袁同礼先生。袁同礼是中国近代图书馆事业的奠基人。"袁同礼先生的一生，是为中国现代图书馆事业奠定永久基础的辉煌一生。其嘉言懿行，将成为世世代代中国图书、文献、信息情报工作者学习的楷模和典范，历劫不磨，归于不朽。"①袁同礼主持北平图书馆以来就十分重视西方东方学之研究，认为"以此通中外图书之邮，为文化交通之介"②。这样北平图书馆成立后，东方学图书的收集是一个重点，在新建的北平图书馆开馆之时，袁同礼《国立北平图书馆之使命》一文中就指出："外文图书方面，举凡东西洋学术上重要之杂志，力求全份；古今名著积极搜罗，而于所谓东方学书籍之探究，尤为不遗余力……"所以，从国立北平图书馆建馆起，袁同礼就将西方东方学书籍作为重要的收藏内容，这自然包含着西方汉学的著作。1932 年收入了汇文学校所藏的、美国毕德格（W.N. Pethick）所藏的关于东方学之书 500 多册，"1934 年，先生乘赴欧洲之便，在西班牙购入 Santa Maria 先生旧藏东方学书籍，内有 200 余种 17、18 世纪出版的书"。同时，他组织北平图书馆编制东方学和中国学书目，"如 1935 年至 1936 年度，《馆藏图书馆西文书目》和《馆藏中国问题西籍分类目录》出版，后一目录共收录书籍 6000 种，采用美国国会图书馆的分类法，书末并附有人名和书名索引。专题目录为研究提供了便利，有利于学术的发展"③。1957 年袁同礼受聘于美国华盛顿国会图书馆，在此期间完成了如下一系列汉学书目，从而奠基了他在西方汉学的学术地位。

　　1958 年出版的《西文汉学书目》（*China in Western Literature: a Continuation of Cordier's Bibliotheca Sinica*）。袁同礼的这本目录是"接着说"，书名全译应是《西方文献里的中国——续考狄之〈汉学书目〉》，全书收录了从 1921 至 1957 年间发表的西方汉学专题著作，包括英、法、德文，后来又添加了葡萄牙语（关于澳门）的作品。全部书目共 18000 种。这是继考狄后西方汉学界当时最全的汉学研究著作目录。"袁先生的这部著作是 20 世纪西方

　　① 徐文堪：《永怀中国现代图书馆事业的典籍者袁同礼先生》，国家图书馆编：《袁同礼纪念文集》，北京：国家图书馆出版社，2012 年，第 14 页。

　　② 见曹志梅、孔玉珍：《留学欧美与袁同礼图书馆学思想之形成》，《徐州师范大学学报》，1998 年，第 4 期。

　　③ 彭福英：《袁同礼与国立北平图书馆的西文建设》，国家图书馆编：《袁同礼纪念文集》，北京：国家图书馆出版社，2012 年，第 148、150 页。

汉学研究的必读书。难能可贵的是在编辑这本书时，袁先生还亲自阅读了书中收录的英、法、德文有关中国研究的 18000 种著作中的大部分书籍，走访了美国和欧洲的许多重要图书馆，并和许多作者进行了交谈。他的这种严谨治学的精神一直为人称道。"①

袁同礼先生在编制了《西方文献里的中国——续考狄之〈汉学书目〉》后，又一口气编制了一系列的汉学书目，这些是：

《中国经济社会发展史目录》（*Economic and Social Development of Modern China a Bibliographical Guide*，1956）。这是为胡佛研究所编辑的一本关于现代中国社会经济发展的书目，它包括了英文、德文、法文的各类书籍和期刊，值得一提的是在书目后编制了中国学者的中外文名字对照表。

《新疆研究文献目录：1886—1962》（日文本，*Classified Bibliography of Japanese Books and Articles concerning SINKIANG*）。近代以来西域研究渐成中国学术研究之重点，袁同礼作为文献学大家自然给予关注，他在这本目录的序言中说："新疆古称西域，久为我国西北之屏障。十九世纪以还，中原多故，战乱频仍，塞外边陲鲜暇顾及。英俄两大强邻，凭借其政治经济之力，逐于葱岭内外，举世瞩目。欧美学者逐移其视线，转向中亚一丛，探讨史地，实地考察，勤成巨帙。新疆一隅，因此成为各种科学研究之宝藏。"②这个目录是对日本中国学研究的一个重要的学术目录，袁同礼之后，至今尚无人再做这样的目录，即便今天读起来，这也仍是一本学术价值很高的域外中国学研究目录。这本书是他在美国与日本中西文化交流史研究大家石田干之助相遇后，在与石田干之助的高足边渡宏的合作下编制的一本目录。在书后附有《新疆研究丛刊出版预告》，内有袁同礼编著的《新疆研究文献目录》的中文版和西文版，但这次中国国家图书馆所编的《袁同礼著书目汇编》中没有收录《新疆文献目录》的中文版和西文版，只收录了日文版。③

《现代中国数学研究目录》（*Bibliography of Chinese Mathematics, 1918-1960*），这是袁同礼 1963 年在美国所出版的一本中国研究目录，数学研究的历史属于中国科学技术史的一部分，从利玛窦到李善兰，近代以来中国

---

① 周欣平：《袁同礼和他的〈西文汉学书目〉》，见国家图书馆编：《袁同礼纪念文集》，第 275 页。

② 袁同礼编著：《袁同礼著书目录汇编：海外中国学研究书目系列》（1），北京：国家图书馆出版社，2010 年，第 251 页。

③ 或许将来能看到袁同礼先生所编的《新疆文献目录》的中文和西文版出版。

和西方的数学史家对此都有很深的研究，但从未有人做过这样专题的目录。
著名留美华裔数学家陈省身在前言中说，这部目录涵盖了近代以来中国数
学的发展。目录既包含西方学者的研究，也包含中国学者的研究。①袁同礼
在前言中说，他所以从 1918 年开始，是因为这个目录是以在西方数学界发
表的论文为基本对象的，1918 年有了第一个中国学者胡达（明复）在西方
数学杂志上发表的论文。②显然，这是一本西文文献中近代中国数学史研究
的重要目录。

《胡适先生西文著作目录》（*Bibliography of Dr. Hu Shih's Writings in
Western Languages*），这是袁同礼与尤金·德拉菲尔德（Eugene L. Delafield）
两人合作编制的目录，最初发表在《中央研究院历史语言研究所集刊》上，
这是最早的胡适英文著作目录，当代留美华裔学者周资平的《胡适英文文
存》也是在这个目录基础上逐步完善起来的。③

《中国音乐书谱目录》（Bibliography on Chinese Music），袁同礼原著，
梁在平教授增订。袁同礼先生最初编辑《中国音乐书谱目录》收录了英文、
法文、德文发表的论文目录三百多种，后梁在平将 Richard A Waterman、
William Lichtenwanger 等人编辑的 Bibliography of Asintic Musica 约三百
多种编辑在一起出版。这自然是西方汉学研究的重要书目，中国音乐西传
是中国文化西传的一个重要组成部分，袁先生编辑这个目录开始虽然只有
三百多种，但却有开拓之功。④

《中国留美同学博士论文目录》（A Guide to The T. L. Yuan *Bibliography
by Chinese Students in America, 1906-1960*）；《中国留英同学博士论文目录》
（*Doctoral Dissertations by Chinese Students in Great Britain and North Ireland,
1916-1961*）；《中国留学欧洲大陆各国博士论文目录》（*A Guide to Doctoral
Dissertations by Chinese Students in Continental Europe, 1907-1962*）。

这三部目录共收入了 4717 篇中国留学欧美博士论文，数量之大、目录
收入之细，至今尚无人可以超过。"以上三种目录，可知 20 世纪前半期中

①　袁同礼编著：《袁同礼著书目录汇编：海外中国学研究书目系列》（1），北京：国家图书馆出版
社，2010 年，第 357 页。

②　袁同礼编著：《袁同礼著书目录汇编：海外中国学研究书目系列》（1），北京：国家图书馆出版
社 2010 年，第 361 页。

③　胡适著，周资平编：《胡适英文文存全三册》，北京：外语教学与研究出版社，2012 年。

④　参阅陈艳霞著，耿昇译：《华乐西传法兰西》，北京：商务印书馆，1998 年。

国学者自欧美大学取得最高学位者不下四五千，在中国现代化的过程中，自有一定的贡献和影响。袁先生的调查和著录十分详细，是中国现代史的一项重要的第一手记录。"①

《俄文汉学书目，1918—1958》（*Russian Works on China, 1918-1958: A Selected Bibliography*, 1959）；《美国图书馆藏俄文汉学书目，1918—1960》（*Russian Works on China in American Libraries, 1918-1960*, 1961）。这两本书目是因为在袁先生的《西方文献里的中国——续考狄之〈汉学书目〉》中没有收入俄文汉学书目，他感到十分遗憾。为此，他定居美国后重新学习俄文，编制这两部书目。（见书目后补充内容）

《中国艺术考古西文目录》（*Bibliography of Western Writings on Chinese Art and Archaelogy*, 1957），这本书目是袁同礼生前未完成之遗著，他去世后由美国芝加哥大学的范德本（Harrie Vanderstappen）教授对其遗著进行整理、编辑，于1957年在伦敦 Mansell 出版社出版。（见书后补充材料）

从以上的基本目录我们可以看出，袁同礼作为中国近代图书馆事业的奠基人，他不仅仅在中国的图书馆事业的发展上呕心沥血，做出了巨大的贡献，而且他本人在西方汉学文献学、目录学上有着重大的贡献，在汉学目录收集的范围上和数量上都已经大大超越了他的前辈考狄。

考狄书目至今为止仍是西方汉学家做中国学问的案头必备之书，1938年，中国的文殿阁书庄曾影印出版考狄的《汉学书目》，这个影印版已经很难寻找。

新时期以来，对西方汉学的研究日益成为一个引人注目的重要方面，西方汉学文献学的建设被提上日程。中国国家图书馆出版社出版了《袁同礼著书目汇编：海外中国学研究书目系列》，如此，出版考狄《汉学书目》就十分必要，不然我们对西方汉学发展的历史掌握就不全面，因为，袁同礼是接着考狄书目来做的，不知考狄书目，就无法更好地使用袁同礼书目，也无法知道其学术价值。相距1927年民国时期第一次影印考狄书目到今天，已经过去了九十余年。今天，在中华书局出版的考狄《汉学书目》是世界上第一个有完整索引的《汉学书目》，这是中国学者和西方汉学家共同合作的结果。"1814年12月11日，在法兰西学院设立了一个'汉语、鞑

---

① 钱存训：《纪念袁同礼先生》，见国家图书馆编：《袁同礼纪念文集》。至今为止的中国留学史研究尚未完全充分利用这三本重要的学术目录，袁同礼先生的这三本书仍是研究中国近代教育史的最重要基础文献。

鞑语和满语语言文文讲座'，从而赋予了法国汉学一种成果丰富的推动，从而使汉学一举与其他官方学科结合在一起了。"①从雷慕萨 1814 年出任法兰西学院汉学教授，到今天西方汉学整整走过了 200 多年的历程。今天，邰谧侠将全球《老子》翻译出版总目出版具有重要学术意义，这是国际汉学研究中第一个《老子》研究专题总目，同时也是第一个包括了非西方国家在内的真正全球专题汉学书目，这一点他超过了考狄和袁同礼，这是一个重大的学术进步。

张西平

---

① ［法］若瑟·佛莱什：《从法国汉学到国际汉学》，载［法］戴任编，耿昇译：《法国中国学的历史与现状》，上海：上海辞书出版社，2010 年，第 22 页。

目　录

前　言

《老子》，也称《老子道德经》《道德经》《道德真经》《五千言》，是《圣经》（The Bible）以外译本最多的经典。它是中国哲学走向世界的独一无二的案例，但之前尚无完整的译本目录，以此，笔者编写了此总目。相关总目原发表于《国际汉学》，当时收入 73 种语言的 1576 种译本[①]，本书在此基础上又有增益，现有 97 种语言的 2052 种译本[②]。这一丰富的材料庶几能为全球老学、国际汉学、思想史、跨文化哲学、宗教学、比较文学、语言学、诠释学、翻译学等学术领域的研究打下基础。前言分为八个部分：编目缘起、总目与其他相关目录的差别、译本界定标准、总目文献类型、总目所涉语种基本情况、总目译本分类、《老子》翻译史概要及全球老学与总目的价值。

一、编目缘起

此总目的编写缘起于 2016 年笔者参加的中国社会科学院举办的"知止"中外经典读书会的《老子》读书活动。该读书会上，学者们比较了《老子》的不同注本和外文译本，以期更深刻地了解原文意义。读书会创始人之一、中国社会科学院世界宗教研究所刘国鹏副研究员就当时《老子》的相关问题咨询了笔者，希望笔者推荐优秀的英语译本，由此笔者开始考虑《老子》的译本问题，尤其是早期译本情况。为了能在读书会上分享最早的《老子》拉丁语译本，笔者特请大英图书馆（The British Library）工作人员帮助扫描，历时三四个月，方得到扫描件。读书会的另外一位创始人、中国社会科学院语言研究所王伟副研究员和北京大学陈鼓应教授也提出了他们的构想，考虑到《老子》外译情况的特殊性，他们希望我参与筹建一所

---

① 参见笔者：《〈老子〉译本总目》，载于《国际汉学》2019 年增刊，第 7 页。

② 笔者所言"语种"有一定标准，按此标准计为 97 语种。97 语言包括塞尔维亚和克罗地亚语两种。按照语言学的标准，这两个语种应该属同一个语种，但因政治原因被分为不同的语言。97 语言中的译本也包括方言译本，即西班牙的加泰罗尼亚语中的方言巴伦西亚语、德国的斯瓦比亚语、挪威的尼诺斯克语。尤其是最后的尼诺斯克语，本可以作为独立语种，但挪威人将它作为挪威语书面语之一。

"老子道德经"图书馆。筹建工作的第一步是收集所有《老子》译本的信息。于是，笔者开始通过网络及走访世界各大图书馆来搜集《老子》译本相关信息。

第一步是寻找不同语种的《老子》译本。笔者从维基百科（Wikipedia）入手，因为它有不同语种的《老子》信息和一些目录的线索，笔者借此可追踪至相关国家的谷歌搜索引擎，搜索到译本在相关的网上书店和图书馆的持有状态，并找到出版社、书店或图书馆编目里的相应《老子》译本去核实正确的书名或译者姓名，以保证总目信息来源的正确性；偶尔能从某种译本中发现其他译本的信息，则属意外之喜。笔者曾亲自到大英图书馆、哈佛燕京图书馆（Harvard-Yenching Library）、纽约公共图书馆（New York Public Library）、洛杉矶公共图书馆（Los Angeles Public Library）、中国国家图书馆等全球重要图书馆查找相关信息。历经五年多，方慢慢地搜集到比较全备的译本信息。

如此繁重的工程无法由笔者独立完成，它离不开当代诸多学者的努力，同时还有赖数位专家审定外文信息。本总目借鉴了如下几位学者的研究成果。第一，马提亚·克劳斯（Matthias Claus）的网站，里面详细提供了128种德语译本。这些译本是本总目德语译本的基础。①第二，2017年，彼得·贡贝特（Peter Gumbert）向荷兰莱顿大学图书馆（Leiden University Library）捐赠了1434种译本及与《老子》相关的书籍，该批文献被命名为"贡贝特特藏"。图书馆管理员向笔者提供了他们尚未公开的目录。这1434种译本当中有不少重印本，去其重后统计，仍有38语种、近700种不同译本。虽然该目录并不完整，但贡贝特特藏仍是目前研究"全球老学"的最好圣地。②贡贝特特藏目录中，大部分译本笔者之前已找到，完全取自其中的译本只有25种，总目中对这些新取自"贡贝特特藏"目录的条目后面均以"{Gumbert}"标注。第三，美国芝加哥大学神学院（The University of Chicago Divinity School）博士生陆凯思（Lucas Carmichael）于2017年完成的博士论文 The Daode jing as American Scripture（《美国宗教经典〈道德经〉》），

---

① 马提亚·克劳斯的网站地址：http://www.das-klassische-china.de/Tao/Ubersicht%20der%20versch%20Ausgaben/，最后访问日期：2017年2月17日。

② "全球老学"代替笔者之前用的"新老学"概念。意思基本上一样，即包括中外老学传统的研究对象。关于"新老学"概念，参见笔者：《〈老子〉的全球化与新老学的成立》，载于《中国哲学史》2018年2期，第122—129页。

其中的英译本目录里包括了 2017 年前的《老子》英译本信息，其中有 73 种译本为此前笔者所未知，这些译本条目均以"{Carmichael}"标注。①第四，作为陆凯思的目录基础的德国神学家克努特·瓦尔夫（Knut Walf）的成果。瓦尔夫教授从 1986 年开始出版 *Westliche Taoismus-Bibliographie*（《西方道家目录》），其中包括《老子》《庄子》和《列子》的译本信息，前后再版了六版，最近且最齐全的是 2010 年版，该版也是截至 2010 年最为齐全的《老子》译本目录。②瓦尔夫教授曾与笔者分享了他已有的目录，有一些是 2010 年版目录中未及收集的。瓦尔夫的目录共收录有 44 种语言和 724 种译本。据瓦尔夫教授所言，他与彼特·贡贝特合作搜集《老子》译本及其信息，但因为有些译本贡贝特没能买到，相比之下，瓦尔夫的目录更齐全。笔者从他那里获得在其他地方无法找到的 32 种译本，并在本总目中以"{Walf}"标注。第五，与《国际汉学》总目不同，本书总目收录了辛红娟尚未发表的英文译本目录中的 23 种英译，她目录中独有一些不同英文译本的相关信息，如重印等，笔者也收入，取自辛红娟目录的条目后面均标注"{辛红娟}"。

　　克劳斯、贡贝特、陆凯思、瓦尔夫和辛红娟以外，还有 39 位学者帮助笔者寻找和记录了译本信息。大部分学者负责的是外文信息的文字审定，但也有数位学者提供了与之相关的其他信息，对这些学者的基本情况，笔者以脚注形式予以说明。此外，还要特别指出其中几位：蒙古国立大学（National University of Mongolia）的巴特玛（Batmaa V.）提供了大部分蒙古语译本信息，俄国国家研究型高等经济大学（National Research University-Higher School of Economics）的 A·A. 马斯洛夫（A.A. Maslov）提供了几种俄语译本的信息，中国社会科学院的聂鸿音提供了宝贵的《老子》西夏语译文信息。在此，笔者谨对他们的帮助深表感谢。

　　笔者于 2019 年入职南开大学。在学校的支持下，笔者于 2021 年 10 月份主持召开了"全球老学"国际研讨会，陈鼓应先生在会上倡议成立南开大学哲学院"全球老学研究中心"，得到了学院的鼎力支持。其后，应和笔者之邀，北京大学陈鼓应、哈佛大学普鸣（Michael Puett）、北京大学王中江、芝加哥大学任博克（Brook Ziporyn）、中国社会科学院陈霞、中国人民

① Lucas Carmichael, "The *Daode jing* as American Scripture: Text, Tradition, and Translation," PhD diss., University of Chicago, 2017.

② Knut Walf, *Westliche Taoismus-Bibliographie*. Essen: Die Blaue Eule, 2010.

大学曹峰、北京大学郑开等学者愿意出任本中心顾问，给笔者的老学译本收集工作注入了新的力量。以此，笔者以后①以中心为平台继续收集译本，并拟在此基础上做进一步的文献收藏、整理和分析工作，这样期望能实现陈鼓应"老子图书馆"的梦想，将全球的《老子》呈献给学术界。

二、总目与其他相关目录的差别

本总目之前，已有《老子》译本目录，但遗漏不少。1975 年，台北正中书局出版严灵峰主编的《周秦汉魏诸子知见书目》第一卷，包括"中国老子书目录""日本老子书目录""东方各国老子书目录"及"欧美各国老子书目录"。除"中国老子书目录"的内容较为详细外，其他三种《老子》外文书目不齐全。另外，严先生目录是按地区分类的，因而"日本目录"中也出现了《老子》汉文注释的文献，而且译本和著述没有严格区分。有鉴于此，本总目按语种和翻译的底本对译本进行分类，摒弃了与译本无关的信息。严先生的目录也有可取之处，尤其是它收录了作者或译者的相关信息及译本的"内容概述"，便于读者分辨著书和译本。他的目录另有一个特点，即收录历史上有记载但已失传的译本，譬如女真语《老子》。而笔者的本总目只收录未失传本，即可以作为研究对象的译本。严先生的外文目录包括日文《老子》共计 315 种，涉及其他东方各国 5 种语言 16 种《老子》译本，欧美各国《老子》译本所涉的 17 种语言 255 种译本和著述。严灵峰的目录出版于 40 多年前，在当时已是比较齐全的《老子》译本目录，但近几十年《老子》译本出版速度越来越快，而该目录没有涵盖 1975 年后的《老子》译本。

与严灵峰编目模式相似，丁巍先生历时十余载，编写了更为齐全的《老子典籍考：二千五百年来世界老学文献总目》，但该课题成果尚未出版。②《老子典籍考》涵盖内容很广，包括中国及东西方国家共 41 种语言，涉及中文文献 2185 种、其他东方语言文献 537 种、西方语言文献 622 种。丁巍此项课题研究成果的特点是收录了很多不同的文献信息，还包含与《文子》《恒先》等文献有关的信息，属于他所称的"世界老学"文献，与笔者所提出的"全球老学"有交叉之处。他收录了不少有关《老子》的研究专著和

---

① 参见严灵峰：《周秦汉魏诸子知见书目》（第一卷），台北：正中书局，1975 年。
② 参见丁巍：《老子典籍考：二千五百年来世界老学文献总目》，2004 年 10 月国家社科基金项目成果。

论文，包括中国、日本、韩国历代《老子》注本，而笔者总目内容只针对《老子》译本。另外，丁先生研究得非常细致，但在他项目完成后的十几年内，《老子》译本数量还在不断增加。遗憾的是，笔者目前尚无法参考这些信息，其中也许有笔者尚未找到的条目。

西方收录《老子》译本目录者基本上只有瓦尔夫，他的目录与本总目的重要区别在于，他以欧洲语言为主，只用罗马字母而不用译本语种的文字记录译本信息，而且有不少重复的或非正式译本的信息，但它仍是本总目之前西方最为宝贵的《老子》目录。与之不同的是，本总目为了客观呈现《老子》译本的全球化特点，不只是用罗马字母记录信息，还用到了30种不同文字，包括如阿拉伯语、古吉拉特语和泰语的字母。

与笔者发表于《国际汉学》的总目相比，本书有明显不同。第一，本书的译本共计已经达到2052种，比《国际汉学》的版本多了476种，语种总数达到了97种，比《国际汉学》多了24种语言：威尔士语、卢森堡语、阿尔巴尼亚语、白俄罗斯语、乌兹别克语、吉尔吉斯语、藏语、马拉地语、僧伽罗语、阿姆哈拉语、宿雾语、本巴语、埃维语、加语、伊洛卡诺语、卢旺达语、索托语、修纳语、斯瓦希里语、聪加语、茨瓦纳语、特维语、科萨语和祖鲁语。第二，在按语种收录的基础上，每语种译本再分为八种类型：《老子》原文翻译、《老子》注本翻译、《老子》转译、《老子》注本转译、《老子》语内转译、类型尚未确定的译本、《老子》回译和《老子》注本回译。第三，原来转译本条目只包括其所出自的译本信息，但目前被转译的译本条目下面还包含了相关转译本信息，这样译本和译本之间的联系更为清楚详细。第四，如某注本有若干译本，而且注本还被继续翻译，第一次某注本在总目出现，条目下会显示同样注本所有其他译本的信息，这样某注本译本的相关信息能一目了然。第五，修订了笔者后来发现的一些小错误，比如拼写问题、出版年份错误、译本信息重复等；同时也补充了一些信息，如出版地、出版社、重印等信息。第六，为便于读者理解和使用信息，本总目在原有的30种不同文字的信息外，还提供了每一条目的罗马化转写。原总目只给17种小语种附上了罗马化转写，这次又加上了29种，一共46种不使用罗马字母语种的条目都附上了罗马化转写，这包括159种韩语译本、90种日语译本、63种俄语译本、42种波斯语译本与36种泰语译本的条目信息。第七，为了让所附信息呈现得更为直观清楚，本总目改变了排版模式，即将每一条目的基本信息、罗马化转写和所有其他信息另起一行，下文总目体例里会具体解释。

三、译本界定标准

本总目与其他目录的重要区别之一是目录内容的具体范围有差异，这是因为本总目的《老子》译本选择标准与此前有所不同。首先，版本问题是研究《老子》译本时的首要问题。本总目包括《老子》郭店竹简本、马王堆帛书本、北大简本、河上公本和王弼本等版本的译本，也包括《河上公章句》，王弼的《老子注》《想尔注》和葛长庚《道德宝章》等注本的译本。虽然这些注本的译本也收录在内，但《韩非子》里的《解老》和《喻老》译文和《淮南子·道应训》中《老子》引文的译文都未收录。这些内容从某个角度也属于《老子》注疏，有研究价值，但其翻译还不属于《老子》，故而不收录。

除了翻译的底本问题以外，还有翻译风格不同的问题，有的译本在原文基础上发挥较多，以至其是否算"译本"都需细加考虑。本总目的译本选择标准相对宽松，只要保留了《老子》81章基本内容的都为译本，因而发挥较多的译本也囊括在内，以此，总目包括历史考据、哲学分析、宗教信仰、文学欣赏、个人启发共计五种类型。

关于这五种译本的类型，简单描述如下。第一，侧重历史考据的译本。从清朝开始，考据学或朴学成为主流，以朴学方法解释《老子》由来已久。汉学家大都沿袭这种方法，尤其是对新出土文献的研究，比如德国的鲁道夫·G.瓦格纳（Rudolf G. Wagner）、美国的韩禄伯（Robert G. Henricks）、法国的让·列维（Jean Lévi）。第二，强调哲学分析的译本。虽然《老子》中宗教精神和哲学意味彼此交融，但国外仍有不少译本更强调其哲学意味的一面。比如北美的安乐哲（Roger Ames）和郝大惟（David Hall）、法国的戴遂良（Léon Wieger，1856—1938）、印度尼西亚华裔汉学家曾珠森（Tjoe Som Tjan）、波兰的弗朗齐歇克·陀卡兹（Franciszek Tokarz）。第三，从宗教信仰角度诠释《老子》的译本。这类译本从宗教信仰角度——有关鬼神、超越世界、带有宗教性的宇宙观以及修行等方面——解释《老子》。例如以天主教模式诠释的拉丁语译本，德国的安德烈·埃卡尔特（Andre Eckardt，1884—1974）和英国的马拜（John R. Mabry）的新教译本，英国的伊莎贝拉·米尔斯（Isabella Mears）、德国的弗兰兹·哈特曼（Franz Hartmann，1838—1912）的神智学（Theosophy）译本，美国的德怀特·戈达德（Dwight

Goddard，1861—1939）和美国托马斯·柯立瑞（Thomas Cleary）的泽庵宗彭《老子讲话》英语转译所代表的外国佛教解释，以及韩国柳永模（Ryu Youngmo）的基督教、佛教和仙道融合的译本。也有以新宗教教义诠释《老子》的译本，如奥利弗·本列明（Oliver Benjamin）的督爷主义（Dudeism）①译本和 D·W. 克里格（D. W. Kreger）的绝地教（Jedaiism）②译本。第四，从文学的角度，强调《老子》文学性的译本。这类译本多以诗歌形式翻译或从文学角度解析《老子》，如美国的恩松·金（Unsong Kim）、德国的汉斯·冯·德·温斯（Hans Jügen von der Wense，1894—1966）、匈牙利的杜克义（Tőkei Ferenc）和俄国的鲍鲁什科（Олег Матвеевич Борушко）。第五，多有个人发挥的《老子》译本。这些包括但不限于正式的哲学或宗教，有更强的个性。比如下面几种英译：蒂莫西·利里（Timothy Leary）吸毒后重新翻译的《老子》、韦恩·W. 戴尔（Wayne W. Dyer，1940—2015）的鸡汤《老子》、约翰·海德尔（John Heider）的 The Tao of Leadership《领导之道》、雷·格利格（Ray Grigg）的 The Tao of Relationships《爱情之道》、瓦尔多·吒普希（Waldo Japussy）以"猫"的身份写出来 The Tao of Meow《喵之道》等。这一类型译本的主观性较强，有时难以裁定是译本还是受《老子》启发所撰的著作，对这一问题，笔者视具体情况做相应处理。

　　还有一种外译情况，即译者不是直接从《老子》汉语底本译为外文，而是从汉语译成的外语本再转译为第三种语言的《老子》译本。世界上译本最多的《圣经》也是如此，经常从英语等主流语言转译成其他语言，而不是直接从希伯来语、古希腊语等的原文翻译而成。转译大大增加了译本的数量。《老子》译本中，这样的例子也很多，如萨其斯·托特里斯（Σάκης Τότλης）将 R·L. 翁（R. L. Wing）的《老子》英译本转译成希腊语，玛瓦集·克·萨瓦拉（Māvajī Ke Sāvalā）将初大告（Ch'u Ta-Kao）的英译本转译成古吉拉特语以及亚内·磨兰恩（Janne Moilanen）将何塞·路易斯·帕

---

　　① 督爷主义是一种奉 1998 年美国电影《谋杀绿脚趾》（The Big Lebowski）中的主角"督爷"（The Dude）为典范的新宗教。这部由科恩兄弟导演的影片塑造了一位全无野心的无业游民，他绰号"督爷"，每天喝白俄罗斯的鸡尾酒和打保龄球，过着闲散和没有竞争的日子。如此不争的生活方式引发了不少人的模仿，甚至形成了"督爷主义"。因为督爷主义主张的无为、自然和不争的生活方式与老子哲学有相同之处，《老子》成为督爷主义的经典。

　　② 绝地教是一种建立在科幻作品《星际大战》教义基础上的新宗教。其实，电影里面的绝地教基于道教和武士道传统，强调通过修炼可以直接体会宇宙的本体"原力"（The Force），接近中国"气"的概念，也与老子的"道"相似。因此绝地教《老子》译本的出现也不意外。

迪拉·科拉尔（José Luis Padilla Corral）的西班牙语译本转译成芬兰语。偶尔还有一种情况，即更有创意的外译本又被回译成现代汉语。比如，王强和刘飒将韦恩·戴尔的鸡汤《老子》（*Change Your Thoughts, Change Your Life*）翻译成汉语的《改变思想改变生活》，陈苍多将 *The Tao of Leadership* 翻译成《领导之道》。这种《老子》译本是从汉语底本翻译成外文，再由外文转译为中文的回译本，总目也将其收录了。因此，如果包括汉语回译本在内，《老子》译本语种有 97 种，但非汉语语种只有 96 种。

此外，还有很多译本是同种语言间的转译。《老子》被译成某一语种后，以该语种为母语的读者将之融入自身理解，又以该语种写出新的译本，类似俄罗斯语言学家罗曼·雅各布森（Roman Jakobson，1896—1982）的"语内翻译"（intra-lingual translation）。①但就本总目而言，更准确的说法应该是"语内转译"（intra-lingual re-translation）。这种译本网上很多，也有正式出版的。这种现象在英语界最为常见，如著名作家厄休拉·勒吉恩（Ursula K. Le Guin，1929—2018）的译本，还有马修·S. 巴恩斯（Matthew S. Barnes）译本、亚伦·布拉赫费尔德（Aaron Brachfeld）和彼得·弗伦策尔（Peter Frentzel）的译本。最受欢迎的英译本之一史蒂芬·米切尔（Stephen Mitchell）的译本也属于此类转译。

四、总目文献类型

总目收录标准一是与译本界定标准有关，二是与文献类型有关。以下分别描述了本总目所收入和没有收入的十几种文献类型及收录与否的标准。

本总目收入文献类型，除正式出版著书外还有八种。一、有少数手稿。手稿译本均有包括藏地在内的具体信息，条目中含有"MS"或"MSS"字样的译本即为手稿译本。其中部分手稿译本注明了手稿出版后的信息，比如达尼伊尔·西维洛夫（Архимандрит Даниил）1828 年的俄语译本手稿单例为一条目，其 1915 年经过修改的印刷本另列一条目。二、有少数硕士和博士的论文会在附录中附上译本，条目中含有"MA diss."或"PhD diss."字样的译本即为硕士和博士论文内的译本。三、无论是译者自己出版的

---

① 参见 Roman Jakobson, "On Linguistic Aspects of Translation." In *On Translation*, edited by Reuben Arthur Brower. Cambridge: Harvard University Press, 1959, 232–239.

（Self-Published），还是正规出版社出版的，所有有国际标准书号的译本，总目均收录在内。四、总目以著书中的译本为主，但有的译本出现在期刊和报纸中，这一类总目也包括在内。五、重译本容易产生错误，笔者可能会出现疏漏之处，如有的译本只是重印，不应该归为两个条目；有的条目则是同一译者的不同译本，却被列为一个条目；且出版社重印本或修订本易于混淆，新译本和修订版本的标准仍有待进一步厘清，这方面笔者未能对每一种译本进行深入研究，目前只能就手头资料尽力做好区分工作。六、总目多为印刷版本，但也有少量电子版，这些电子版均有国际标准书号或有亚马逊电子书（Kindle Edition）号码。如果是正式网上期刊，也属于期刊翻译类。七、节译也属译本，但其标准还是有点模糊，能否归入总目仍有待商榷。八、一些书籍中也会出现《老子》文本的译文，如黑格尔（G. W. F. Hegel, 1770—1831）的《老子》最早德语引文之一，这类型也算译本。以笔者所知，类似这种译本的语种至少达到 18 种，说明有全译本的语种目前可能达到 76 种。

　　没有收入的非"译本"类型，具体如下。一、中日韩的历代《老子》注释。二、现代汉语白话译本，也叫今译。这些也属于全球老学传统，相关信息也全，但是与此总目的重点即外译本和回译本有所不同，希望以后出现更为完备的全球老学总目，可以收录这些古代注本、今译本、回译本和外译本信息。三、原则上不收录论文中的《老子》译文，但特别重要的早期译文及某种语种的唯一译文则被收录到总目中。四、老子研究、《老子》阐释及研究专著没有收录，如蒙若（Herrymon Maurer）的 The Old Fellow（《老子》）①及其西班牙译本 Lao Tse: El Adversario de Confucio（《老子：孔子的对手》）。②五、总目不包括与原文内容关系不甚紧密的"译本"。忠实度欠佳的译本和受《老子》启发而创作的则不属于《老子》译本，比如格雷格·约翰逊（Greg Johanson）和罗纳德·S. 库尔茨（Ronald S. Kurtz）的 Grace Unfolding: Psychotherapy in the Spirit of Tao-te Ching③（《〈道德经〉与心理治疗》）。④总目另收录了类似 Paddy's Chin: The Perfect Way of the Craic

---

① Herrymon Maurer, *The Old Fellow.* New York: The John Day Company, 1943.

② Eustasio Amilibia, *Lao Tse: El Adversario de Confucio.* México: Latino Americana, 1952.

③ Greg Johanson and Ronald S. Kurtz. *Grace Unfolding: Psychotherapy in the Spirit of Tao-te Ching.* New York: Bell Tower, 1991.

④ 张新立：《〈道德经〉与心理治疗》，北京：中国轻工业出版社，2004 年。

and its Power（《帕迪的下巴——娱乐及其力量的完美之道》）的译本，尽管其内容与《老子》有出入，但包括了《老子》81 章的内容，故仍收录。另外，Meow Te Ching by Meow Tzu（《咪奥子的咪奥·德·经》）不收入总目，① 但 The Tao of Meow（《喵之道》）被收录。盖因前者是受《老子》启发而写猫的智慧但不属于译本，而后者以猫的立场翻译《老子》。最后一个例子是蔡志忠的《老子》漫画。这种《老子》特别受欢迎，也有不少翻译，包括法语、英语、西班牙语、德语、日语、瑞典语、韩语等译本，但都不属于《老子》译本。

　　有些译本文献信息总目没有收入，原因有以下几种。一、笔者尚未找到译本相关信息，这些留待学界同仁补充新的信息。二、不少再版信息未收录。虽然总目也收入了一些再版信息，但并不全面，仍只以初版为主。三、多种译本的合集没有收入，以免产生不必要的重复信息。此类合集包括同一语言若干译本的不同版本，如英文版 Tao Te Ching: Six Complete Translations（《道德经：六部全译本》）②与多种语言的多种译本版本如 Lao-ce Tao Te King in Seven Languages（《〈老子道德经〉七种语言译本》）。③四、不包括网上的译本。网上有《老子》爱好者所翻译的优秀译本，某些译本颇具影响力，如彼得·A. 米勒尔（Peter A. Merel）的译本。④如果考虑网上全译本、节译本以及译文，《老子》译本的语种还会增加另外 37 种：豪萨语、卡布列语、马达加斯加语、伊博语、索马里语、苗语、比斯拉马语、比科尔语、爪哇语、毛利语、古教会斯拉夫语、佛罗语、维普森语、阿塞拜疆语、塔吉克语、卡拉卡尔帕克语、车臣语、巴什基尔语、鞑靼语、楚瓦什语、波斯尼亚语、拉地诺语、米兰德斯语、奥克西唐语、窝龙语、林堡语、皮埃蒙特语、埃斯特雷马杜拉语、阿斯图里亚斯语、利古里亚语、西西里语、爱尔兰语、苏格兰盖尔语、布列塔尼语、英特林瓜语、新共同语言及道本语（Toki Pona）。但网上译文和译本来历不明，故未收入总目。

---

① Meow Tzu (Michael Kent), *Meow Te Ching*. Kansas City: Andrews McMeel Publishing, 2000.

② 包括 Dwight Goddard 和 Henri Borel, Aleister Crowley, Lionel Giles, Walter Gorn-Old, Isabella Mears, James Legge 的译本。参见 *Tao Te Ching: Six Complete Translations*. Radford, VA: A & D Publishing, 2008.

③ 包括 Lajos Ágner, Bertalan Hatvany, Richard Wilhelm, Ogawa Tamaki, Pierre Leyris, Stephen Mitchell 的译本。参见 *Lao-ce Tao Te King in Seven Languages*. Budapest: Farkas Lőrinc Imre Publishing House, 1995.

④ https://terebess.hu/english/tao/merel.html，最后访问日期：2019 年 8 月 7 日。

五、总目所涉语种基本情况

总目的基本内容已做说明，再梳理和分析译本语种情况。基本情况如下：

英语	（603 种）	德语	（178 种）	韩语	（159 种）
西班牙语	（121 种）	法语	（107 种）	日语	（90 种）
意大利语	（69 种）	荷兰语	（67 种）	俄语	（63 种）
葡萄牙语	（53 种）	波斯语	（42 种）	泰语	（36 种）
波兰语	（29 种）	越南语	（26 种）	土耳其语	（23 种）
印度尼西亚语	（22 种）	捷克语	（22 种）	希腊语	（19 种）
罗马尼亚语	（18 种）	希伯来语	（17 种）	匈牙利语	（14 种）
保加利亚语	（14 种）	汉语	（14 种）	阿拉伯语	（14 种）
瑞典语	（13 种）	丹麦语	（13 种）	芬兰语	（12 种）
泰米尔语	（11 种）	拉丁语	（10 种）	印地语	（10 种）
克罗地亚语	（9 种）	加泰罗尼亚语	（8 种）	爱沙尼亚语	（8 种）
塞尔维亚语	（8 种）	孟加拉语	（7 种）	蒙古语	（7 种）
亚美尼亚语	（6 种）	挪威语	（6 种）	斯洛文尼亚语	（6 种）
世界语	（5 种）	冰岛语	（5 种）	马来语	（5 种）
古吉拉特语	（4 种）	哈萨克语	（4 种）	乌克兰语	（4 种）
乌尔都语	（4 种）	拉脱维亚语	（3 种）	满语	（3 种）
泰卢固语	（3 种）	马其顿语	（3 种）	斯洛伐克语	（2 种）
菲律宾语	（2 种）	南非荷兰语	（2 种）	意地绪语	（2 种）
马拉雅拉姆语	（2 种）	坎纳达语	（2 种）	缅甸语	（2 种）
柬埔寨语	（2 种）	梵语	（1 种）	西夏语	（1 种）
巴斯克语	（1 种）	克林贡语	（1 种）	库尔德语	（1 种）
伊多语	（1 种）	立陶宛语	（1 种）	旁遮普语	（1 种）
威尔士语	（1 种）	弗利然语	（1 种）	马耳他语	（1 种）
加里西亚语	（1 种）	维吾尔语	（1 种）	老挝语	（1 种）
阿萨姆语	（1 种）	格鲁吉亚语	（1 种）	僧伽罗语	（1 种）
卢森堡语	（1 种）	阿尔巴尼亚语	（1 种）	白俄罗斯语	（1 种）
乌兹别克语	（1 种）	吉尔吉斯语	（1 种）	藏语	（1 种）

马拉地语	（1 种）	阿姆哈拉语	（1 种）	宿雾语	（1 种）
本巴语	（1 种）	埃维语	（1 种）	加语	（1 种）
伊洛卡诺语	（1 种）	卢旺达语	（1 种）	索托语	（1 种）
修纳语	（1 种）	斯瓦希里语	（1 种）	聪加语	（1 种）
茨瓦纳语	（1 种）	特维语	（1 种）	科萨语	（1 种）
祖鲁语	（1 种）				

由上可知，欧洲语言译本多，尤其是英语和德语译本。因为译本非常多，不懂汉语的"译者"也可以比照若干译本，再写出表达自身理解的"译本"，随着译本整体数量的增加，这类译本数量也在增加。英语译本中的语内转译、个人发挥性译本最多，德语译本数量位居第二。《老子》对德国知识分子影响较大，最早的译文之一来自黑格尔，海德格尔（Martin Heidegger，1889—1976）也曾经翻译了《老子》部分章节，包括被传下来的第十一章。德语译本中也有语内转译，这也增加了译本数量。欧洲语种之外，韩语和日语译本值得关注。还有比较出人意料的是一些小语种译本也为数不少，如波斯语译本有 42 种，泰语有 36 种。使用人数有限的希伯来语的译本也有 17 种译本。特别值得关注的是西夏语的最早节译译文。马耳他语译本也有特殊之处：译者是前马耳他驻中国大使。另有《老子》人造语言译本：5 种世界语译本、1 种伊多（Ido）语译本，以及出于美国科幻电影里的外星人语言——克林贡语（Klingon）——也有 1 种译本。还有些语种则本应该有至少一种或更多译本，但实际上很少，甚至全无。比如拥有 11 亿人口 12 种不同语种的印度一共只有 47 种译本，比只有 8 千万人的波斯语种译本数量只多了 5 种，这是后殖民化的结果，因为受教育的印度人都学英语，不是那么需要看当地语种的译本。这种后殖民化影响在美洲更严重，美洲没有一种以原住民语言出版的译本。之所以如此，是因为历史上这些语种不一定有自己的文字，经常是以欧洲语言为书面语。非洲后殖民化的影响虽然也不小，但当地《老子》译本情况比美洲好：有豪萨语和卡布列语的网上译文，有包括《老子》译文的本巴语、埃维语、加语、卢旺达语、索托语、修纳语、斯瓦希里语、聪加语、茨瓦纳语、特维语、科萨语、祖鲁语的书籍，而且有本阿姆哈拉语全译译本。阿姆哈拉语在非洲也颇为特殊，其文字史基本上有三千年，该全译本原来只是网上译本，经过笔者鼓励，被编辑为第一种正式出版的非洲语言《老子》译本。非洲译本在增加，而

且中非关系越来越密切，笔者期待不久的将来能有更多非洲语种全译本的出版。

六、总目译本分类

本总目将译本按语种分类，而且每种语种内的译本再分为八种类型：《老子》原文翻译、《老子》注本翻译、《老子》转译、《老子》注本转译、《老子》语内转译、类型尚未确定的译本、《老子》回译和《老子》注本回译。一、"《老子》原文翻译"指的是从古代汉语翻译而来的译本，这也包括不同的《老子》汉语版本，有出土文献版本，如郭店竹简本、马王堆帛书本、北大汉简本，有通行本，如河上公本、王弼本，现代校订版本严灵峰的版本、陈鼓应版本、张葆全的精选版本等等。据笔者所知，57 种语种中该类型译本一共有 1012 种。二、"《老子》注本翻译"包括不同注释传统版本的翻译，比如中国的《河上公章句》，王弼《老子注》《想尔注》，成玄英《道德经义疏》，白玉蟾《道德宝章》，憨山德清《老子道德经解》，王真《道德经论兵要义述》，魏源《老子本义》，也有韩国的栗谷李珥《醇言》、朴世堂《新注道德经》、洪奭周《订老》和李忠翊《椒园谈老》。该类型译本在 11 种语种中一共有 43 种。三、比较复杂的"《老子》转译"类型。有10 个语种中的 81 种特别受欢迎的译本被转译成 65 个语种中的 435 种译本。这种类型可以分得更细。普通转译指的是某种译本被直接翻译成另外一种语言，而且译者没有参考别的译本，没有改变原来译本的特性。更复杂的转译，一是译者以一两种译本为底本，然后以该语言写出来新译本。二是译者参考了几个不同译本（不必是同种语种），再以异文写出更有创意的译本。四、"《老子》注本转译"，其译本不多，也是一种特殊类型，因为原文和注文都被转译。这种只有分属 3 个语种的 4 种译本。五、"《老子》语内转译"只出现在 9 个语种中，但包括 206 种译本。这种类型经常是"译者"参考了很多自己母语的译本然后按照自己对《老子》的独有感受写出来的"译本"。有时候"译者"只会用一种译本为底本进行修改，有时候"译者"以一种译本为底本，也参考别的译本，有时候"译者"参考若干译本，语内转译的各种方法都有。六、有"类型尚未确定的翻译"，因为好多译本只能确定它们的存在，还没有查到相关信息，相关研究也有待后人继续。目前有 54 个语种中的 337 种译本属于这种。最后两种类型都是回译。笔者认为虽然回译成了汉语《老子》，但因为是以外语《老子》为底本，应该与非汉语译本一起谈。"回译本"也是《老子》译本，也可以说是一种特殊转译，表达了被回译译本对《老子》的特殊理解。"《老子》回译"有 13 种，"《老子》注本回译"只有 1 种王弼《老子注》，保护原来译者对注本的诠释。

七、《老子》翻译史概要

本总目搜集所有《老子》不同类型译本的信息，呈现了这一翻译现象的伟大之处。为了帮助读者更多了解《老子》译本情况，下文简单勾勒下《老子》翻译史。有历史记载的《老子》译本最早出现于唐朝，是梵语译本。当时唐朝与一个南亚国家迦摩缕波国（Kāmarūpa，即今阿萨姆邦）有外交往来，迦摩缕波国国王婆塞羯罗跋摩（Bhaskaravarman）向唐朝大使李义表提出想要《老子》译本。贞观二十一年（公元 647 年），唐太宗选择懂梵语的玄奘与懂道教的成玄英和蔡晃负责翻译该书，该译本后来失传，但翻译过程被记录了下来。[1]比如，玄奘和道士们讨论怎么翻译"道"。玄奘建议该用"末伽"（मार्ग），即"路径、方法、解脱道"的意思，而成玄英等道士建议用更具超越意义的"菩提"（बोधि）。最后他们还是选择了"末伽"。因此，现有最早的《老子》译文只是这个字：मार्ग。[2]其后，最古的《老子》译句（14 条）是宋朝时代的西夏译语，[3]如"天下无道，戎马生于郊"翻译成𗴂𗁲𗒦𗑣𗆐，𗤁𗁲𗽀𗧯𗷀𗏇（人君为不义，故不久兵马起）。[4]笔者将这句西夏语回译成了汉语，可以看出西夏语《老子》也做了自我发挥，一是将"天下"解释为"人君"，二是将"无道"翻译成"为不义"，这饶有意

---

① 参见傅惠生：《玄奘〈道德经〉梵译思想研究》，载《中国翻译》，2012 年，第 4 期：第 34 页；Paul Pelliot, "Autour d'une traduction sanscrite du Tao tö king," *T'oung Pao* 13 n3 (1912): 382.

② 虽然宋朝之前没有其他《老子》译本或者关于《老子》译本的任何记载，但罗尔夫·A. 斯坦（Rolf A. Stein）推测《老子》可能曾经传到西藏。西藏王赤松德真（Trisong Detsen，742-797）曾经提到过一种关于政治的书籍叫《老子经》（藏语为 Le'u tshe kyang），斯坦因先生认为这可能是《老子》，也可能是《化胡经》。笔者认为，根据我们目前所了解的《化胡经》，可以比较肯定地判断这记载的就是《老子》。参见 Rolf A. Stein. *Tibetica Antiqua: With Additional Materials.* Leiden: Bril, 2010, 167.

③《元史艺文志》也记录"金国语易经、国语书经、国语孝经、国语论语、国语孟子、国语老子"，也有人认为这都是 1161 年到 1189 年间翻译。由此看来女真语《老子》全译本曾经出现过，但与西夏语译文不同，该书是佚书。参见《元史艺文志》，《潜研堂全书》本，第 1 卷，第 21 页。

④ 这句西夏语的抄写和翻译都由笔者本人完成，读音为 lhjij2 dzju2 mji1 wo2 wji1, ku1 mji1 dzjij1 gja1 rjijr1 śjwo1。参见中国社会科学院民族研究所、上海古籍出版社编：《俄藏黑水城文献》，上海：上海古籍出版社，1996 年，第 11 册，123 页。

趣。看起来，西夏语的佚名译者将老子的话更具体化了。据专家聂鸿音说，西夏译语也有很多错误，其译者不清楚是汉人还是西夏人。[①]但从笔者角度看，这些"错误"可能很有意义，它代表一种对《老子》的特殊解释。

随后还有几名传教士的西班牙语、葡萄牙语、拉丁语、法语、英语的《老子》节译。1590 年明朝的蒙书《明心宝鉴》被高母羡（Juan Cobo, 1546—1592）从汉语翻译成西班牙语，《明心宝鉴》所引《老子》的七句话也被翻译了。这本书是中国最早被翻译成欧洲各国语言的书，因此该《老子》译文也可谓最早的西文翻译。内容虽然不是《老子》哲学的核心，但有类似之语，如 La red del Cielo es grandísima, y la paga vendrá con gran velocidad，即第十八章"天网恢恢，疏而不漏"。其后，利玛窦伙伴龙华民（Niccolò Longobardo，1559—1654）于 1623 年以葡萄牙语翻译了第四十二章前几句，也指出"道"为"原始混沌"（primeiro chaos）。[②]最早的拉丁文译文来自卫匡国（Martino Martini，1614—1661），他于 1658 年翻译了第二十五章的小部分，他强调"道"是无形的造物者。[③]随后龙华民的文章于 1676 年被闵明我（Domingo Fernandes Navarrete，1655—1686）翻译成西班牙语，而且这翻译成为闵明我著作的一部分。另一部分中，他重新翻译了包括《老子》引文的《明心宝鉴》。柏应理（Philippe Couplet，1623—1693）1687 年的著作里也有第四十二章前几句的罗马化转写和拉丁语翻译。[④]他没有沿着龙华民的思路，反而强调"道"是"法"（lex），是"理性"（ratio）。最早的两种法语译文出自第四十二章，是该章的前几句，出现于李明（Louis le Comte，1655—1728）1696 年的著作里，1701 年德西塞（Louis Champion de Cicé，1648—1737）也将闵明我的西班牙语译本转译成了法语。两者也根据底本对"道"相应做了不同解释，前者跟着柏应理将"道"解释为"理性"（La raison），后者跟着龙华民将"道"解释为"原始混沌"（premier chaos）。闵明我的译文在 1704 年又被安莎穆·丘吉尔（Awnsham Churchill，

---

① 聂鸿音：《西夏本〈经史杂抄〉初探》，《宁夏社会科学》，2002 年，第 84-86 页。

② 译文为 "O Tau ou p(rimei)ro chaos produzio a unidade, que he o Tài Kiě ou s(egund)a materia: a unidade produzio a dualidade, q he Leâm ŷ: a dualidade produszio a Trindade, que he Tiéñ, Ti, jîn, ou sān câi, ou pǎ guá: e a Trindade produzio todos as cousas."

③ 译文为 "Tao, sive magna ratio non habet nomen. Caelum creavit ac terram; expers figura; sidera movens, ipsa immota. Hujus quia nomen ignoro; Tao, sive summam sine figura rationem dixerim."

④ 译文为 "Lex, sive ratio produxit unum, unum produxit duo, duo produxerunt tria, tria produxerunt omnia."

1658—1728）和约翰·丘吉尔（John Churchill，1650—1722）翻译成英语。
这个最早的英语译文包括第二十四章、第二十七章、第二十八章、第四十
二章、第七十三章、第七十八章的内容。第四十二章翻译源于龙华民 1623
年的葡萄牙语译文，按其特定立场，"道"等同样解释为 the first Chaos。①

　　到了 18 世纪初，《老子》已经被翻译成七种语种，但没有一种全译本
被传下来。不久，出现了满语、拉丁语、日语、俄语的全译本。现存满语
全译本有三本，但具体信息都不确定，而关于满语译本的最早纪录是伊万
诺夫斯基（А.О. Ивановский）对俄罗斯科学院东方文献研究所收藏的《满
汉道德经》的记载，记录于 1887 年，所以无法确认现存三本全译本中是否
有最早的全译本。因此，真正能确认的最早的全译本大概是拉丁语手稿，
产生时间约为 1721—1729 年间。译者佚名，是索隐派的传教士，很可能是
聂若翰（Jean-François Noëlas，1669—1740）。②该译本以焦竑《老子翼》为
底本，还翻译了其中不少注疏，意在于证明中国文化早已知道天主教真理。
此翻译虽强调天主教信条，但有不少解释很有趣。比如，"道"字有两个部
分"首"和"辶"，"首"的义项之一是"第一"，"辶"的意思是"行动"，
译者由这一写法推定"道"等于亚里士多德的"第一推动者"（primum
movens）。最早的印刷全译本是日本 1761 年出版的金兰斋（1653—1732）
《老子经国字解》。该译本不只用到了汉字符号，还用到了日语的片假名来
解释。日语版的解释也有特点，比如认为"道"是一种与"谷神"相同的
神。另外，最早的现代西方语言全译本是东正教驻北京传教士达尼伊尔·西
维洛夫（Архимандрит Даниѝл）的 1828 年俄语译本，但直到 1915 年才发
表。之所以西维洛夫有机会翻译得如此之早，是因为当时其他欧洲人被清
朝政府赶走时，俄罗斯人和俄罗斯的东正教徒还被允许留在中国。

　　德西塞的译文出现后，过了 100 年，法国仍没出现任何新的法语译本，
但到了 18 世纪法语译本则比较多了。最早的专业汉学家雷慕沙（Jean-Pierre
Abel-Rémusat，1788—1832）翻译《老子》，但因为《老子》不好读懂，没

---

　　① 译文为 "*Tao*, or the first Chaos produced Unity, which is *Tai Kie*, or *Materia Secunda*. Unity produces
Duality, which is *Lang I*. Duality produced Trinity, which is, *Tien Ti*, *Jin*, *San Zai*, Heaven, Earth, and Man.
And Trinity produced all things."

　　② 参见 Claudia von Collani, "The Manuscript of the Daodejing in the British Library," in Lawrence
Wang-chi Wong, Bernhard Fuehrer eds., *Sinologists as Translators in the Seventeenth to Nineteenth Centuries*.
Hong Kong: Chinese University Press, 2015, 56.

有翻译完，到 1823 年也只出版了包括《老子》几章在内的节译本。这一艰巨的事业被他两个学生鲍狄埃（G. Pauthier，1801—1873）和儒莲（Stanislas Julien，1797—1873）继承下来。鲍狄埃先后出版了两个《老子》的节译本（1831 年和 1838 年），还有两本专著（1833 年和 1837 年），其中的译文与此前两个节译本的内容不同。他一共翻译了 19 章。另外，根据鲍狄埃自己所言，1834 年其将全译本向皇家印刷所投稿，但因为儒莲是审查人，没能出版。①无论如何，西方最早的印刷全译本《老子》仍是儒莲 1842 年出版的法语译本。儒莲的译本和研究做得特别仔细，他以《河上公章句》和《老子翼》为主要底本，参考了 30 种注本，但也经常引用薛惠的《老子集解》注文。儒莲的译本对后来欧美各语种译本很有影响，直到今天，它仍是最常见的法语《老子》译本。儒莲后，其他译本也相继出现，19 世纪末已出现了梵语、西夏语、西班牙语、葡萄牙语、拉丁语、法语、满语、日语、俄语、英语、德语、荷兰语、捷克语、意大利语、瑞典语中的 71 种译本。

　　19 世纪末 20 世纪初，《老子》开始成为全人类经典。这一转变的重要推动力量之一为主张宗教普遍性的神智学学会（Theosophical Society）。神智学学会会员将《老子》提高到与世界其他宗教经典同等高度，认为它们都表示永恒智慧。因此该组织成员前后 16 次把《老子》翻译成几种语种。最早神智学译本为沃尔特·R. 欧乐得（Walter R. Old）的 1894 年英译本。其中，他说印度的明梵天（Parabrahm）、犹太教卡巴拉的空无边际（Ein Sof）、埃及的阿锡尔（Athyr）和古希腊的一元（Monad）都与"道"是相同的。他认为真理只有一个，只是在不同文化中表现不同而已，《老子》是真理在中国的一种特定表现，最后仍属于全人类。虽然神智学学会不是推动《老子》传播的唯一力量，但其作用很明显。

　　《老子》成为全球的经典后，就开始传得更广，而且因为被认为代表普遍真理，不懂中国文化的译者也乐意翻译《老子》。外译潮流越来越强，到 1991 年后，每年大约有 20 种到 60 种新的译本被出版，而且规模在继续扩大。

---

　　① G. Pauthier. *Vindiciae sinicae: Dernière réponse à M. Stanislas Julien*. Paris: Imprimeurs-libraires de l'Institut de France, 1842, v.

八、全球老学与总目的价值

此前，大部分《老子》研究专家只关注《老子》原文本，但从总目可知，《老子》已经全球化了，成为全人类的共同财富，其世界传播也成了国际思想史中值得注意的个案。这一现象不仅呈现了中外文化的交流，还体现了世界各文明的对话。另外，《老子》的翻译过程特殊。与《圣经》比较，可以发现《老子》译本基本上是职业翻译家和业余爱好者个体的成果，而《圣经》翻译的背后有传教组织的努力。《老子》这种自然传播与道家传统中的"自然"也特别一致，也证明其别具魅力。本总目可为诸多领域提供珍贵信息，国际汉学、思想史、跨文化哲学、宗教学、比较文学、语言学、诠释学、翻译学等领域学者都能从中找到值得研究的内容。笔者认为，这种独特的现象应有其独特的研究框架，即"全球老学"。

何为"全球老学"？全球老学是传统老学的延续和发展，是中国悠久的《老子》诠释传统的延续和发展。传统老学的著名注者杜道坚（1237—1318）曾总结道，传统老学特点为"随时代所尚"："道与世降，时有不同，注者多随时代所尚，各自其成心而师之。故汉人注者为汉老子，晋人注者为晋老子，唐人宋人注者为唐老子宋老子。"这一立场表明老学史即是六经注我的历史。老学是《老子》与不同时代人的对话。譬如，《老子旨归》和《河上公章句》都是汉时注，两个注本就都有不少与汉代思潮、汉帝国的王权政治密切相关的特点。唐时佛教中论流行，当时李荣与成玄英受之影响，即以道教式的中论思路解老。各个时代均有其独特的《老子》，因此，老学中最主要、最有影响、最有价值的研究对象不是《老子》原文和所谓的《老子》原意，而是《老子》历史上的诠释及其发展变化。

《老子》诠释除了随朝代改变外，还随诠释主体的变化而变，三教九流对《老子》的各种解释有天壤之别。韩非子以法家思想解释《老子》，刘安以黄老思想解释《老子》，《想尔注》以天师道道教观解释《老子》，鸠摩罗什以佛教中论观解释《老子》，王真从兵法角度解《老子》，苏辙以理学思想释《老子》，邓锜对《老子》以丹道解之，憨山德清则以禅宗解《老子》，不一而足。每个传统，包括外来的佛教，对《老子》的解释都蕴含了他们自身的传统特性。虽然他们也受到老子思想的影响，但他们同时会将《老子》整合到他们的传统中，在这一思想发展过程中，《老子》角色非常灵活，富于启发意义，能引发诠释主体的思考。

传统老学的解老方式就非常多，到了近现代，随着《老子》今译本的持续增加，《老子》原意探究和诠释就在持续增加中，一直在增长中的《老子》译本更是显示出新的立场。如上文所描述，目前总共有97种语言中的2052种译本。这些材料表明全球老学是传统老学的全球化：在传统老学即古代与现代汉语《老子》译介和传播外，它从老学角度研究新兴的外文《老子》。这样，全球老学就包括了古今中外所有的《老子》。

人们多认为译本无法客观呈现原文，是"赝品"，外译《老子》和中国传统《老子》看似应该泾渭分明，但笔者认为，从老学角度看，译本本身体现了老学以解释为主的立场，《老子》译本应与传统注疏一并成为老学研究对象。譬如安乐哲和郝大维把"道"翻译成 Way-making，这表现了他们的过程哲学立场。虽然它不一定背离《老子》原意，但确实是以诠释为基础的。从这个角度看，更多《老子》外译本即使不是在"解释"《老子》，也应该归于老学范畴。因此，全球老学就要将这些外译《老子》也纳入其中。传统老学包含不同时代不同学派的《老子》，"全球老学"则包括不同语境和不同文化、哲学和宗教中的《老子》，比如，天主教《老子》、新教《老子》、犹太教《老子》、印度教《老子》、神智学《老子》、唯物主义《老子》、神秘主义《老子》、环境主义《老子》、女权主义《老子》、自然主义《老子》、无政府主义《老子》、法西斯主义《老子》和自由主义《老子》等等，它具有极强的包容性，强调国内外的《老子》传统是一个既统一又多元的传统。

"全球老学"这一提法之前，海内外学者已经做了不少针对某一语种《老子》的研究，但不同语种的《老子》译本很多，通常的《老子》研究方法无法全面呈现《老子》的全球研究状态。而按全球老学标准，所有的《老子》译本可归于一个体系，相关研究会更具全局视野，也更有利于我们从对比中把握世界不同文化中的老学特点。比如可以研究关键词的不同解释方法以获得新知，这是总目的重要意义之一。

还有一种《老子》外译现象比较特殊：某些著名的《老子》译本又被译成其他外文，这是上文讲过的"转译"现象，转译本连解老方式上也沿袭了原译本（如上文的不同宗教和哲学传统），复杂的传承与影响形成了老学思想谱系。总目可使研究人员关注这些谱系，理解《老子》的复杂传播历史，因为想了解哪些国家哪些人物接触过哪种《老子》，就必须了解这些思想谱系。转译自英译本的有303种，自德译本的有37种，自法译本的有

33 种，比如，林语堂的 1942 年英语译本 The Wisdom of Laotse 有三种汉语回译、两种德语转译、一种西班牙语转译、一种葡萄牙语转译、一种韩语转译、一种丹麦语转译；史蒂芬·米歇尔（Stephen Mitchell）的 1988 年英语译本有三种波斯语转译、一种西班牙语转译、一种保加利亚语转译、一种荷兰语转译、一种法语转译、一种德语转译、一种希腊语转译、一种意大利语转译、一种葡萄牙语转译、一种波兰语转译和一种罗马尼亚语转译。这两种例子显示对《老子》的两种不同解读的传播。

　　这些转译——尤其是上文描述的同种语言的"语内转译"的译作——的准确度往往有一定问题，经常会受到学者的批评。如果我们考虑要维持所谓原意，对它的否定情有可原，但如从全球老学角度和《老子》中外传播的角度看，它就如《老子变化经》里面的老子一样，是老子的众多化身。随着时代的变化及文化特点的不同，老子应该能有其不同的表现。可以说，"语内转译"是解老的重要方法之一，批评是应该的，但要具体情况具体分析。如果译者是以符合有历史考据的译本为目的，我们就可以判断对错。如果译本作者不懂外语，按照个人启发的方式翻译《老子》，就不能讲对错，只能分析是否有意义或思想深度。这些《老子》语内转译与《老子》译本思想谱系的特殊现象，给翻译学和诠释学提供了特别独特的材料，也许能改变我们对诠释和翻译的基本理解。

　　本总目也将罕有研究的小语种译本或译本少的语种的信息予以突出显示。这些译本影响不大，但都表现了世界与中国交流的有趣故事和解释立场。比如，马耳他是欧洲地中海中的海岛小国，一共有 50 万人口，而之前驻华的马耳他大使克俚福（Clifford Borg-Marks）也曾经将《老子》翻译成马耳他文，是他自己英文译本的转译。还有最早的孟加拉语《老子》，该译本的译者是汉学家阿秘藤德拉纳特·泰戈尔（Amitendranath Tagore，1922—2021），他在 1950 年获得北大硕士学位，并曾经见过中印的两个高级领导（尼赫鲁和周恩来），他爷爷 Abanindranath Tagore 是泰戈尔的侄子，也是一位著名画家。类似这些例子很多。

　　小语种《老子》译本故事也能折射出社会现象，能丰富我们对《老子》全球传播的理解，比如《老子》译本与外国民族主义的关系。虽然《老子》基于华夏文化，但有些译者为了弘扬自己的民族语言就会翻译它。比如西方最早的译本之一即捷克语 1878 年的译本，译者是弗兰齐什卡·丘普尔（Františka Čupr），当时的政治家、哲学家和翻译家。为了推广捷克语（当

时知识分子常用德语或法语），他将世界著名经典翻译成捷克语，《老子》
是其中之一。他不懂汉语却翻译了波莱恩克那（Reinhold von Plaenckner）
的 1870 年德语本，因为要弘扬自己的捷克民族，就有了那么早的捷克语译
本。同样，菲律宾语的《老子》之一是一位菲律宾裔的哈佛博士小埃·圣
胡安（E. San Juan, Jr.）写的。这位教授批评殖民主义，主张菲律宾人用自
己的语言，因此他译出了菲律宾语《老子》。多理解这类《老子》可以多理
解《老子》在全球的意义。

　　本总目呈现了《老子》译本思想谱系，描述了《老子》语内转译的特
殊现象，能让《老子》专家更具全局视野并深入了解《老子》阐释的多元
化。小语种《老子》译本故事也能呈现《老子》对世界的不同影响和意义。
总目是全球老学非汉语注本研究的初步成果，可以通向更广阔的研究领域。

体　例

　　由于总目包括 97 种语言的内容，故其格式与一般书目有一定差别。总目总体上以语种的英语名称字母顺序排列，同一语种内的条目再分八种类型，八种类型中再按初版年份先后排列，同一出版年份内的若干条目则按译者姓氏字母顺序排列。每条目基本格式是："初版年份　译者全名. 书名. 出版地点：出版社."。在期刊发表的译本格式则为："初版年份　译者全名. 译名. 期刊名　卷，页码."。条目各项之间的标点符号在涉及某些语种时会有变化，以符合所涉语种特有的标点符号规范，比如日语的书名号、保加利亚语中的双引号。

　　虽然基本格式统一，但示例仍体现出了不少变化。请参考以下特殊类型：

1. 有多位译者，译者全名均用逗号分开。

2001　　Phan Như Huyên, Teresa Anh Phan Thu. *Em học Lão Tử Đạo Đức Kinh*. Garden Grove, CA: Phan Như Huyên.

2. 没有译者或译者信息，则书名置前。

1983　　*Tao Te Ching*. Buenos Aires: Orbis Hyspamérica.

3. 相同出版地和出版社的再版书，则在后面加上出版年。

2001　　Мария Василева Арабаджиева. „Дао Дъ дзин." София: Мириам, 2001, 2008, 2012.

　　　　(Maria Vasileva Arabadzhieva. *Dao Da dzin*. Sofia: Miriam, 2001, 2008, 2012.)

4. 没有出版地或出版社的信息，就单独显示。

1916　　Sumner Crosby. *The Road and the Right Way of Lao Tse*. Boston. [Alexander Ular 的 1903 年德语译本的转译]

5.1. 条目基本信息后有"分号"，后面则是不同出版地或不同出版社的重印或重印时的新书名。

1924　Victor Dantzer. *Verdensreligionernes Hovedværker i Oversættelse 10* (*Lao-tse: Tao te king*). København: Aage Marcus, 1924; *Mystik og Mystikere: Østerlandsk Mystik.* København: Gyldendal, 1928; *Verdensreligionernes Hovedværker. Bd. 7 Tao te king.* København: Gyldendal, 1952.

5.2. 5.1 类型也能在初版书后面附上再版年份信息。

1910　J. A. Blok. *Tao Teh King van Lao Tse.* Amsterdam: Theosofische uitgevers-maatschappij, 1910; *Tau Teh Tjing.* Amersfoort: Valkhoff, 1918; Uitgeversmij: A. E. Kluwer, 1948; N. Kluwer, 1956, 1963, 1970; Deventer: Ankh-Hermes, 1973, 1984, 1986, 1994, 2000; Utrecht: AnkhHermes, 2013, 2020.

6. 译本信息需要罗马化，"（　）"内会用罗马化转写。

1995　Արմէն Կոկիկեան. «Թաո թէ չինկ». Պէյրութ: Շիրակ.
　　　　(Armēn Kokikean. *T'ao t'e ch'ink.* Pēyrut': Shirak.)
　　　　[英语译本的转译]

7. 译本是在中国出版，则有汉语外语对照信息，在"（　）"内附上汉字信息。

2006　Xu Yuanchong. *Laws Divine and Human.* Beijing: China Intercontinental Press, 2006, 2008, 2012, 2018.
　　　　(许渊冲.《道德经与神仙画》.北京：五洲传播出版社, 2006, 2008, 2012, 2018.)

8. 转译本在条目下"[　]"内标出相关三种转译类型中的信息：
8.1. ["原译者"的"初版年""语种"译本的转译]

2008　সরকার আমিন - তাও তে চিং সহজিয়া পথ - ঢাকাঃ বাংলা একাডেমি, 2008, 2020.
　　　　(Sarker Amin. *Tao Te Ching sahajiya path.* Dhaka: Bangla Ekademi, 2008, 2020.)
　　　　[Stephen Mitchell 的 1988 年英语译本的转译]

8.2. [以"原译者"的"初版年""语种"译本为底本]

1933　C. van Dijk. *"Tao" universeel bewustzijn: 350 paraphrasen op de "Tao*

teh king" van Lao Tsé. Amsterdam: Nederlandsche Keurboekerij.
[以 Alexander Ular 的 1903 年德语译本为底本]

　　8.3. [以"原译者"的"初版年""语种"译本为参考]

2020　Marina Kralj Vidačak. *Tao Te Ching*. Zagreb: Planetopija.
[以 Lin Yutang 的 1942 年英语译本、John C. H. Wu 的 1961 年英语
译本、D. C. Lau 的 1963 年英语译本、Gia-fu Feng 和 Jane English
的 1972 年英语译本为参考]

　　9. "[　]"内也能提供一些其他信息，例如是由哪个《老子》版本翻
译而来。

2016　양방응. 『노자 왜 초간본인가』. 서울: 이서원.
(Yang Bangwoong. *Noja wae choganbon-inga*. Seoul: Iseowon.)
[郭店楚简本的翻译]

　　10. 某种译本被转译成其他译本，在其条目下"< >"内标出相关三
种转译类型中的信息：

　　10.1. <被转译成"译者"的"初版年""语种"译本>

1958　Joan Mascaró. *Lamps of Fire: From the Scriptures and Wisdom of the
World*. Cambridge: Self-Published, 1958; London: Methuen, 1961, 1972.
<被转译成 María de Sellarés 的 1972 年西班牙语译本、Francesc de
B. Moll 的 1986 年加泰罗尼亚语译本>

　　10.2. <"译者"的"初版年""语种"译本以其为底本>

1950　Toivo Koskikallio. *Laotse: Salaisuuksien tie*. Porvoo: WSOY, 1950,
1951, 1963.
<Heikki Saure 的 2013 年芬兰语译本以其为底本>

　　10.3. <"译者"的"初版年""语种"译本以其为参考>

1905　Charles Spurgeon Medhurst. *Tao Teh King: A Short Study in
Comparative Religion*. Wheaton, IL: Theosophical Publishing House,
1905; *The Tao-Teh-King: Sayings of Lao-tzu*. Wheaton, IL: Theosophical
Publishing House, 1972.
<Ernst Schröder 的 1934 年德语译本以其为参考>

10.4. 转译成多种类型的译本，每种类型间以"分号"隔开。

1894　Walter R. Old (Sepharial). *The Book of the Path of Virtue*. Madras:
　　　　Theosophical Publishing Society, 1894; Walter Gorn Old (Walter R.
　　　　Old). *The Simple Way: Laotze (the 'Old Boy')*. London: Philip Wellby,
　　　　1904, 1905; London: William Rider & Son, Ltd., 1913, 1922, 1929;
　　　　Philadelphia: David McKay Co., 1939.
　　　　<被转译成 Franz Hartmann 的 1897 年德语译本；Pekka Ervast 的
　　　　1907 年和 1925 年芬兰语译本以其为底本；August Wesley 的 1937
　　　　年爱沙尼亚语译本以其为参考>

11. 同一译者写了多种语种译本，译本之间的关系也会显示。

11.1. 有先后关系的译本，早出译本条目下会显示后出译本信息：<"译
者"自己的"初版年""语种"译本以其为底本>；晚出译本条目下会显示
后出译本信息：[以"译者"自己的"初版年""语种"译本为底本]。

2000　Seán Golden, Marisa Presas. *Daodejing: El llibre del 'dao' i del 'de.'*
　　　　Barcelona: Publicacions de l'Adabia de Montserrat, 2000, 2006, 2010.
　　　　<Seán Golden 自己的 2012 年西班牙语译本以其为底本>

2012　Seán Golden. *El libro del Tao: Great Ideas*. Madrid: Taurus, 2012, 2014.
　　　　[以 Seán Golden 自己的 2000 年加泰罗尼亚语译本为底本]

11.2. 同时出版的多个语种译本，各个译本都会标示：<与"译者"自
己的"初版年""语种"译本为配套>。

1997　Esteve Serra. *Tao Te King: El llibre del Tao*. Palma de Mallorca: José J.
　　　　de Olañeta, 1997, 2000, 2019.
　　　　[英语译本的转译]
　　　　<与 Esteve Serra 的 1997 年西班牙语译本为配套>

1997　Esteve Serra. *Tao Te King: El libro del Tao*. Palma: José J. de Olañeta,
　　　　1997, 2008, 2016.
　　　　[英语译本的转译]
　　　　<与 Esteve Serra 的 1997 年加泰罗尼亚语译本为配套>

12. 同一注本有多个译本，其中任一译本出现时，后面都会附上相关

其他译本的信息。

12.1. 总目中首次出现该注本的译本时，其他译本的信息也会附上：<"注本书名"的其他翻译包括"译者"的"初版年""语种"译本、"译者"的"初版年""语种"译本>。

2005　Václav Cílek. *Tao Te Ťing: O tajemství hlubším než hlubina sama.* Praha: Dokořán, 2005, 2013, 2019.

[Richard John Lynn 的 1999 年王弼《老子注》英语译本的转译]

<王弼《老子注》的其他翻译包括 Paul J. Lin 的 1977 年英语译本、Ariane Rump 和 Wing-tsit Chan 的 1979 年英语译本、Rudolf Georg Wagner 的 1980 年德语译本、דן דאור（Dan Daor）和ויואב אראיל（Yoav Ariel）的 1981 年希伯来语译本、Alan K. L. Chan 的 1991 年英语译文、임채우（Im Chaewoo）的 1997 年韩语译本、А.А. Маслов（A.A. Maslov）的 1997 年俄语译本、Richard John Lynn 的 1999 年英语译本、志贺一朗（Shiga Ichirō）的 2000 年日语译本、Rudolf G. Wagner 的 2003 年英语译本、임채우（Im Chaewoo）的 2005 年韩语译本、Anna I. Wójcik 的 2005 年波兰语译本、דן דאור（Dan Daor）和ויואב אראיל（Yoav Ariel）的 2007 年希伯来语译本、В.В. Малявин（V.V. Malâvin）的 2010 年俄语译本、김시천（Kim Sicheon）的 2007 年韩语译本、김정봉（Kim Jeongbong）的 2018 年韩语译本、서만억（Seo Maneok）的 2018 年韩语译本；被回译本有杨丽华（Yang Lihua）的 2008 年汉语译本>

12.2. 注本的其他译本出现时，首次出现的译本信息也会附上：<为查看所有"某某注本"译本信息，参考"译者"的"初版年""语种"译本条目>。

1945　Eduard Erkes. "Ho-Shang-Kung's Commentary on Lao Tse." *Artibus Asiae* 8(2), 121-196; *Artibus Asiae* 9(1), 197-220; *Artibus Asiae* 12(3), 221-251; *Commentary on Lao Tse.* Ascona, Switzerland: Artibus Asiae, 1958.

[《老子河上公章句》的翻译]

<为查看所有《老子河上公章句》译本信息，参考 B. J. Mansvelt Beck 的 2002 年荷兰语译本条目>

13. 来自陆凯思、瓦尔夫、辛红娟或贡贝特的信息，则在"{　　}"内标注四人的姓氏或全名（前三者为编者，后者为收藏者）。

1987　Simon Vinkenoog. *De wijsheid van Lao-Tse: Een keuze uit de Tao Te Tsjing*. Amsterdam: Omega Boek.

　　　[Jörg Weigand 的 1982 年德语译本的转译]

　　　{Walf}

14. 译者自行购买国际标注符号（ISBN），自己出版，自费印刷出版或以电子书的形式发布在某个平台上的译本，条目末尾会有"Self-Published"标注。

2011　Elizabeth Trutwin. *Sacred Galactic Scripture: Tao Te Ching*. Self-Published.

　　　{Carmichael}

15. 总目中偶有出版年份不详的译本，条目中会在出版年份位置以"????"来表示。

????　[Jean-Alexis de Gollet]. MSS, BNC VE II, FG 1257/11, 75-93. Biblioteca Nazionale Centrale—Vittorio Emanuele II in Rome.

　　　[包括第 1 章、第 14 章、第 4 章、第 42 章的原文，拼音，翻译，旁注，笔记。Claudia von Collani 认为译者是 Jean-Alexis de Gollet（1664—1741）]

《老子》译本总目

1. Afrikaans 南非荷兰语: **2** 种

《老子》原文翻译: **1** 种

2016 Abel Pienaar. *Tao Te Ching: Boek van die Weg*. Petoria: Malan Media, 2016, 2017.

[也参考了英语、法语、荷兰语和德语译本]

《老子》转译: **1** 种

1988 Marthinus Versfeld. *Die lewensweg van Lao-Tse*. Kaapstad: Perskor.

[以不同欧洲语言译本为参考]

2. Albanian 阿尔巴尼亚语: **1** 种

类型尚未确定的翻译

2017 Elvi Sidheri. *Tao Te Ching: Shtegu dhe virtyti i tij*. Tirana: Pema.

3. Amharic 阿姆哈拉语: **1** 种

《老子》转译

2020 MK:transltions (Dina Monsky, ed). ዳው ዴ ጂንግ. Singapore: Partridge Publishing. (MK:transltions (Dina Monsky, ed). *Daw De Ğing*. Singapore: Partridge Publishing.)

[Юлия Полежаева（Julia Polezajeva）的 2000 年网上俄语译本的转译]

<Julia Polezajeva 的译本也被转译成 Dima Monsky 和 Sarita La Cubanita 的 2018 年英语译本、Dima Monsky 和 Stav（Nastya）Monsky 的 2018 年希伯来语译本>

4. Arabic 阿拉伯语: 14 种①

《老子》原文翻译: 1 种

2005 محسن فرجانى. كتاب الطاو. القاهرة: المركز القومي للترجمة، 2005، 2012.

(Mahsan Farajāni. *Kitāb al-Tāw*. al-Qāhirah: al-Markaz al-Qawmī lil-Tarjamah, 2005, 2012.)

《老子》转译: 13 种

1966 عبد الغفار مكاوي. كتاب الطاو والفضيلة. القاهرة: دار المعارف.

('Abd al-Ghafār Makāwi. *Kitab al-Tāw walfadilah*. al-Qāhirah: Dār al-Ma'ārif.)

[Günther Debon 的 1961 年德语译本的转译]

1980 هادي العلوي. كتاب التاو. بيروت: دار الكنوز الأدبية.

(Hadi Allawi. *Kitāb al-Tāw*. Bayrūt: Dār Kunūz.)

[英语译本的转译]

1992 علاء الديب. الطريق إلى الفضيلة: نص صيني المقدس. الكويت: دار سعاد الصباح، 1992؛ القاهرة: الهيئه المصرية العامة للكتاب، 1998؛ كتاب الطاو والفضيلة. دار الكرمة، 2015.

('Alā' al-Dīb. *Al-Tarīq 'ila al-fadīlah: Nas sīnī al-muqaddas*. al-Kuwayt: Dār Su'ād al-Sabāh, 1992; al-Qāhirah: al-Hay'ah al-Misrīyah al-'Āmmah lil-Kitāb, 1998; *Kitab al-Tāw walfadila*. al-Qāhirah: Dār al-Karma, 2015.)

[以 Gia-fu Feng 和 Jane English 的 1972 年英语译本为底本]

1995 هادي العلوي. لاوتسه/تشوانغ تسه: كتاب التاو. بيروت: دار الكنوز الأدبية، 1995؛ كتاب التاو. دمشق: دار المدى للثقافة والنشر، 2002، 2013.

(Hadi Allawi. *Lāwtsih-Tshuānj tsih: Kitāb al-Tāw*. Bayrūt: Dār al-Kunūz al-Adabīyah, 1995; *Kitāb al-Tāw*. Damashq: Dār al-madá lil-thaqāfah wa al-nashr, 2002, 2013.)

[英语译本的转译]

---

① 华东师范大学的森娜（Sana Hadhri）提供了七条条目和其他信息。宁夏大学的哈娜迪（Hanady Owis Mohamed）提供了一条条目。印第安纳大学（Indiana University）的麦高思（Alexus McLeod）修改了本语种的罗马化转写。

1998 فراس السواح. كتاب التاو تي تشينغ: إنجيل الحكمة التاوية في الصين. دمشق: دار علاء الدين،
1998، 2000، 2007؛ دمشق: دار التكوين، 2017؛ لاوتسو. بكين: خارجية
外语教学与研
究出版社, 2009.

(Firās al-Sawwāh. *Kitāb al-Tāw tī tshīngh: 'Injīl al-hikmah fī al-sīn*. Dimashq: Dār 'Alā' al-Dīn, 1998, 2000, 2007; Dimashq: Dār al-Takwīn, 2017; *Lāwtsu*. Bikin: Waiyu jiaoxue yu yanjiu chubanshe, 2009.)

[以 D. C. Lau 的 1963 年英语译本、Gia-fu Feng 和 Jane English 的 1972 年英语译本、Chung-yuan Chang 1975 年英语译本为参考]

2001 رانية مشلب. التاو. بيروت: مؤسسة الإنتشار العربي.

(Rāniah Mushlab. *al-Tāw*. Bayrūt: Muasasah al-Intishār al-'Arabi.)

[英语译本的转译]

2002 يوحنا قمير. الطريق وطاقته. بيروت: مؤسسة الإنتشار العربي.

(Yuhannā Qumayr. *al-Tariq wa Tāqatah*. Bayrūt: Muasasah al-Intishār al-'Arabi.)

[法语译本的转译]

2009 أمل بورتر. مختارات من أشعار لاوتسه. عمان: فضاءات للنشر والتوزيع.

(Amal Burtar. *Mukhtārāt min ashear Lāwtsih*. Ammān: Fadā'āt lilnashr wa al-Tawzie.)

[英语译本的转译]

2017 مسلم سقا اميني. كتاب الصين المقدس: كتاب التاو أو صراط الأبدال. دمشق: دار الفكر.

(Muslim Saqqā Amīnī. *Kitāb al-sīn al-muqaddas: Kitābal-Tāw 'aw sirāt al-'abdāl*. Dimashq: Dār al-Fakr.)

[以英语译本和日语译本为参考]

2018 غير أفكارك غير حياتك: عيش فن حكمة التاو. بيروت: دار الخيال.

(*Ghayr afkārik, Ghayr hayātik: 'Aysh fann hikmah al-Tāw*. Bayrūt: Dār al-Khayāl.)

[Wayne W. Dyer 的 2007 年 *Change Your thoughts, Change Your Life* 英语译本的转译]

محمد الأسعد. الطريق الحق وفضيلة الهدى. الفضيلة: دار ذات السلاسل. 2020

(Mohamed al-Asad. *al-Tariq al-Haq wafadilat al-huday.* al-Kuwayt:

Dār Dhāt al-Salāsil.)

[Raymond B. Blakney 的 1955 年英语译本的转译]

إبراهيم بن سعيد. لا إسم له: متون الطاو. دمشق: دار نينوى للدراسات والنشر. 2020

(Ibrahim Bin Saaid. *La ʾIsm Lah: Matun al-Tāw.* Dimashq: Dār Ninawa

Lildirāsāt Wālinsh.)

[英语译本的转译]

Ирина Решняк. داوديجنغ Singapore: Partridge Publishing 2020

(Irina Reshnyak. *Dāwdījīngh.* Singapore: Partridge Publishing.)

[Dina Monsky 的网上乌克兰语译本的转译]

5. Armenian 亚美尼亚语: 6 种①

《老子》转译: 2 种

1919　Կ. Մ. Ձավխտարեան. «Ընթացքը եւ իր կանոնը». Վիեննա: Մխիթա-

րեան տպարան.

(K.M. Chʻavtaryan. *Ĕntʻatsʻkʻĕ ew ir kanonĕ.* Vienna: Mkhitʻaryan

Tparan.)

[Alexander Ular 的 1902 年法语译本的转译]

{Gumbert}

1995　Արմէն Կոկիկեան. «Թաո թե չինկ». Պէյրութ: Շիրակ.

(Armēn Kokikean. *Tʻao tʻe chʻink.* Pēyrutʻ: Shirak.)

[英语译本的转译]

类型尚未确定的翻译: 4 种

2007　Տիգրան Խզմալյան. «Դաո դե Ցզին: Բնական հունի ուսմունք».

Երեւան: Նոյյան տապան.

---

① 哈佛大学的安天马（James R. Russel）对本语种信息有贡献。笔者另外请 Philosophers of Armenia (www.facebook.com/PHOLOSARM/)团体的专家提供三条条目的亚美尼亚语的文字。

(Tigran Khzmalyan. *Dao de Ts'zin: Bnakan huni usmunk'*. Erevan: Noyyan tapan.)

2009　Անահիտ Խաչատրյան. «Չինական պոեզիա և Լաո Ցզի: Ոսկյա հրի աղբյուրը». Երևան: Իրավունք.

(Anahit Khach'atryan. *Ch'inakan poezia ew Lao Ts'zi: Oskya hri aghbyurĕ*. Erevan: Iravunk'.)

2010　Վիկտորյա Բարաքաթյան. «Դաո դէ Ցզին (Բնական հունի ուսմունք կամ Գիրք՝ ճանապարհի և առաքինության մասին) և Տան դարաշրջանի պոեզիա». Երևան: Իրավունք.

(Viktorya Barak'at'yan. *Dao de Ts'zin (Bnakan howni usmunk' kam Girk' chanaparhi ew aṛak'inut'yan masin) ew Tan darashrjani poezia*. Erevan: Iravunk'.)

2014　Հենրիկ Էդոյանի. «Դաո Դե Ցզին». «Գրանիշ», March 14, 2014, https://granish.org/dao/; May 17, 2014, https://granish.org/dao-2/.

(Henrik Ēdoyani. "Dao De Ts'zin." *Granish*, March 14, 2014, https://granish.org/dao/; May 17, 2014, https://granish.org/dao-2/.)

[包括第 1 章至第 41 章的节译本]

6. Assamese 阿萨姆语: 1 种①

类型尚未确定的翻译

1977　লোকেশ্বৰ শর্মা । তাও-ত-চিং । নতুন দিল্লী: সাহিত্য অকাডেমি

(Lokeshwar Sarma. *Tao-Te-Ching*. New Dehli: Sahitya Akademi.)

7. Basque 巴斯克语: 1 种

类型尚未确定的翻译

2007　Joxe Arregi (José Arregui), Maria Pilar Lasarte Zubitur. *Erlijoen Jakinduria: Dao de jing*. Amorebieta-Etxano: Ibaizabal, 2007, 2009.

---

① 印度提斯浦尔大学（Tezpur University）的尤里·杜塔（Juri Dutta）提供此条目的阿萨姆语文字。

8. Belarusian 白俄罗斯语：**1** 种

类型尚未确定的翻译

2018   Алесь Анціпенка. «Прыпадобніўшыся да насарога». Мінск: Кніга-
        збор.

        (Aleś Ancipenka. *Prypadobniǔšysia da nasaroha*. Minsk: Knihazbor.)

9. Bemba 本巴语：**1** 种

《老子》转译

1992   *Ukusapika Lesa Ukwa Mutundu wa Muntu*. New York: Watch Tower
        Bible and Tract Society of Pennsylvania.

        [Gia-fu Feng 和 Jane English 的 1972 年英语译本的转译，包括第 9
        章、第 16 章、第 25 章、第 51 章的译文]

10. Bengali 孟加拉语：**7** 种①

《老子》原文翻译：**1** 种

1960   অমিতেন্দ্রনাথ ঠাকুর - তাও তে চিং লাও-ৎস কথিত জীবনবাদ - নিউ দিল্লীঃ সাহিত্য
        অকাদেমি, 1960, 2007, 2009.

        (Amitendranath Tagore. *Tao Te Ching: Lao-tsa kathita jibanabada*. Ni'u
        Dilli: Sahitya Akademi, 1960, 2007, 2009.)

《老子》转译：**3** 种

2007   হেলাল উদ্দিন আহমেদ - লাও-ৎযু র তাও দে জিংঃ সঠিক পথের বৃত্তান্ত - ঢাকাঃ সমুদ্র
        প্রকাশনা সংস্থা.

        (Helal Uddin Ahmed. *Lao-Tsu ra Tao De Jing: Sathika pathera bratta-
        nta*. Dhaka: Samudra Prakashana Sangstha.)
        [Stephen Mitchell 的 1988 年英语译本的转译]

2008   সরকার আমিন - তাও তে চিং সহজিয়া পথ - ঢাকাঃ বাংলা একাডেমি, 2008, 2020.

───────────

① 加利福尼亚大学伯克利分校（University of California, Berkeley）的阿米塔巴·巴苏（Amitabha
Basu）提供第一条目的孟加拉语文字。

(Sarker Amin. *Tao Te Ching sahajiya path*. Dhaka: Bangla Ekademi, 2008, 2020.)

[Stephen Mitchell 的 1988 年英语译本的转译]

2014　হেলাল উদ্দিন আহমেদ - প্রাচীন চিনা দর্শন: লাওসি ও কনফুসিয়াস - ঢাকাঃ আগামী প্রকাশনী.

(Helal Uddin Ahmed. *Prachin China Darshan: Laosi O Kanphusiyas*. Dhaka: Agamee Prakashani.)

[以 Stephen Mitchell 的 1988 年英语译本、Gia-fu Fung 和 Jane English 的 1972 年英语译本、Tolbert McCarroll 1982 年英语译本为参考]

类型尚未确定的翻译: **3** 种

2015　সুজিত দাশ - লাও ৎসু-র তাও তে চিং - আমি আর লীনা হেঁটে চলেছি, January 1, 2015.

(Sujit Das. "Lao Tsu-ra Tao Te Ching." *Ami ar Lina hemte calechi*, January 1, 2015.)

2020　সারিয়া মাহিমা ও শাওন আকন্দ - লাও ৎসু প্রণীতঃ তাও তে চিং - সাম্প্রতিক দেশকাল - ২২ অক্টোবর ২০২০.

(Saria Mahima, Shaon Akand. "Lao Tsu pranita: Tao Te Ching." *Shampratik Deshkal* (Dhaka), 22 October 2020.)

[包括第 1 章至第 12 章的节译本]

2021　তমোঘ্ন ঘোষ. তাও তে চিং. Notion Press.

(Tamoghna Ghosh. *Tao Te Ching*. Notion Press.)

11. Bulgarian　保加利亚语: **14** 种[①]

《老子》原文翻译: **7** 种

1967　Ленин Димитров. „Философията на Лао Дзъ." София: Наука и изкуство, 1967; „Дао дъ дзин." Костенец, 1990.

(Lenin Dimitrov. *Filosofiyata na Lao Dza*. Sofia: Nauka i izkustvo,

---

① 保加利亚翰林学院（Hanlin Academy）的玄明（Annie Pecheva）为本语种条目的校对人。

1967; *Dao da dzin*. Kostenets, 1990.)

[全译本]

1980 Бора Беливанова. „Древнокитайски мислители: Лао Дзъ, Джуан
      Дзъ, Лие Дзъ, Ян Джу и Уан Чун." София: Наука и изкуство, 1980;
      „Древнокитайски мислители." София: Изток-Запад, 2011.
      (Bora Belivanova. *Drevnokitayski misliteli: Lao Dza, Dzhuan Dza, Lie
      Dza, Yan Dzhu i Uan Chun.*" Sofia: Nauka i izkustvo, 1980; *Drevno-
      kitayski misliteli.* Sofia: Iztok-Zapad, 2011.)
      [以汉语版本和俄语译本为底本的节译本]

1996 Теодора Куцарова. „Дао Дъ дзин Трактат за Дао и Добро-
      детелта." „Proceedings of The First National Symposium on Korean
      Studies." Кореана: Корея — Традиции и съвременност. София:
      февруари.
      (Teodora Kutsarova. „Dao Da dzin Traktat za Dao i Dobro-
      detelta." „Proceedings of The First National Symposium on Korean
      Studies." Koreana: Korea — Traditsii i savremennost. Sofia: fevruari.)
      [节译本]

2002 Крум Ацев. „Книга за пътя и постигането: Дао Дъ дзин." София: Кибеа.
      (Krum Atsev. *Kniga za patya i postiganeto: Dao Da dzin*. Sofia: Kibea.)

2008 Теодора Куцарова. „Лаодзъ: Трактат за пътя и природната
      дарба." София: Св. Климент Охридски.
      (Teodora Kutsarova. *Laodza: Traktat za patya i prirodnata darba.*
      Sofia: Sv. Kliment Ohridski.)

2014 Валентин Добрев. „Дао Дъ Дзин." София: Стефан Добрев.
      (Valentin Dobrev. *Dao Da Dzin*. Sofia: Stefan Dobrev.)

2019 Теодора Куцарова. „Даодъдзин: Трактат за пътя и природната
      дарба." София: Изток-Запад.
      (Teodora Kutsarova. *Daodadzin: Traktat za patya i prirodnata darba.*
      Sofia: Iztok-Zapad.)

[以郭店楚简本与马王堆帛书本为底本的保加利亚语和英语双语译本]

<Теодора Куцарова（Teodora Kutsarova）自己的 2019 年英语译本以其为参考>

《老子》转译：3 种

2007　Михаил Георгиев. „Тайното учение на Дао Дъ Дзин.“ София: Аратрон.

（Mikhail Georgiev. *Taynoto uchenie na Dao Da Dzin*. Sofia: Aratron.）

[Mantak Chia 和 Tao Huang 的 2004（2001）年 *The Secret Teachings of the Tao Te Ching* 英语译本的转译]

2015　Емилия Станимирова Карастойчева. „Дао Дъ Дзин.“ София: Книго-мания.

（Emilia Stanimirova Karastoycheva. *Dao Da Dzin*. Sofia: Knigomania.）

[Stephen Mitchell 的 1988 年英语译本的转译]

2017　„Китайският гносис: Дао Дъ Дзин на Лао Дзъ.“ София: Розенкройц.

（*Kitayskiyat gnosis: Dao Da Dzin na Lao Dza*. Sofia: Rozenkroyts.）

[Jan van Rijckenborgh 和 Catharose de Petri 1987 年荷兰语译本的转译]

类型尚未确定的翻译：4 种

1994　„Тао Те Кинг: Книга за Пътя и Неговата Сила Писмена и устна версии.“ София: Хелиопол, 1994, 2016.

（*Tao Te King: Kniga za Patya i Negovata Sila Pismena i ustna versii*. Sofia: Heliopol, 1994, 2016.）

1997　Иван Гатев. „Дао де цзин: Светилата на изтока; Лао Цзи и Конфуций.“ София: Атлантида, 1997, 1999.

（Ivan Gatev. *Dao de tszin: Svetilata na iztoka; Lao Tszi i Konfutsiy*. Sofia: Atlantida, 1997, 1999.）

2001　Мария Василева Арабаджиева. „Дао Дъ дзин.“ София: Мириам, 2001, 2008, 2012.

(Maria Vasileva Arabadzhieva. *Dao Da dzin*. Sofia: Miriam, 2001, 2008, 2012.)

2002　Койна Коева. „Пътят." София: Фама, 2002, 2011.

　　　(Koyna Koeva. *Patyat*. Sofia: Fama, 2002, 2011.)

12. Burmese　缅甸语: **2** 种①

《老子》转译: **1** 种

1996　မောင်ပေါ်ထွန်း "ဘဝခရီးသည်၏ အဖော်မွန်" ရန်ကုန် : Today စာအုပ်တိုက်

　　　(Maung Paw Htūn. *Bhava kha rī saññ' e* 'a pho' mvan'*. Ran' Kun': Today Cā 'Up' Tuik'.)

　　　[Stanley M. Herman 的 1994 年 *The Tao at Work* 英语译本的转译]

类型尚未确定的翻译: **1** 种

1955　သက်လုံ "တောက်နှင့်အညီ နေထိုင်ရေး" ရန်ကုန် : မိုးမင်းစာပေ, 1955;

　　　ရန်ကုန် : စိတ်ကူးချိုချိုစာပေ, 2012.

　　　(Sak' Lum. *Tok' nhaṅ" 'aññī nethuiṅ' re"*. Ran' Kun': Mui″ Maṅ'″ Cā Pe, 1955; Ran' Kun': Cik' Kū″ Khyui Khyui Cāpe, 2012.)

13. Catalan　加泰罗尼亚语: **8** 种

《老子》原文翻译: **2** 种

2000　Seán Golden, Marisa Presas. *Daodejing: El llibre del 'dao' i del 'de.'* Barcelona: Publicacions de l'Adabia de Montserrat, 2000, 2006, 2010.

　　　<Seán Golden 自己的 2012 西班牙语译本以其为底本>

2009　Eva Ibáñez. *El Tao: Un camí per créixer*. Barcelona: Publicacions de l'Abadia de Montserrat D.L.

---

① 伦敦大学亚非学院（School of Oriental and African Studies, University of London）的吴照森（Justin Watkins）审定第一条目的罗马化转写。伦敦大学亚非学院的约翰·奥克尔（John Okell）提供第二条目的缅甸语文字。

《老子》转译: **6** 种

1965　Josep Palau i Fabre. *Tao-Te-King*. Barcelona: Tallers de S. Salvadò Cots.
　　　[法语译本的转译]

1984　Antoni Roig. *Tao-Te-King: El llibre del recte camí*. Barcelona: Aquari,
　　　1984; Sant Boi de Llobregat: Ibis, 1997.
　　　[Richard Wilhelm 的 1911 年德语译本的转译]

1986　Francesc de B. Moll. *Llànties de foc: De les escriptures i saviesa del
　　　món*. Palma de Mallorca: Universitat de les Illes Balears.
　　　[Joan Mascaró 的 1958 年英语译本的转译]

1997　Esteve Serra. *Tao Te King: El llibre del Tao*. Palma de Mallorca: José J.
　　　de Olañeta, 1997, 2000, 2019.
　　　[英语译本的转译]
　　　<与 Esteve Serra 的 1997 年西班牙语译本为配套>

2007　Joan Gelabert. *El llibre del Dao i la virtut: Daodejing*. Pollença,
　　　Mallorca: El Gall.
　　　[James Legge 的 1891 年英语译本的转译]

2010　Josep Vicent Guinot. *Tao Te Ching*. Vila-Real, Castellón: Mosseguello.
　　　[英语译本的转译]
　　　[加泰罗尼亚语方言巴伦西亚语的译本]

14. Cebuano 宿雾语: **1** 种
《老子》转译

1990　*Pagpangita sa Katawhan sa Diyos*. New York: Watch Tower Bible and
　　　Tract Society of Pennsylvania.
　　　[Gia-fu Feng 和 Jane English 的 1972 年英语译本的转译，包括第 9
　　　章、第 16 章、第 25 章、第 51 章的译文]

15. Chinese 汉语: 14 种

《老子》回译: **13 种**

1957   杨超.《中国古代哲学家老子及其学说》.北京：科学出版社.

(Yang Chao. *Zhongguo gudai zhexuejia Laozi jiqi xueshuo*. Beijing: Kexue chubanshe.)

[Ян Хин-шун（Yang Xingshun）的 1950 年俄语译本的转译]

1957   德华出版社编辑部.《老子的智慧》.台北：德华出版社（大汉出版社）.

(Dehua chubanshe bianjibu. *Laozi de zhihui*. Taibei: Dehua chubanshe/ Dahan chubanshe.)

[Lin Yutang 的 1942 年英语译本的转译]

1991   戴瑞娇.《领导之道》.台北：方智出版社.

[Dai Ruijiao. *Lingdao zhi Dao*. Taibei: Fangzhi chubanshe.)

[John Heider 的 1984 年 *The Tao of Leadership* 英语译本的转译]

1991   陈苍多.《爱情之道》.台北：方智出版社.

(Chen Cangduo. *Aiqing zhi Dao*. Taibei: Fangzhi chubanshe.)

[Ray Grigg 的 1988 年 *The Tao of Relationships* 英语译本的转译]

1992   伍雨钱，乔界文.《一个美国人眼中的"道"》.上海：上海文化出版社.

(Wu Yuqian, Qiao Jiewen. *Yige Meiguoren yanzhong de "Dao."* Shanghai: Shanghai wenhua chubanshe.)

[John Heider 的 1984 年 *The Tao of Leadership* 英语译本的转译]

1993   杨儒宾.《老子的自然之道》,《中国哲学文献选编》.台北：巨流图书公司, 1993, 1995, 2006;《中国哲学文献选编》.南京：江苏教育出版社, 2006.

(Yang Rubin. "Laozi de ziran zhi Dao." *Zhongguo zhexue wenxian xuanbian*. Taibei: Juliu tushu gongsi, 1993, 1995, 2006; *Zhongguo zhexue wenxian xuanbian*. Nanjing: Jiangsu jiaoyu chubanshe, 2006.)

[Wing-tsit Chan 的 1963 年英语译本的转译]

2000   张永胜，徐文海，云艳新.《老子讲义》呼和浩特：内蒙古人民出版社.

(Zhang Yongsheng, Xu Wenhai, Yun Yanxin. *Laozi jiangyi*. Huhehaote:

Neimenggu renmin chubanshe.)

[五井昌久（Goi Masahisa）1966 年日语译本的转译]

2004　黄嘉德.《老子的智慧》.西安：陕西师范大学出版社，2004，2006，2008；长沙：湖南文艺出版社，2016.

(Huang Jiade. *Laozi de zhihui*. Xi'an: Shaanxi shifan daxue chubanshe, 2004, 2006, 2008; Changsha: Hunan wenyi chubanshe, 2016.)

[Lin Yutang 的 1942 年英语译本的转译]

2008　麦倩宜.《智慧 81：一日一则·改变生命的奇迹》.台北：橡树林出版社.

(Mai Qianyi. *Zhihui 81: Yiri yize—Gaibian shengming de qiji*. Taibei: Xiangshulin chubanshe.)

[Wayne W. Dyer 的 2007 年 *Change Your thoughts, Change Your Life* 英语译本的转译]

2009　王强，刘飒.《改变思想改变生活》.天津：天津科技翻译出版公司.

(Wang Qiang, Liu Sa. *Gaibian sixiang gaibian shenghuo*. Tianjin: Tianjin keji fanyi chuban gongsi.)

[Wayne W. Dyer 的 2007 年 *Change Your thoughts, Change Your Life* 英语译本的转译]

2009　张振玉.《老子的智慧》.香港：天地图书有限公司.

(Zhang Zhenyu. *Laozi de zhihui*. Hong Kong: Tiandi tushu youxian gongsi.)

[Lin Yutang 的 1942 年英语译本的转译]

2015　陈惠淑 (Huisu Didi Miller). *Nothingness and Zero: A Post-Modern Approach to Lao Tzu's Tao Te Ching*. CreateSpace, 2015; *Nothingness and Zero: A Spiritual Translation of Lao Tzu's Tao Te Ching with Introduction by Chuang Tzu*. CreateSpace, 2015, 2016.

[与 Jeremy M. Miller 的 2015 年英语译本有汉英对比]

2016　姚达兑.《耶鲁藏〈道德经〉英译稿（1859）》.北京：中国社会科学出版社.

(Yao Dadui. *Yelu cang "Daodejing" yingyi gao* (1859). Beijing: Zhongguo shehui kexue chubanshe.)

[耶鲁藏《道德经》英译稿的录入和回译]

《老子》注本回译: 1 种

2008　杨立华.《王弼〈老子注〉研究》. 南京：江苏人民出版社, 2008, 2009.

(Yang Lihua. *Wang Bi "Laozizhu" yanjiu*. Nanjing: Jiangsu renmin chubanshe, 2008, 2009.)

[Rudolf G. Wagner 的 2003 年王弼《老子注》英语译本的转译]

16. Croatian　克罗地亚语: 9 种

《老子》转译: 7 种

1971　Stojan Vučićević. *Knjiga puta i vrline*. Zagreb: Studentski centar Sveučilišta u Zagrebu, 1971; Zagreb: Mladost, 1981; *Knjiga o putu i njegovoj krjeposti*. Zagreb: Alfa, 2005.

[法语译本的转译]

1994　Vili Bayer. *Tao-Te-King*. Zagreb: CID.

[以大量译本为参考]

2000　Vladimir Balvanović. *Tao Te King: Knjiga Puta i Vrline*. Sarajevo: Matica hrvatska.

[Kia-hway Liou 的 1967 年法语译本的转译]

2002　Marina Kralj Vidačak. *Tao Te Ching*. Zagreb: Biovega, 2002; Zagreb: Planetopija, 2007.

[John C. H. Wu 的 1961 年英语译本的转译]

2008　Iva Ušćumlić Gretić. *Promijenite misli - promijenite život: Živjeti mudrost Taoa*. Zagreb: TELEdisk, 2008; Rijeka: Leo Commerce, 2015.

[Wayne W. Dyer 的 2007 年 *Change Your thoughts，Change Your Life* 英语译本的转译]

2010　Mirna Herman Baletić, Marina Kralj Vidačak. *Tao Te Ching: O umijeću sklada; Novo i ilustrirano izdanje remek djela drevne kineske filozofije.* Zagreb: Planetopija.
[Chad Hansen 的 2009 年英语译本的转译]

2020　Marina Kralj Vidačak. *Tao Te Ching.* Zagreb: Planetopija.
[以 Lin Yutang 的 1942 年英语译本、John C. H. Wu 的 1961 年英语译本、D. C. Lau 的 1963 年英语译本、Gia-fu Feng 和 Jane English 的 1972 年英语译本为参考]

类型尚未确定的翻译: **2** 种

1979　Rade Sibila. *Tao Te Čing.* Zagreb: vlast. nakl.

2005　Petar Vasiljević. *Dao De Đing: Knjiga o putu i njegovoj energiji.* Zagreb: V.B.Z.

17. Czech 捷克语: **22** 种
《老子》原文翻译: **9** 种

1969　Jiří Navrátil. *Tao-Te-Ťing: Čili Kniha o nejvyšším Principu a hlubokém Životě.* Praha: Pragokoncert.

1920　Rudolf Dvořák. *Lao-tsiova kanonická kniha: O Tau a ctnosti* (*Tao-Tek-King*). Kladně: Jar. Šnajdra, 1920; Praha: Bernard Bolzano, 1931; Česko: Nakladatel není známý, 1990; Praha: Galerie Zdeněk Sklenář, 2015, 2020.
[以 Rudolf Dvorak 自己的 1903 年德语译本为参考]

1971　Oldřich Král. "Lao-c': Kanonická kniha o Cestě a její Síle." *Tao: Texty staré Číny.* Praha: Československý spisovatel; "Lao-c': Kanonická kniha o Cestě a její Síle." *Kniha mlčení: Texty staré Číny.* Mladá Fronta, Praha, 1994; *Laozi: Kniha o Cestě a Síle.* Praha: Galerie Zdeněk Sklenář, 2010, 2013, 2015.

1971　Berta Krebsová. *Tao Te Ťing: Lao-c' Tao a ctnosti*. Praha: Odeon, 1971; Praha: Dharma Gaia, 1997, 2003; Praha: Galerie Zdeněk Sklenář, 2016, 2018, 2021.

1994　Kuo-ying Chang, F. H. Richard. *Tao-Te-Ťing: Kniha o Tao a ctnosti*. Bratislava: CAD Press, 1994, 2009.

2000　Jan Kotík. *Tao Te Ťing*. Praha: Galerie Jiří Švestka, 2000.

2003　Jiří Navrátil. *O nebeském a lidském: Studie o klasickém filozofickém taoismu, doprovázená překladem Tao-te-ťingu a výboru z knihy Čuang-ć*. Praha: Avatar.

2012　David Sehnal. "Kniha Laozi: Překlad s filologickým komentářem." PhD diss., Univerzita Karlova v Praze.

2013　David Sehnal. *Kniha Laozi: Překlad s filologickým komentářem*. Praha: Filozofická fakulta Univerzita Karlova.

《老子》转译: 8 种

1878　Františka Čupr. *Tao-Tě-King: Cesta k Bohu a ctnosti*. V Praze: Náklad spisovatelův.
[Reinhold von Plaenckner 的 1870 年德语译本的转译，也以 Stanislas Julien 的 1842 年法语译本为参考]

1954　Květoslav Minařík. *Staročínský filosof Lao-c' a jeho učení*. Praha: SNPL, 1954; *Lao-c'ovo Tao-te-ťing*. Praha: Canopus, 1995, 2005, 2012.
[Ян Хин-шун（Yang Xingshun）的 1950 年俄语译本的转译]

1996　Martina Kotrbová. *Tao Te Ťing*. Praha: Volvox Globator.
[John R. Mabry 的 1994 年英语译本的转译]

1997　Jiří Černega. *Tao vůdce: Strategie úspěšného vůdce pro novou epochu; Tao-te ťing zadaptovaný pro New Age*. Bratislava: Cad Press.
[John Heider 的 1984 年 *The Tao of Leadership* 英语译本的转译]

2013　Daiana Krhutová. *Tajné učení Tao-Te-Ťing: Taoistické techniky vnitřní alchymie*. Olomouc: Fontána.
[Mantak Chia 和 Tao Huang 的 2004（2001）年 *The Secret Teachings of the Tao Te Ching* 英语译本的转译]

2014　*Čínská gnose: Komentáře k Tao-Te-Ťing od Lao-c'*. Praha: Mezinárodní škola Zlatého Kříže s Růží Lectorium Rosicrucianum.
[Jan van Rijckenborgh 和 Catharose de Petri 的 1987 年荷兰语译本的转译]

2014　Ondřej Klabal. *Změnte své myšlenky, změňte svůj život*. Olomouc: ANAG.
[Wayne W. Dyer 的 2007 年 *Change Your thoughts, Change Your Life* 英语译本的转译]

2018　Jiřina Broučková. *Taoismus: Tao-Te-Ting a další perly moudrosti z pera Lao-c'*. Týn nad Vltavou: Nová Forma.
[Vladimir Antonov 的 2007 年英语译本的转译]

《老子》注本转译：2 种

2005　Václav Cílek. *Tao Te Ťing: O tajemství hlubším než hlubina sama*. Praha: Dokořán, 2005, 2013, 2019.
[Richard John Lynn 的 1999 年王弼《老子注》英语译本的转译]
<王弼《老子注》的其他翻译包括 Paul J. Lin 的 1977 年英语译本、Ariane Rump 和 Wing-tsit Chan 的 1979 年英语译本、Rudolf Georg Wagner 的 1980 年德语译本、דן דאור（Dan Daor）和 ויואב אראיל（Yoav Ariel）的 1981 年希伯来语译本、Alan K. L. Chan 的 1991 年英语译文、임채우（Im Chaewoo）的 1997 年韩语译本、A.A. Маслов（A.A. Maslov）的 1997 年俄语译本、Richard John Lynn 的 1999 年英语译本、志賀一朗（Shiga Ichirō）的 2000 年日语译本、Rudolf G. Wagner 的 2003 年英语译本、임채우（Im Chaewoo）的 2005 年韩语译本、Anna I. Wójcik 的 2005 年波兰语译本、דן דאור（Dan Daor）和 ויואב אראיל（Yoav Ariel）的 2007 年希伯来语译本、В.В. Малявин

（V.V. Malâvin）的 2010 年俄语译本、김시천（Kim Sicheon）的 2007 年韩语译本、김정봉（Kim Jeongbong）的 2018 年韩语译本、서만억（Seo Maneok）的 2018 年韩语译本；被回译本有杨丽华（Yang Lihua）的 2008 年汉语译本>

2010　　Blanka Knotková-Čapková. *Tao míru: Poučení ze starověké Číny.* Hodkovičky, Praha: Pragma.
　　　　[Ralph D. Sawyer 的 2000 年王真《道德经论兵要义述》英语译本的转译]

类型尚未确定的翻译：**3** 种

1944　　Jaroslav Kabeš. *Moudrost a Tajemství: Setkání s Lao-Tsem; Kniha I. a II.* Praha: Pohořelý, 1944-1945.
　　　　{Walf}

1992　　Franjo Kvítek. *Synergický Tao Te Ťing.* Brno: Metainfo.

2007　　Josef A. Zentrich. *Tao Te Ťing: Kniha o Tao a cestě ke cnosti.* Olomouc: Fontána.

18. Danish 丹麦语：**13** 种

《老子》原文翻译：**3** 种

1924　　Victor Dantzer. *Verdensreligionernes Hovedværker i Oversættelse 10* (*Lao-tse: Tao te king*). København: Aage Marcus, 1924; *Mystik og Mystikere: Østerlandsk Mystik.* København: Gyldendal, 1928; *Verdensreligionernes Hovedværker: Bd. 7 Tao Te King.* København: Gyldendal, 1952.

1982　　Karl Ludvig Reichelt. *Tao Teh Ching.* København: Sphinx, 1982; København: Sankt Ansgar Forlag, 1985.
　　　　[以 Karl Ludvig Reichelt 自己的 1948 年挪威语译本为参考]
　　　　{Gumbert}

1999　　Poul Andersen. *Daode jing: Bogen om vejen og magten; Mystik og praktisk visdom i det gamle Kina.* København: Samlerens Bogklub. {Gumbert}

《老子》转译: **10** 种

1909　　Ernst Møller. *Oldmester og hans Bog: "Kristendom" för Kristus.* København: Pio.
[Lionel Giles 的 1904 年英语译本的转译]

1953　　Ole Kiilerich. *Tao Teh King: Bogen om alt og intet.* København: Thaning and Appel, 1953, 1973.
[Arthur Waley 的 1934 年英语译本的转译]

1968　　Aage Delbanco. *Tao Te Ching.* København: Superlove.
[以 Paul Carus 的 1897（1913）年英语译本为底本，也以 James Legge 的 1891 年英语译本、D. C. Lau 的 1963 年英语译本以及 Lin Yutang 的 1942 年英语译本为参考]

1982　　Peter Eliot Juhl (Piao Yu-suen). *Tao Te King: Visdommens bog.* Sphinx forlag, 1982, 1997, 2012.
[以几种英文译本为参考]

1994　　Steen Dahl, Kirsten Mellor. *Lærdommens Tao.* København: Lindhardt og Ringhof, 1994, 1997.
[Pamela Metz 的 1994 年 *The Tao of Learning* 英语译本的转译]

1996　　Steen Dahl, Kirsten Mellor. *Nærværets Tao.* København: Lindhardt og Ringhof.
[Ray Grigg 的 1988 年 *The Tao of Being* 英语译本的转译]

1997　　Steen Dahl. *Samvaerets Tao: Balancen mellem mand og kvinde.* København: Lindhardt og Ringhof, 1997; Atlanta: Humanics, 2010.
[Ray Grigg 的 1988 年 *The Tao of Relationships* 英语译本的转译]

1999　　Hugo Hørlych Karlsen. *Daode jing.* København: Aschehoug, 1999, 2000.

[以 Robert G. Henricks 的 1989 年马王堆帛书本英语译本、Ursula K. Le Guin 的 1997 年英语译本为参考]

2006　Hugo Hørlych Karlsen. *Daode jing.* Hadsund: Nordøsten, 2006, 2008, 2016.
　　　[以 Robert G. Henricks 的 1989 年马王堆帛书本英语译本、Ursula K. Le Guin 的 1997 年英语译本为参考]
　　　[Hugo Hørlych Karlsen 的 1999 年译本修订本]

2015　Knud Strandby Thomsen. *Dao De Jing: Bogen om vejen og kraften.* Books on Demand.
　　　[以 Wayne W. Dyer 的 2007 年 *Change Your Thoughts, Change Your Life* 英语译本和其他译本为底本]

19. Dutch 荷兰语: 67 种
《老子》原文翻译: 22 种

1897　Henri Borel. *De Chineessche Filosofie, toegelicht voor niet-sinologen II: Lao Tsz'.* Amsterdam: P. N. Van Kampen & Zoon.
　　　<Jan van Rijckenborgh 和 Catharose de Petri 的 1976 年和 1987 年荷兰语译本以其为底本>

1910　J. A. Blok. *Tao Teh King van Lao Tse.* Amsterdam: Theosofische uitgevers-maatschappij, 1910; *Tau Teh Tjing.* Amersfoort: Valkhoff, 1918; Uitgeversmij: A. E. Kluwer, 1948; N. Kluwer, 1956, 1963, 1970; Deventer: Ankh-Hermes, 1973, 1984, 1986, 1994, 2000; Utrecht: AnkhHermes, 2013, 2020.

1941　J. J. L. Duyvendak. "Tau-te-tsjing." *Chineesche denkers.* Baarn: Hollandia Drukkerij, 1941; *Tau-Te-Tsjing: Het boek van weg en deugd.* Arnhem: Van Loghum Slaterus, 1942, 1950; Amsterdam: De Driehoek, 1980.
　　　<J. J. L. Duyvendak 自己的 1953 年法语译本、J. J. L. Duyvendak 自己的 1954 年英语译本以其为参考>

1947　E. J. Welz. *Tao Te King*. Bussum: F.G. Kroonder, 1947, 1949.

1975　Van Reìmy de Muynck (Saint-Rémy). *Tao Te King*. Antwerpen: Soethoudt.
[以 Saint-Rémy 自己的 1962 年法语译本为参考]

1990　Johan Willemsens. *De weg van Lao-Tse: Een nieuwe Nederlandse vertolking van de Tao Te Tjing*. Amsterdam: Bres.

1992　W.A.M. Weel. *De deugdelijke weg volgens de oude wijze: Vertaling van oeroude manuscripten* (*Laozi zhi Dedaojing*). Tilburg: Al-beweging.
[马王堆帛书本的翻译]

1995　Paul Salim Kluwer. *Dao de jing*. Deventer: Ankh-Hermes, 1995, 2007; Katwijk: Panta Rhei Uitgeverij, 2015.

1999　Hans Wesseling. *Dau Deh Dzjing*. Den Haag: Unide.

2002　Teun Tjè. *Lao Zi Daode Jing*. Vaals: Abdij Sint Benedictusberg.

2003　Jaap Voigt. *Dao De Jing*. Hilversum: Uitgeverij Nachtwind, 2003, 2011.

2007　Mark W. J. M. Sterke. *Daode jing: Het geschrift van de weg en de deugd van Laozi*. Tilburg: Shin Tài Ryu, 2007, 2008, 2010.

2007　Philippe Verbeeck. *Het taoïstisch denken van Lao Tzu: 1, Het boek van de Tao*. Leuven; Voorburg: Acco.

2010　Bartho Kriek. *Daodejing: Het boek van de Weg en de Kracht*. Amsterdam: Atlas, 2010; Voorburg: Synthese, 2018, 2021.

2010　Kristofer Schipper. *Het boek van de Tao en de innerlijke kracht*. Amsterdam: Uitgeverij Augustus, 2010, 2014.

2010　Philippe Verbeeck. *Het taoïstisch denken van Lao Tzu: 2, Het boek van de Te*. Leuven; Den Haag: Acco.

2014　Frank Coolen. *Het boek van de oude meester: Een persoonlijke reis door de Daodejing*. Tilburg: Frank Coolen.

2014 Hans van Pinxteren. *Daodejing: De Weg, De Kracht*. Cothen: Felix Uitgeverij B.V., 2014; Cothen: Juwelenschip.nl, 2015.

2015 Eric Hoekstra. *Tao Te Ching: Het boek van de weg en de deugd*. Leeuwarden: Elikser.
<与 Eric Hoekstra 的 2015 年弗利然语译本为配套>

2017 Lloyd Haft. *Lao-tze's vele wegen: Een alternatieve lezing van de Tau-te-tsjing*. Waarbeke, Belgium: Synthese.

2021 Clark Gillian. *Wat Laozi Allemaal zei: De Daodejing voor leken zoals wij*. Amsterdam: Brave New Books.
<与 Clark Gillian 的 2021 年英语译本为配套>

2021 Anatoly Savrukhin. *Lao Tzu's verhandeling "Tao Te Ching" over de harmonie van natuur en maatschappij: Vertaling uit het oude Chinees, analyse en commentaar*. Chisinau, Moldova: Uitgeverij Onze Kennis.
<与 Anatoly Savrukhin 的 2021 年英语译本、2021 年法语译本、2021 年德语译本、2021 年意大利语译本、2021 年波兰语译本、2021 年葡萄牙语译本为配套>

《老子》注本翻译: 1 种

2002 B. J. Mansvelt Beck. *Daodejing: Opnieuw vertaald uit het Chinees naar de oudere tekstversie met commentaar van Heshanggong door dr. B. J. Mansvelt Beck*. Utrecht: Servire.
[《老子河上公章句》的翻译]
<《老子河上公章句》的其他翻译包括 Eduard Erkes 的 1945 年英语译本、Alan K. L. Chan 的 1991 年英语译本、Şerban Toader 的 1999 年罗马尼亚语译本、이석명（Lee Sukmyung）的 2005 年韩语译本、В.В. Малявин（V.V. Malâvin）的 2010 年俄语译本、Misha Tadd 的 2013 年英语译本、Giorgio Sinedino 的 2015 年葡萄牙语译本、Dan G. Reid 的 2016 年英语译本、김범석（Kim Beomseok）和정일화

（Jeong Ilhwa）的 2017 年韩语译本、김정봉（Kim Jeongbong）的 2018 年韩语译本>

《老子》转译: 36 种

1875　Frederik Willem Merens. *Lao-Tsé, de oudste Chineesche wijsgeer.* Utrecht.

[Victor Von Strauss 的 1870 年德语译本的转译译文，包括第 51 章，第 37 章，第 16 章，第 40 章，第 52 章，第 62 章，第 63 章，第 22 章]

1933　C. van Dijk. *"Tao" universeel bewustzijn: 350 paraphrasen op de "Tao teh king" van Lao Tsé.* Amsterdam: Nederlandsche Keurboekerij.

[以 Alexander Ular 的 1903 年德语译本为底本]

1933　C. van Dijk. *"Teh" universeele bewustwording: 319 paraphrasen op de "Tao teh king" van Lao tse.* Amsterdam: Nederlandsche Keurboekerij.

[以 Alexander Ular 的 1903 年德语译本为底本]

1935　Nico van Suchtelen. *Laotse Spreuken.* Amsterdam: Wereld-Bibliotheek, 1935, 1957.

[Alfred Henschke（Klabund）的 1921 年德语译本的转译]

1944　W. B. Vreugdenhil. *Tao Teh King.* Amsterdam: Duwaer & Zonen, 1944, 1945.

[以不同语种译本为参考]

1946　Carolus Verhulst. "Tao Tê Tjing." *Brandpunt van Cultuur en Geestesleven.* 's-Gravenhage: N.V. Servire.

[Ch'u Ta-Kao 的 1937 年英语译本的转译]

1976　Roel Houwink. *Tao-Teh-King: Chinees spreukenboek.* Baarn: Amboboeken, 1976, 1987, 1989.

[德语译本的转译]

1979　Carolus Verhulst. *Tao Te Tsjing.* Wassenaar: Mirananda, 1979; Den Haag: Synthese, 2004.

[以英语译本和德语译本为参考]

1987 Ma Anand Rupena, A. J. F. Perizonius. *Het leven volgens Lau Tse*. Heemstede: Altamira, 1987, 1988, 1992.
[Witter Bynner 的 1944 年英语译本的转译]

1987 Aleid C. Swierenga. *Tau Te Tjing*. Katwijk: Servire, 1987, 1994.
[Gia-fu Feng 和 Jane English 的 1972 年英语译本的转译]

1987 Simon Vinkenoog. *De wijsheid van Lao-Tse: Een keuze uit de Tao Te Tsjing*. Amsterdam: Omega Boek.
[Jörg Weigand 的 1982 年德语译本的转译]
{Walf}

1988 Chris Mouwen. *Het Tao van Macht: Een vertaling van de Tao Te Tjing door Lao Tse*. Baarn: Bigot & Van Rossum.
[R. L. Wing 的 1986 年英语译本的转译]

1989 Mark Benninga. *De Tao van relaties: Man en vrouw in evenwicht*. Den Haag: East-West Publications, 1989; Den Haag: BBNC Uitgevers, 1999; Den Haag: Nirwana, 2007; Humanics, 2010.
[Ray Grigg 的 1988 年 *The Tao of Relationships* 英语译本的转译]

1989 Erdwin Spits. *Lao Dze Dao De Dzjing: Het boek van trek en leven*. Amsterdam: Selbstverlag.
[英语译本的转译]
{Walf}

1991 Anneke Huyser. *Te-tao ching: een nieuwe vertaling, gebaseerd op de recent ontdekte Ma-wang-tui teksten*. Utrecht: Kosmos, 1991; Utrecht: Servire, 2005.
[Robert Henricks 的 1989 年马王堆帛书本英语译本的转译]

1992 Michael Baker, Huib Wilkes. *Tao Te King*. Haarlem: Altamira, 1992, 1996, 2008, 2015.
[以 Luis Carcamo 的 1982 年西班牙语译本、Ellen Chen 的 1989 年

英语译本为参考]

1992　Hans P. Keizer. *Tao Te Tjing: De weg van verandering en groei; Een geheel nieuwe vertaling, gebaseerd op de onlangs ontdekte Ma-wang-tui manuscripten*. Amsterdam: Omega Boek.
[Victor Mair 的 1990 年英语译本的转译，包括马王堆帛书本的翻译]

1994　Manda Plettenburg. *Het Tao is Sttil*. Den Haag: Mirananda.
[Raymond M. Smullyan 的 1977 年英语译本的转译]

1995　George Hulskramer. *De Tao van leiderschap: Strategieën voor de nieuwe tijd*. Amsterdam: Contact, 1995, 2000, 2006, 2017, 2019; Eastern Dragon, 2010; Olympus, 2012.
[John Heider 的 1984 年 *The Tao of Leadership* 英语译本的转译]

1996　Aleid C. Swierenga. *Het boekje met de Tau-te tjing*. Groningen: Mondria.
[John R. Mabry 的 1994 年英语译本的转译]

1996　Aleid C. Swierenga, Maxim E. Desorgher. *Tau Te Tjing: En niewue vertaling uit het Chinees*. Heemstede: Altamira.
[Man-Ho Kwok 和 Martin Palmer 与 Jay Ramsay 的 1993 年英语译本的转译]

1998　Marcel Zwart. *Tao Te Ching*. Houten: Van Holkema & Warendorf.
[John C. H. Wu 的 1961 年英语译本的转译]
{Walf}

1999　Vivian Franken. *Lessen van de Tao*. Deventer: Ankh.
[Eva Wong 的 1996 年 *Teachings of the Tao* 英语译本的转译]

2000　L. W. Carp. *De meesters van Tao: Lao-Tze, Lie-Tze, Zhuang-ze*. Den Haag: East-West Publications.
[Henry Normand 的 1985 年法语译本的转译]

2000　George Hulskramer. *Tao Te King voor ouders*. Haarlem: Becht, 2000,

2018.

[William Martin 的 1999 年 *The Parent's Tao Te Ching* 英语译本的转译]

2000　Wim Jansen. *Tao te Ching: Een reis in beelden*. Kampen: Ten Have.

[Stephen Mitchell 的 1988 年英语译本的转译]

2003　L. W. Carp. *De geest van Tao*. Den Haag: East-West Publications.

[Thomas Cleary 的 1998 年 *The Spirit of the Tao* 英语译本的转译]

2006　Prema van Harte. *Tao Te Tsjing: Een nieuwe vertaling*. Amsterdam: Samsara, 2006, 2019.

[Sam Hamill 的 2007 年英语译本的转译]

2006　*Tao Box*. Den Haag: BBNC Uitgevers.

[Priya Hemenway 的 2002 年英语译本的转译]

{Walf}

2006　Hein Thijssen, Dirk Willem Postma. *Tao Teh King*. Amsterdam: SWP.

[Archie Bahm 的 1958 年英语译本的转译]

2007　Harry Naus. *De Complete Tao De lessen van Lao-Tse*. 's-Gravenhage: BZZTôH.

[John Bright-Fey 的 2006 年 *The Whole Heart of Tao* 英语译本的转译]

2008　Louise Briët. *De mooiste wijze teksten uit de Tao*. Kampen: Ten Have.

[Stephen Mitchell 的 2006 年英语译本的 Wim Jansen 转译本修订本，也包括 Karl van Klaveren 的 2006 年 Solawa Tower *Stories of the Tao* 荷兰语译本 *Verhalen uit de Tao*]

2008　*De weg naar verandering*. Utrecht: Kosmos, 2008, 2011; *De levende Tao: De complete Tao Te Ching*. Utrecht: Kosmos, 2009.

[Wayne W. Dyer 的 2007 年 *Change Your Thoughts, Change Your Life* 英语译本的转译]

2010　Wilma Paalman. *Tao Te Ching: De kunst van harmonie*. Kerkdriel:

Librero, 2010, 2012.

[Chad Hansen 的 2009 年英语译本的转译]

2015　Frans Boenders. *Wijsheid uit Azie*. Tielt: Lannoo.

[Liou Kai-hway 的 1967 年法语译本的转译]

2020　Fiep van Bodegom. *Tao Te Ching: Lao Tzu; Een nieuwe interpretatie van Ursula K. Le Guin*. Utrecht: AnkhHermes.

[Ursula K. Le Guin 的 1997 年英语译本的转译]

《老子》语内转译: **2** 种

1976　Jan van Rijckenborgh, Catharose de Petri. *Tao Teh King: Hoofdstuk XX*. Haarlem: Rozekruis Pers.

[以 Henri Borel 的 1898 年荷兰语译本为底本]

1987　Jan van Rijckenborgh, Catharose de Petri. *De Chinese gnosis: Verklaard aan de hand van; Deel 1 van de Tao Teh King van Lao Tse*. Haarlem: Rozekruis Pers, 1987, 1992, 2002.

[以 Henri Borel 的 1898 年荷兰语译本为底本]

<被转译成 1988 年 *Die Chinesische Gnosis* 德语译本、1996 年 *La gnose chinoise* 法语译本、1996 年 *The Chinese Gnosis* 英语译本、2006 年 *A Gnosis Chinesa* 葡萄牙语译本、2012 年 *Chińska gnoza* 波兰语译本、2014 年 *Čínská gnose* 捷克语译本、Renate Lind 的 2015 年西班牙语译本、2017 年 „Китайският гносис"（*Kitayskiyat gnosis*）保加利亚语译本>

类型尚未确定的翻译: **6** 种

1959　H. (Henri) van Praag. *Spiegel der Chinese beschaving*. Zeist: W. de Haan.

<被转译成 Annie Mesritz 和 Léon Thoorens 的 1966 年法语译本>

1975　Lucas Lambrechts. *Tau Te Tjing: Het boek van Tau en diens werken*. Haasrode: Kultuur van de stilte.

2011　George Hulskramer. *De Tao Te King voor hardlopers: Lopen in de geest van Loa Tse*. Haarlem: Altamira.

2017　Heidi Iriks. *Dijn Lering: Een vertaling van de Tao Te Ching*. Mijnbestseller.nl.

2019　Elly Nooyen. *Weg in Tao: De kunst van innerlijke alchemie*. Haarlem: Uitgeverij de Rozekruis Pers.

2019　Roeland Schweitzer. *Tao Te Tjing: Het boek over vrede en vreugde; De Tao voor kinderen en andere volwassenen*. Kampen: Uitgeverij Van Warven.

20. English　英语: 603 种
《老子》原文翻译: 342 种

1868　John Chalmers. *The Speculations on Metaphysics, Polity and Morality of "The Old Philosopher," Lao-tze*. London: Trubner, 1868; Karumeru. *Rōshi dōtokukyō: Kan'ei taisho*. Tokyo: Tetsugaku Shoin, 1892. (カルメル.『老子道徳経：漢英対照』. 東京：哲学書院, 1892.)
[以 Stanislas Julien 的 1842 年法语译本为参考]

1884　Frederick Henry Balfour. *Taoist Texts: Ethical, Political and Speculative*. London: Trubner, 1884; New York: Gordon Press, 1975.

1886　Herbert Giles. "The Remains of Lao Tzu." *The China Review* 14 (1886): 231-280; *The Remains of Lao Tzu*. London: John Murray, 1886.

1891　James Legge. "Tao-Teh King." *The Texts of Taoism*. London: Oxford University Press, 1891, 1927; New York: Dover, 1891, 1962, 2013; Delhi: Motilal Banarsidass, 1966, 1977, 1993; *The Tao Tê Ching, The Writings of Chuang-tzû, The Thâi-shang Tractate of Actions and Their Retributions*. Taipei: Ch'eng-wen Publishing Company, 1969; Singapore: Graham Brash, 1989, 2001; *Tao Teh Ching*. Stepney, South Australia: Axiom, 2001; Rochester: Grange, 2001; *The Tao Te Ching:*

Eighty-One Maxims from the Father of Taoism Lao Tzu. Maesteg, UK: Infinity Café, 2006; St. Petersburg, FL: Red and Black Publishers, 2008; *The Path of Virtue: The Illustrated Tao Te Ching.* New York: Abrams, 2009; Whitefish, MT: Kessinger Publishing, 2010; *The Original Chinese Texts.* Charleston: Bibliolife, 2010; New York: Wellfleet Press, 2015; *The Tâo and Its Characteristics.* Hong Kong: Earnshaw Books, 2017; *Tao Te Ching.* Mineola, NY: Ixia Press, 2020; *Ying-Han shuangyu guoxue jingdian: Daodejing.* Zhengzhou: Zhongzhou Ancient Book Publishing House, 2016.

（《英汉双语国学经典：道德经》. 郑州：中州古籍出版社, 2016.）

<被转译成 János Máté 的 2001 年匈牙利语译本、Joan Gelabert 的 2007 年加泰罗尼亚语译本；Aleister Crowley 的 1975 年英语译本、Peg Streep 的 1994 年英语译本、Gregory P. Lee 的 2005 年英语译本、Henry Piironen 的 2010 年英语译本、Martin J. Hall 的 2012 年英语译本、Rafael Arrais 的 2013 年葡萄牙语译本、George Breed 的 2014 年英语译本以其为底本；Aage Delbanco 的 1968 年丹麦语译本、संजीव मिश्र（Sañjīva Miśra）的 2005 年印地语译本、Levent Özşar 的 2010 年土耳其语译本、Arturo Hernandez Mancilla 的 2016 年西班牙语译本、Rudy Harjanto, Lasiyo 的 2018 年印度尼西亚语译本以其为参考>

1894　Walter R. Old (Sepharial). *The Book of the Path of Virtue.* Madras: Theosophical Publishing Society, 1894; Walter Gorn Old (Walter R. Old). *The Simple Way: Laotze* (*the 'Old Boy'*). London: Philip Wellby, 1904, 1905; London: William Rider & Son, Ltd., 1913, 1922, 1929; Philadelphia: David McKay Co., 1939.

　　　　<被转译成 Franz Hartmann 的 1897 年德语译本；Pekka Ervast 的 1907 年和 1925 年芬兰语译本以其为底本；August Wesley 的 1937 年爱沙尼亚语译本以其为参考>

1895　Major-General G.G. (George Gardiner) Alexander. *Lâo-Tsze: The Great Thinker, with a Translation of His Thoughts on the Nature and Manifestations of God.* London: Kegan Paul, Trench, Trübner & Co, 1895;

"Tao-Teh-King or Book of the Values and the Tao." *Sacred Books and Early Literature of the East*, Vol. 12: 15-31. New York: Parke, Austin & Lipscomb, 1895, 1917.

1897　　Paul Carus. "Lao-Tsze's Tao Teh King." *The Monist* 7(4), 571-601; *Lao-Tze's Tao-Teh-King*. Chicago: Open Court, 1898; *The Canon of Reason and Virtue: Being Lao-tze's Tao Teh King*. Chicago: Open Court, 1903, 1909, 1913, 1945; Paul Carus, D. T. Suzuki. *The Canon of Reason and Virtue*. LaSalle, IL: Open Court Pub., 1913, 1927, 1974, 1991.
　　　　<Joseph Kohler 的 1908 年德语译本、Hertha Federmann 的 1920 年德语译本、Aage Delbanco 的 1968 年丹麦语译本、Ursula K. Le Guin 的 1997 年英语译本、Paul Smith 的 2014 年英语译本以其为底本；Arturo Hernandez Mancilla 的 2016 年西班牙语译本、Jacques Bennett 的 2020 年英语译本、Cristina I. Viviani 的 2022 年英语译本以其为参考>

1898　　P. J. Maclagan. "The Tao-Teh King." *The China Review* 23 (1898), 1-14, 75-85, 125-142, 191-207, 261-264; *The China Review* 24 (1899), 12-20, 86-92.

1899　　Thomas W. Kingsmill. *Taoteh King*. Shanghai: Shanghai Mercury; "Taoteh King." *The China Review* 24 (1899), 147-155; *The China Review* 24 (1900), 185-194.

1903　　I. W. (Issac Winter) Heysinger. *The Light of China: The Tao Teh King of Lao Tsze*. Philadelphia: Research Publishing, 1903.

1903　　E. H. (Edward Harper) Parker. "Taoism and the Tao Te Ching." *The Dublin Review* (July and Oct. 1903, Jan. 1904); "The Tao Te Ching or Providential Grace Classic." *Studies in Chinese Religion*, 96-131. London: Chapman and Hall, 1910; New York: Dutton, 1910.

1904　　Lionel Giles. *The Sayings of Lao Tzu*. London: John Murray, 1904, 1905, 1909, 1911, 1917, 1937, 1950, 1959.
　　　　<被转译成 Ernst Møller 的 1909 年丹麦语译本；The Feminine Sacred

Texts Project 的 2021 年英语译本以其为底本；Jan Lemański 的 1921 年波兰语译本、Ernst Schröder 的 1934 年德语译本以其为参考>

1905　　Charles Spurgeon Medhurst. *Tao Teh King: A Short Study in Comparative Religion*. Wheaton, IL: Theosophical Publishing House, 1905; *The Tao-Teh-King: Sayings of Lao-tzu*. Wheaton, IL: Theosophical Publishing House, 1972.
　　　　<Ernst Schröder 的 1934 年德语译本以其为参考>

1910　　Dwight Goddard. *Laotzu's Tao and Wu Wei*. New York: Brentano's, 1910, 1919.
　　　　<被转译成 Manuera Mura 的 2019 年意大利语译本；Sam Torode 的 2009 年英语译本、David Hon 的 2011 年英语译本以其为底本；Arturo Hernandez Mancilla 的 2016 年西班牙语译本以其为参考>

1911　　Carl H. A. Bjerregaard. *The Inner Life and the Tao-Teh King*. London: Theosophical Publishing House, 1911, 1912.

1916　　Isabella Mears. *Tao Teh King*. London: Theosophical Publishing House, 1916, 1949, 1983; Mamaroneck, NY: Aeon Publishing, 2000; *Tao Te King*. A & D Publishing, 2018.

1919　　*A Collection of Pearls*. Long Sang Ti Chinese Curio Co.

1920　　A. E. Anderson. "The Tao Teh King: A Chinese Mysticism." *The University of California Chronicle: An Official Record* (University California, Berkeley) 22(October), 394-404.
　　　　{Walf}

1920　　Brian Brown. *The Wisdom of the Chinese: Their Philosophy in Sayings and Proverbs*. New York: Brentano's, 1920, 1921, 1930, 1938, 1940, 1976, 2012, 2018.

1921　　Charles Johnston. "The Tao Teh King: Lao Tse's Book of the Way and of Righteousness." *Theosophical Quarterly* 18 (April 1921), 346-353; 19 (July 1921), 50-54; 19 (October 1921), 162-168; 19 (January 1922),

236-243; 19 (April 1922), 350-360; 20 (July 1922), 32-38; 20 (October 1922), 163-169; 20 (January1923), 203-208; *The Tao Teh King: Lao Tse's Book of the Way and of Righteousness*. Vancouver: Kshetra Books, 2014.

1923　John Gustav Weiss. *Lao-Tze's Tao-Te-King*. London: The British Library.
　　　<John Gustav Weiß 自己的 1927 年德语译本以其为参考>

1924　James Stephens, Iris Clare Wise. *The Simple Way of Lao Tsze*. Surrey, England: Shrine of Wisdom, 1924, 1941, 1951, 1974, 1992, 1995.

1926　Charles H. Mackintosh. *Tao: A Poetic Version of the Tao Teh Ching of Lao Tsze*. Chicago: Theosophical Press, 1926; *TAO: A Rendering Into English Verse of the Tao Te Ching of Lao Tsze*. Kindle Edition, 2022.

1926　Dryden Linsley Phelps (Wu-wu-tze), Mr. Shae. *The Philosophy of Lao Tze*. Chengdu: Jeh Hsin Press.

1927　Tom MacInnes. *The Teachings of the Old Boy*. London/Toronto: J. M. Dent.

1928　Shuten Inouye (井上秀天). *Laotse: Tao Teh King*. Tokoyo: Daitokaku.

1932　A. J. Brace. *Three Chinese Philosophers, or, The Door to all Spirituality: Studies from the Yellow Emperor, Lao Tze, and the Poet Shao Yung in English and Chinese for Students Studying English*. Chengdu: Y.M.C.A.

1934　Arthur Waley. *The Way and Its Power*. London: Allen & Unwin, 1934, 1937, 1949, 1954, 1956, 1968; Beijing: Foreign Language Teaching and Research Press, 1994, 1998.
　　　<被转译成 Ole Kiilerich 的 1953 年丹麦语译本、Héctor V. Morel 的 1979 年西班牙译本、Calixto López 的 2020 年葡萄牙译本；Theodor Scheufele 的 1978 年德语译本、Flavio Rigonat 的 2019 年塞尔维亚语译本、Bruce Fertman 的 2022 年英语译本、Cristina I. Viviani 的

2022 年英语译本以其为参考>

1935 Dwight Goddard, Bhikshu Wai-tao. *Laotzu's Tao and Wu-Wei: A New Translation*. Thetford, VT: D. Goddard, 1935; "Tao-Teh-King." *A Buddhist Bible*. Boston: E. P. Dutton & Co., 1938; Boston: Beacon Press, 1966.

1936 Hu Tse-ling (胡子霖). *Lao Tzu, Tao Teh Ching*. Chengtu, Szechuan: Canadian Mission Press.

1936 A. L. (Alva LaSalle) Kitselman II. *Tao Teh King* (*The Way of Peace*) *of Lao Tzu*. Palo Alto, CA: The School of Simplicity.

1937 Ch'u Ta-Kao (初大告). *Tao Te Ching*. London: The Buddhist Society, 1937, 1942, 1948, 1959.
<被转译成 Carolus Verhulst 的 1946 年荷兰语译本、Caridad Díaz-Faes 的 1961 年西班牙语译本、Ines Frid 的 1993 年西班牙语译本、માવજી કે. સાવલા（Māvajī Ke Sāvalā）的 1998 年古吉拉特语译本、Richardo A.Parada 的 1999 年西班牙语译本、சி. மணி（Ci. Maṇi）的 1998 年泰米尔语译本>

1938 Sum Nung Au-Young (欧阳心农). *Lao Tze's Tao Teh King: The Bible of Taoism*. New York: March & Greenwood Publishing.

1939 John Ching-Hsiung Wu (吴经熊). "Lao Tzu's The Tao and Its Virtue." *T'ien Hsia Monthly* (November 1939), 401-423; *T'ien Hsia Monthly* (December 1939), 498-521; *T'ien Hsia Monthly* (January 1940), 66-99.

1942 Ernest R. Hughes, "Tao Te Ching." *Chinese Philosophy in Classical Times*. London: J.M. Dent, 1942, 1950.

1942 Lin Yutang (林语堂). "The Wisdom of Laotse." *Wisdom of India and China*, 583-624; New York: Random House, 1942, 1955; *The Wisdom of Laotse*. London: Michael Joseph, 1944; New York: Random House, 1948; Westport, CT: Greenwood, 1979; New York: Modern Library 1983.

<被转译成 Ary de Mesquita 和 Beata Vettori 与 Bezerra de Freitas 的 1945 年葡萄牙语译本、Floreal Mazía 的 1951 年西班牙语译本、Gerolf Coudenhove 的 1955 年德语译本、Jörg Wichmann 的 2002 年德语译本、장순용（Jang Soonyong）的 1998 年韩语译本；Anthony D. Duncan 的 2002 年英语译本以其为底本；Aage Delbanco 的 1968 年丹麦语译本、Marina Kralj Vidačak 的 2020 年克罗地亚语译本以其为参考；被回译成德华出版社编辑部（Dehua chubanshe bianjibu）的 1957 年汉语译本、黄嘉德（Huang Jiade）的 2004 年汉语译本、张振玉（Zhang Zhenyu）的 2009 年汉语译本>

1944   Witter Bynner. *The Way of Life According to Lao Tzu*. New York: John Day, 1944; London: Editions Petry, 1946; London: Lyrebird Press, 1972; New York: Putnam, 1986.
<被转译成 Ma Anand Rupena 的 1987 年荷兰语译本；Theodor Scheufele 的 1978 年德语译本、Bruce Fertman 的 2022 年英语译本以其为参考>

1946   Hermon Ould. *The Way of Acceptance*. London: A. Dakers.

1947   Chien Hsüeh-hsi (钱学熙). "Tao Te Ging: The Book of the Way and the Virtue." Hsia Chih-tsing (夏志清) personal collection.

1948   Frederick Benjamin Thomas. *The Tao Teh of Laotse*. Oakland, CA.

1948   Dorothy Manners, Margaret Ault. *The Book of Tao & Teh: Being the Tao Teh King of Lao Tse*. Meopham Green: Order of the Great Companions.

1949   Lin Cheng (程琳). *The Works of Lao Tzyy: Truth and Nature; Popularly Known as Daw Der Jing*. Chungking: World Encyclopedia Institute, 1949; Shanghai: World Book Co., 1949; Taipei: World Book Co., 1953, 1962, 1965, 1969, 1973; Hongkong: Nanguo chubanshe, 1980.

1949   Orde Poynton. *The Great Sinderesis: Being a Translation of the Tao Te Ching*. Adelaide: Hassell Press.

1954   J. J. L. Duyvendak. *Tao Te Ching: The Book of the Way and its Virtue*. London: John Murray, 1954, 1992.

[以 J. J. L. Duyvendak 自己的 1941 年荷兰语译本为参考]

1955　Raymond B. Blakney. *The Way of Life: Lao Tzu*. New York: Mentor, 1955, 1983; New York: Signet Classic, 2001.

　　　<被转译成 Michał Fostowicz-Zahorski 的 1984 年波兰语译本、C.H. Батонов（S.N. Batonov）的 1998 年俄语译本、محمد الأسعد（Mohamed al-Asad）的 2008 年阿拉伯语译本；John R. Bomar 的 2005 年和 2020 年英语译本、Rudy Harjanto 和 Lasiyo 的 2018 年印度尼西亚语译本以其为参考>

1956　Amos I. T. Chang. *The Existence of Intangible Content in Architectonic Form: Based Upon the Practicality of Laotzu's Philosophy*. Princeton: Princeton University Press.

1957　Peter Boodberg. "Philological Notes on Chapter One of the Lao-tzu." *Harvard Journal of Asiatic Studies* 20, 598–618.

1958　Archie Bahm. *Tao Teh King*. Albuquerque: World Books, 1958, 1978; New York: Frederick Ungar, NY, 1958, 1980.

　　　<被转译成 Hein Thijssen 和 Dirk Willem Postma 的 2006 年荷兰语译本；John R. Bomar 的 2005 年和 2020 年英语译本以其为参考>

1958　Joan Mascaró. *Lamps of Fire: From the Scriptures and Wisdom of the World*. Cambridge: Self-Published, 1958; London: Methuen, 1961, 1972.

　　　<被转译成 María de Sellarés 的 1972 年西班牙语译本、Francesc de B. Moll 的 1986 年加泰罗尼亚语译本>

1959　Shohaku Ogata（緒方宗博）. *Zen for the West*. London: Rider & Company, 1959; New York: Dial Press, 1959.

1961　John C. H. Wu (吴经熊). *Lao Tzu: Tao Teh King*. New York: St. John's University Press, 1961; Boston: Shambala, 1990, 2006.

　　　<被转译成 Alfonso Colodrón 的 1993 年西班牙语译本、Marcel Zwart 的 1998 年荷兰语译本、Marina Kralj Vidačak 的 2002 年克罗地亚语

译本、Curro Bermejo 的 2004 年西班牙语译本、Michał Lipa 的 2010 年波兰语译本；Marina Kralj Vidačak 的 2020 年克罗地亚语译本、Cristina I. Viviani 的 2022 年英语译本以其为参考>

1962   Frank J. MacHovac. *The Book of Tao*. Mount Vernon, NY: Peter Pauper.

1962   Inazō Nitobe (新渡戸稲造). *The Late Dr. Inazo Nitobe's Unfinished Translation of Lao-tzu and the Kojiki.* Tokyo: Institute for Comparative Studies of Culture, affiliated to Tokyo Woman's Christian College, 1962-1963; *Comparative Studies of Culture* 8-9 (1962-1963).

1963   Wing-tsit Chan (陈荣捷). *The Way of Lao Tzu*. New York: Macmillan, 1963, 1988; "The Natural Way of Lao Tzu". *A Source Book in Chinese Philosophy*. New York Oxford: Oxford University Press, 1963; Princeton: Princeton University Press, 1963, 1966, 1969, 1970, 1972, 1973, 1974.
        <被转译成 ฉัตรสุมาลย์ กบิลสิงห์（Chatsumal Kabilsingh）的 1986 年泰语译本、2008 年 *El Tao de la gracia* 西班牙语译本；Мето Јовановски（Meto Jovanovski）的 1978 年马其顿语译本以其为参考；被回译成杨儒宾（Yang Rubin）的 1993 年汉语译本>

1963   D. C. Lau (刘殿爵). *Lao Tzu: Tao Te Ching*. New York: Penguin, 1963, 1976, 1978.
        <Мето Јовановски（Meto Jovanovski）的 1978 年马其顿语译本、Aage Delbanco 的 1968 年丹麦语译本、فراس السواح（Firās al-Sawwāh）的 1998 年阿拉伯语译本、Luc Théler 的 2003 年德语译本、John R. Bomar 的 2005 年和 2020 年英语译本、Marine Kralj Vidačak 的 2020 年克罗地亚语译本、Cristina I. Viviani 的 2022 年英语译本以其为参考>

1967   Chang Chi-chun (张起钧). "Lao Tzu." James W. Dye, William Forthman, ed. *Religions of the World: Selected Readings*. New York: Meredith.

1968　Ko Lien-hsiang (葛连祥). *Commentaries on Lao Tzu's Tao Te Ching.* Taipei: San Min Books.

1969　Tang Zi-chang (唐子长). *Wisdom of Dao.* San Rafael, CA: T.C. Press.

1970　T. H. Yu (余天休). *The Philosophy of Taoism.* San Francisco: Falcon Publishing, 1970; Hong Kong: World Wide Publications, 1989.

1971　Peter M. Daly. *Springs of Chinese Wisdom: Confucius, Dseng-Dse, Lao-Tse, Li Gi, Meng-Tse, Wu Ti.* New York: Herder and Herder, 1971; St. Gallen: Quellen-Verlag, 1992; Tunbridge Wells, UK: Search Press, 1992.

1971　William McNaughton. *The Taoist Vision.* Ann Arbor: University of Michigan Press.

1972　Gia-Fu Feng (冯家福), Jane English. *Lao Tzu: Tao Te Ching.* New York: Vintage, 1972, 1997, 2012; London: Wildwood House, 1973, 1980, 1984; Taipei: Cave Books, 1982, 1986.
　　　<被转译成 Gabriele Fontél 的 1978 年德语译本、Sylvia Luetjohann 的 1978 年德语译本、Πέτρος Κουρόπουλος（Pétros Kourópoulos）的 1978 年希腊语译本、Annikki Arponen 的 1984 年芬兰语译本、Aleid C. Swierenga 的 1987 年荷兰语译本、มงคล สีหโสภณ（Mongkhon Sisophon）的 1991 年泰语译本、Pepe Aguado 和 Juan S. Paz 的 1998 年西班牙语译本、Jörg Wichmann 的 2002 年德语译本、長谷川晃（Hasegawa Akira）的 2019 年日语译本；علاء الديب（'Alā' al-Dīb）的 1992 年阿拉伯语译本、James Edward Tucker 的 2015 年英语译本、Richard Bertschinger 的 2016 年英语译本以其为底本；Theodor Scheufele 的 1978 年德语译本、Haven Trevino 的 1993 年英语译本、فراس السواح（Firās al-Sawwāh）的 1998 年阿拉伯语译本、John R. Bomar 的 2005 年和 2020 年英语译本、হেলাল উদ্দিন আহমেদ（Helal Uddin Ahmed）的 2014 年孟加拉语译本、Christian Jacques Bennett 的 2020 年英语译本、Marine Kralj Vidačak 的 2020 年克罗地亚语译本、Cristina I. Viviani 的 2022 年英语译本以其为参考；第 9 章、第 16

章、第 25 章、第 51 章的译文被 1990 年 *Mankind's Search for God* 引用，然后其被转译成 1990 年的 *Iphulo Loluntu* 科萨语（Xhosa）译本、1990 年的 *Jitihada ya Ainabinadamu ya Kutafuta Mungu* 斯瓦希里语（Swahili）译本、1990 年的 *Keresés* 伊洛卡诺语（Ilokano）译本、1990 年的 *Ku Lavisia* 聪加语（Tsonga）译本、1990 年的 *Matsapa* 茨瓦纳语（Tswana）译本、1990 年的 *Moloko* 索托语（Sesotho）译本、1990 年的 *Pagpangita sa Katawhan sa Diyos* 宿雾语（Cebuano）译本、1990 年的 *Taomɔ* 加语（Ga）译本、1990 年的 *Ukufuna Kwesintu* 祖鲁语（Zulu）译本、1992 年的 *Ukusapika Lesa Ukwa Mutundu wa Muntu* 本巴语（Bemba）译本、1993 年的 *Alesi Amefomea Le Mawu Dimee* 埃维语（Ewe）译本、1994 年的 *Kutsvaka Mwari* 修纳语（Shona）译本、2000 年的 *Adesamma Hwehwɛ* 特维语（Twi）译本、2012 年的 *Bashakishije Imana* 卢旺达语（Kinyarwanda）译本>

1972　A. Roger Home. *The Great Art of Laotse*. Exeter: Newbard House.

1972　Charles Spurgeon Medhurst. *The Tao Teh King: Sayings of Lao-tzu*. Wheaton, IL London: Theosophical Publishing House, 1972.
　　　[Charles Spurgeon Medhurst 的 1905 年译本修订本]

1972　Dagobert D. Runes. "Lao Tzu Tao Te Ching." *Classics in Chinese Philosophy*. New York: Philosophical Library.
　　　{Walf}

1973　Noel Barnard. *The Ch'u Silk Manuscript: Translation and Commentary*. Canberra: Australian National University.

1973　Se Chuan Chao. *The Sayings of Lao-tzu*. Hong Kong: Chi-wen Publishing Co.
　　　(史俊超.《英译老子道德经》.香港：志文出版社.)

1974　Alice Dawn Lloyd. "A Rhetorical Analysis of the *Tao Te Ching*: Some Taoist Figures of Speech." Appendix, 144-181. PhD diss., Ohio State University.
　　　{Walf}

1975　Chung-yuan Chang (张钟元). *Tao: A New Way of Thinking*. NY: Harper & Row, 1975, 2014.

<被转译成上野浩道（Ueno Hiromichi）的 1987 年日语译本、حديث دهقان（'Askerī Pāshāyī）的 1998 年波斯语译本；فراس السواح（Firās al-Sawwāh）的 1998 年阿拉伯语译本、2008 年 *El Tao de la gracia* 西班牙语译本以其为参考>

1975　Bernhard Karlgren. "Notes on Lao Tse." *Bulletin of the Museum of Far Eastern Antiquities* (*Östasiatiska Museet*) 47, 1-18.

{Walf}

1976　Peng-wah Lee. *Tai The Ching*.

1976　Chu Ping-Yi. *A Reconstructed Lao Tzu, with English Translation*. Taipei: Ch'eng Wen Publishing.

(朱秉义.《中英对照老子章句新编》.台北：成文出版公司.)

[严灵峰 1954 年《老子章句新编》的翻译]

1977　Ching-Yi Hsu Dougherty. *Lao Tzu Made Easy*. Santa Cruz.

{Carmichael}

1977　Y. T. Hsiung. "Lao Tze, Tao Te Ching." *Chinese Culture* (China Academy, Taiwan) 18(June).

1977　Rhett Y. W. Young, Roger T. Ames. *Lao Tzu: Text, Notes & Comments*. San Francisco: Chinese Materials Center, 1977, 1981.

[陈鼓应 1970 年《老子今注今译及评介》的翻译]

1979　Hua-Ching Ni. *The Complete Works of Lao Tzu*. Malibu, CA: Shrine of the Eternal Breath of Tao, 1979.

1979　Ju-Chou Yang. *Lao Tzyy Dow Der Jing*. Taipei, 1979; *Laozi Dao De Jing: Tongsu Zhong-Yingwen ben*. Taibei: Zhonghua minguo Lao-Zhuang xuehui zhongdao zazhishe, 1987, 2006; *Tao of Universe*. Taibei: Lao-Zhuang xueshu jijinhui, 2008.

(杨汝舟.《老子道德经》.台北, 1979；《老子道德经：通俗中英文本》.

台北：中华民国老庄学会中道杂志社, 1987, 2006；《老子道德经微旨：中英文章句》.台北：老庄学术基金会, 2008.)

1980   John R. Leebrick. *Tao Teh Ching: Classic of the Way and Its Nature*. Urbana, IL: Afterimage.

1980   D. Howard Smith. *The Wisdom of the Taoists*. London: Sheldon Press, 1980; New York: New Directions, 1980.
<被转译成 Jorge A. Sánchez Rottner 的 1983 年西班牙语译本>

1981   Tam C. Gibbs. *Lao-Tzu: "My Words Are Very Easy to Understand."* Richmond, CA: North Atlantic Books.
[郑曼青 1971 年《老子易知解》的翻译]
<被转译成 Serge Mairet 的 1998 年法语译本>

1981   Benjamin Hoff. *The Way to Life at the Heart of the Tao Te Ching*. New York: Weatherhill.

1982   D. C. Lau（刘殿爵）. *The Tao Te Ching*. Hong Kong: The Chinese University of Hong Kong, 1982, 1989, 1996, 2001, 2012; New York: Knopf, 1994; Tokyo and London: Kodansha International, 2010.
[马王堆帛书本的翻译]

1982   Herrymon Maurer. *Tao: The Way of the Ways*. Princeton: Fellowship in Prayer, 1982; New York: Schocken, 1982, 1985; Zanesville, OH: Proving Press, 2018.

1982   Tolbert McCarroll. *The Tao: The Sacred Way*. New York: Crossroad, 1982; Washington, D.C.: National Library Service for the Blind and Physically Handicapped, 1984 (Braille edition).
<হেলাল উদ্দিন আহমেদ（Helal Uddin Ahmed）的 2014 年孟加拉语译本、Swami Bodhidharma 的 2021 年英语译本以其为参考>

1982   Henry Wei. *The Guiding Light of Lao Tzu*. Wheaton, IL: Theosophical Publishing House, 1982, 1988.

1984　Francis F. Y. Chang (张发榕). *Lao-tze: In English Version from the Chinese*. Taiwan: Self-Published.

1984　Marie Patrice Chou. *The Way of Lao Tzu*. Milwaukee: School of Sisters of St. Francis.

1984　Samuel S. K. Li. *The Ageless Wisdom*. San Francisco, CA: Li Yong Ming, Li Yong Song.

1984　Stan Rosenthal. *The Tao Te Ching: The Tao and Its Name*. Cardiff, UK: British School of Zen Taoism.
　　　{辛红娟}

1984　Victor Shim. *The Secrets of Eternal Life: Tao Teh Ching*. Xerox Reproduction Centre.
　　　{Gumbert}

1986　Unsong Kim. *Lao Tzu's Tao-Te Ching*. Seoul/San Bruno, CA: One Mind Press, 1986. 1990.

1987　Shi Fu Hwang. *Tao Teh Chin: The Taoist's New Library*. Austin, TX: Taoism Publisher, 1987, 1991.

1988　Jonathan Star. *Tao Te Ching*. Princeton: Theone Press, 1988; *Tao Te Ching: Definitions, Concordance, and Etymologies*. Princeton: Theone Press, 1999.

1989　Ellen Chen. *The Tao Te Ching*. New York: Paragon House.
　　　<被转译成 مجید آصفی مریم قنبری（Majīd Āṣafī）的 2009 年波斯语译本、عدیوی（Maryam Qanbarī 'Adīvī）的 2019 年波斯语译本；Michael Baker, Huib Wilkes 的 1992 年荷兰语译本、Son Rivers 的 2016 年英语译本、Rudy Harjanto, Lasiyo 的 2018 年印度尼西亚语译本以其为参考>

1989　Robert G. Henricks. *Lao Tzu Te-Tao Ching*. New York: Ballantine Books.
　　　[马王堆帛书本的翻译]
　　　<被转译成 Anneke Huyser 的 1991 年荷兰语译本、Minna Maijala 的

2001 年芬兰语译本、2008 年 *El Tao de la gracia* 西班牙语译本；
Carol Deppe 的 1993 年英语译本以其为底本；Hugo Hørlych Karlsen
的 1999 年和 2006 年丹麦语译本、Cristina I. Viviani 的 2022 年英语
译本以其为参考>

1989   Yi Wu (吴怡). *The Book of Lao Tzu: The Tao Te Ching*. San Francisco:
        Great Learning Publishing Co.
        <被转译成中野ゆみ（Nakano Yumi）的 2014 年日语译本>

1990   Peter Land. *My Tao: The Tao Te Ching of Lao Tse*. Auckland, New
        Zealand: Puriri Press.

1990   Victor H. Mair. *Tao Te Ching: The Classic Book of Integrity and the
        Way*. New York: Bantam.
        <被转译成 Hans P. Keizer 的 1992 年荷兰语译本>

1991   Patrick Michael Byrne. *Lao-zi: Dao De Jing*. Santa Fe, NM: Sun Pub.
        Co., 1991; Garden City Park, NY: Square One Publishers, 2001.

1991   Thomas Cleary. *The Essential Tao*. San Francisco: Harper Collins, 1991,
        1993.
        <被转译成 Peter Kobbe 的 1996 年德语译本、Christa Zettel 的 1996
        年德语译本、Sebastian Musielak 和 Roman Bąk 与 Krzysztof Fordoński
        的 2000 年波兰语译本；Christian Jacques Bennett 的 2020 年英语译
        本、Cristina I. Viviani 的 2022 年英语译本以其为参考>

1991   Rongpei Wang, William Puffenberger. *Lao Tse*. Shengyang: Liaoning
        University Press.
        (汪榕培和 William Puffenberger.《英译老子》. 沈阳：辽宁大学出
        版社.)

1992   Michael LaFargue. *The Tao of the Tao Te Ching*. Albany: SUNY Press.

1992   Thomas H. Miles. *Tao Te Ching: About the Way of Nature and Its
        Powers*. Garden City Park, NY: Avery Pub. Group.

1992　Hua-ching Ni (倪清和). *Esoteric Tao Teh Ching*. Santa Monica, CA: Shrine of the Eternal Breath of Tao.

　　　<被转译成 Mark Sánchez-Piltz，Olga Vilaplana Barrero 的 1995 年西班牙语译本>

　　　{Walf}

1993　Stephen Addiss, Stanley Lombardo. *Lao Tzu: Tao Te Ching*. Indianapolis: Hackett, 1993; Boston: Shambhala, 2007.

　　　<被转译成 Waldéa Barcellos 的 2002 年葡萄牙语译本；Cristina I. Viviani 的 2022 年英语译本以其为参考>

1993　Timothy Hugh Barrett. *Tao: To Know and Not Be Knowing*. London: Aquarian/Thorsons.

1993　He Guanghu, Gao Shining, Song Lidao, Xu Junyao. *A Taoist Classic: The Book of Lao Zi*. Beijing: Foreign Languages Press.

　　　(何光沪, 高师宁, 宋立道, 徐钧尧. *A Taoist Classic: The Book of Laozi*. 北京：外文出版社.)

　　　[任继愈 1985 年《老子新译》的翻译]

1993　Man-Ho Kwok, Martin Palmer, Jay Ramsay. *Tao Te Ching*. Shaftesbury, UK: Element, 1993; New York: Barnes & Nobles, 2002.

　　　<被转译成 Åse-Marie Nesse 的 1995 年挪威语译本、1995 年 *Laotse Tao Te Ching* 德语译本、Aleid C. Swierenga 和 Maxim E. Desorgher 的 1996 年荷兰语译本>

1993　Patrick Edwin Moran. *Three Smaller Wisdom Books: Lao Zi's Dao De Jing*. Lanham, NY: University Press of America, 1993; *The Way and Its Power: Lao Zi's Dao De Jing*. Raleigh, NC: Lulu.com, 2010.

1993　David K. Reynolds. *Reflections on the Tao Te Ching*. New York: William Morrow.

1994　John R. Mabry. *The Little Book of the Tao Te Ching*. Shaftesbury, UK: Element, 1994; Rockport, MA: Element, 1995.

<被转译成 Martina Kotrbová 的 1996 年捷克语译本、Aleid C. Swierenga 的 1996 年荷兰语译本、Eva Trägårdh 的 1996 年瑞典语译本、1998 年 *Sabedoria Tao Te Ching* 葡萄牙译本>

1994　Michael Saso. *A Taoist Cookbook: With Meditations Taken from the Laozi Daode Jing*. Rutland, VT/Boston/Tokyo: Tuttle.
　　　[81 种食谱配着《老子》的 81 章节的译文]

1995　Lee Sun Chen (陈丽生). *Laozi's Daodejing: From Philosophical and Hermeneutical Perspectives*. Bloomington, IN: iUniverse, 1995, 1997, 1999, 2010, 2011.

1995　Harry Glathe. "Tao Te Ching." MS 7820. National Library of Australia.

1995　Gu Zhengkun. *Lao Zi: The Book of Tao and Teh*. Beijing: Peking University Press, 1995, 1996, 2000.
　　　(辜正坤.《老子道德经》. 北京：北京大学出版社, 1995, 1996, 2000.)
　　　[包括郭店楚简本的翻译]

1995　Tom Tam. *Lao Tzu Dao De Jing: Chapter 1-25*. Boston: Self-Published.

1995　Brian Browne Walker. *The Tao Te Ching of Lao Tzu*. New York: St. Martin's Griffin 1995, 1996.
　　　<被转译成 Claudio Lamparelli 的 2005 年意大利语译本、Χρήστος Λιθαρής（Chrístos Litharís）的 2021 年希腊语译本>

1996　Rupert C. Allen. *The Yin-Yang Journal: An Alternate Reading of the Tao Te Ching*. Tucson, AZ: Inner Eye Press.

1996　Gary N. Arnold. *Way of Life: The Tao Te Ching*. Metaire, LA: Windhorse.

1996　Sr. Lena Chiang. *The Treasures of Lau-tze*. Taipei: Beatitudes Press.
　　　{Gumbert}

1996　Paulos Zhanzhu Huang (黄保罗). *Lao Tzu: The Book and the Man*. Helsinki: Finnish Oriental Society.

1996　Red Pine (Bill Porter). *Lao-tzu's Taoteching: With Selected Comment-aries of the Past 2000 Years*. San Francisco: Mercury House.
<Son Rivers 的 2016 年英语译本以其为参考>

1996　Eva Wong. *Teaching of the Tao*. Boston: Shambala.
<被转译成 Marita Böhm 的 1998 年德语译本、Vivian Franken 的 1999 年荷兰语译本、Gérard Leconte 的 2000 年法语译本>

1997　Charles Muller. *Tao Te Ching*. New York: Barnes & Noble, 1997, 2005.

1998　Thomas Cleary. *The Spirit of the Tao*. Boston: Shambala.
<被转译成 L. W. Carp 的 2003 年荷兰语译本>

1998　Stephen F. Kaufman. *The Living Tao: Meditations on the Tao Te Ching*. Boston: Tuttle.

1998　Yijun Liu. *A New Translation of the Tao Scriptures: Lao Tzu's Tao De Jing*. Barnaby, BC: Galaxy Hall Publications.

1998　Gregory C. Richter. *The Gate of All Marvelous Things: A Guide to Reading the Tao Te Ching*. San Francisco: Red Mansions Publishing.
<E. San Juan, Jr.的 2012 年菲律宾语译本以其为参考>

1998　Keping Wang. *The Classic of the Dao: A New Investigation*. Beijing: Foreign Languages Press, 1998, 2008, 2011.
(王柯平.《老子思想新释》.北京：外文出版社, 1998, 2008, 2011.)

1999　Irene Bloom. "From the *Daodejing*." *Sources of Chinese Tradition, vol. I*, 79-94. New York: Columbia University Press.

1999　David Hong Cheng. *On Lao Tzu*. Belmont, CA: Wadsworth/Thomson Learning, 1999; Zheng Hong. *Laozi sixiang xinshi*. Shanghai: Shanghai Literature and Art Publishing House, 2002.
(郑鸿.《老子思想新释》.上海：上海文艺出版社, 2002.)
{Walf}

1999　Bradford Hatcher. *Lao Zi zhi Dao De Jing* (*Lao Tzu's Tao Te Ching*)

Word for Word. Self-Published, 1999; Nucla, CO: Hermetica.info, 2009.

1999　Sun Chen Org Lee (陈丽生). *Lao Tzu: Tao Te Ching; Translation Based on His Taoism.* Writers Cub Press, 1999; San Jose: ToExcel, 2000.

1999　Gi-Ming Shien, Hieromonk Damascene. *Christ the Eternal Tao.* St. Herman Press, 1999; Platina, CA: Valaam Books, 2002, 2012.

1999　Eva Wong. *The Pocket Tao Reader.* Boston: Shambala.
　　　<被转译成 G. Fiorentini 的 2002 年意大利语译本>

2000　Robert G. Henricks. *Lao Tzu's Tao Te Ching: A Translation of the Startling New Documents Found at Guodian.* New York: Columbia University Press.
　　　[郭店楚简本的翻译]

2000　David Hinton. *Tao Te Ching, Lao Tzu.* Washington D.C.: Counterpoint, 2000, 2015.
　　　<Son Rivers 的 2016 年英语译本、Cristina I. Viviani 的 2022 年英语译本以其为参考>

2000　Philip J. Ivanhoe. "Laozi (The Daodejing)." *Readings in Classical Chinese Philosophy.* Edited by Philip J. Ivanhoe and Bryan W. Van Norden. Chatham, New Jersey: Chatham House Publishers, 2000; New York: Seven Bridges, 2001; Indianapolis: Hacket, 2003; *The Daodejing of Laozi.* New York: Seven Bridges Press 2002; Indianapolis: Hackett, 2003.

2000　Ren Yuan. *Laozi yidu: Han-Ying duizhao.* Beijing: The Commercial Press, 2000, 2009, 2015.
　　　(任远.《老子绎读：汉英对照》.北京：商务印书馆, 2000, 2009, 2015.)
　　　[任继愈 2006 年《老子绎读》的翻译]
　　　[中英双语版本]

2000　Su Dongjun, Su Yucun. *Lao Tzu Tao-Te Ching.* Beijing: China Translation and Publishing Corporation.

(宿东君，宿玉村.《老子·道德经：汉英对照》.北京：中国对外翻译出版公司.)

{辛红娟}

2000　Tao Huang (黄涛). *Laoism: The Complete Teachings of Lao Zi*. Atlanta: Humanics Trade Group.

2000　Xiaozi. *The Book of Thou Does: The Virtuous Way As Human in Worldly Life*. New York: iUniverse, 2000, 2003; Xiaozi. *Laozi Daodequanjing*. Mangu: Daodejing Chubanshe Youxiangongsi, 2000.

(小子.《老子道德全经》.曼谷：道德经出版社有限公司，2000.)

2001　Clifford Borg-Marks. *The Dowdy King: An Alternative Translation of Tao Te Ching, Lao Zi's Taoist Classic*. Boca Raton: Universal Publishers, 2001, 2004.

　　　　<Clifford Borg-Marks 自己的 2010 年马耳他语译本以其为参考>

2001　Mantak Chia（谢明德）, Tao Huang（黄涛）. *Door to All Wonders: Application of the Tao Te Ching*. Chiang Mai: Universal Tao Publications, 2001, 2004; *The Secret Teachings of the Tao Te Ching*. Rochester, VT: Destiney Books.

　　　　<被转译成 Henrique Amat Rêgo Monteiro 和 Ely A De Britto 的 2001 年葡萄牙语译本、Miguel Iribarren Berrade 的 2003 年西班牙语译本、Михаил Георгиев（Mikhail Georgiev）的 2007 年保加利亚语译本、2007 年 Секреты «Даодэ-цзина»（*Sekrety "Daodè-czina"*）俄语译本、Miguel Iribarren Berrade 的 2008 年西班牙语译本、Daiana Krhutová 的 2013 年捷克语译本、Christine Lefranc 的 2004 年法语译本、على زارعی سلمانی（'Alī Zāri'ī Sulamānī）的 2019 年波斯语译本>

2001　Toshihiko Izutsu（井筒俊彦）. *Lao-tzu: The Way and its Virtue*. Tokyo: Keio University Press.

　　　　<被转译成古胜隆一 (Kogachi Ryūichi)的 2017 年日语译本；参考 Sayyid Ḥusayn Naṣr 和 Tūshīhīkū Āyzūtsū 的 1977 年波斯语译本、Sayyid Ḥusayn Naṣr 和 Tūshīhīkū Āyzūtsū 的 2021 年波斯语译本>

2001　David H. Li. *Dao De Jing: A New-Millennium Translation*. Bethesda, MD: Premier Publishing.
　　　（李祥甫.《道德经千禧年英译本》. Bethesda, MD: Premier Publishing.）

2001　Moss Roberts. *Dao De Jing: The Book of the Way*. Los Angeles: University of California Press, 2001, 2003, 2004, 2019.

2001　Jonathan Star. *Tao Te Ching: The Definitive Edition*. New York: Tarcher/ Putnam, 2001, 2003, 2008.
　　　<Gary Brewer 的 2019 年英语译本以其为底本；E. San Juan, Jr.的 1997 年菲律宾语译本、Son Rivers 的 2016 年英语译本、Rudy Harjanto 和 Lasiyo 的 2018 年印度尼西亚语译本以其为参考>

2001　Tien Cong Tran. *Phenomenological Interpretation of Lao Tzu's Tao Te Ching*. Bloomington, IN: AuthorHouse.

2002　Chou-Wing Chohan, Abe Bellenteen, Rosemary Brant. *Tao Te Ching: The Cornerstone of Chinese Culture*. Israel: Astrolog Publishing House.

2002　Ralph Alan Dale. *Tao Te Ching*. London: Watkins, 2002, 2016, 2017; London: Sacred Wisdom, 2006.

2002　Stephen Hodge. *Tao Te Ching: A New Translation and Commentary*. New York: Barron's Educational Series.
　　　<被转译成 Fermín Navascués 的 2003 年西班牙语译本>

2002　Victor C. C. Khor, Graeme Chapman. *A New Perspective on the Dao De Jing: Classic of the World and Integrity*. Selangor Darul Ehsan, Malaysia: Pelanduk Publications.
　　　{Gumbert}

2002　Ha Poong Kim. *Reading Lao Tzu: A Companion to the Tao Te Ching with a New Translation*. Philadelphia: Xlibris.
　　　<Kim Ha Poong 自己的 2003 年韩语译本以其为参考>

2002　Yasuhiko Genku Kimura. *The Book of Balance: Lao Tzu's Tao Teh Ching*. Waynesboro, VA: University of Science and Philosophy, 2002; New York: Paraview Special Editions, 2004.

2002   Qixuan Liu (刘齐宣). *The Way*. Warrensburg, MO: Mid-America Press, 2002, 2004.

2002   Theresa Sun (孙莉莉). *Tao Te Ching: The Greatest Wisdom of Lao-tze*. Taipei: Chi Chu Moral Culture and Education Foundation.
{Gumbert}

2002   Xiaolin Yang, Irene Yang. *Lao Zi: A Modern Chinese and English Translation*. West Conshohocken, PA: Infinity Publishing.
{Gumbert}

2003   Roger T. Ames, David L. Hall. *Dao De Jing: A Philosophical Translation*. New York: Ballantine Books, 2003, 2010.

2003   Chao-Hsiu Chen (陈昭秀). *Tao Te Ching Cards: Lao Tzu's Classic Taoist Text in 81 Cards*. London: Connection, 2003; New York: Marlow, 2004.
<被转译成 Claire S. Fontaine 的 2004 年法语译本、Hans Christian Meiser 的 2005 年德语译本；Cristina I. Viviani 的 2022 年英语译本以其为参考>

2003   William Dolby. *Sir Old: The Chinese Classic of Taoism*. Edinburgh: Carreg Publishers.

2003   Chichung Huang (黄继忠). *Tao Te Ching: A Literal Translation with an Introduction, Notes, and Commentary*. Fremont, CA: Asian Humanities.

2003   Louis Komjathy. *Book of Venerable Masters*. San Diego, CA: Wandering Cloud Press, 2003; Hong Kong: The Yuen Yuen Institute, 2008.

2003   Hubert H. Lui, Tem Horwitz, Susan Kimmelman. *Tao Te Ching, by Lao Tzu*. Chicago: Cloud Hands.
{Walf}

2003   Han Hiong Tan. *The Wisdom of Lao Zi: A New Translation of Dao De Jing*. Aspley, Australia: H.H. Tan (Medical).

2004　John Bright-Fey. *Tao Te Ching: An Authentic Taoist Translation.* Birmingham, AL: Sweetwater Press, 2004; Birmingham, AL: Crane Hill Publishers, 2006.

2004　Nina Correa. *Your Dao De Jing (Tao Te Ching).* Self-Published. {Carmichael}

2004　Edward Hsu. *Tao Te Ching: Lao Tze.* Taipei.

2004　Guy Leekley. *Tao Te Ching: A New Version for All Seekers.* The Woodlands, TX: Anusara Press TM, 2004, 2008.

2004　John R. Mabry. *Tao Te Ching: The Book of the Way and Its Power; A New Translation.* Berkeley: Apocryphile Press, 2004, 2017. {辛红娟}

2004　Wayne L. Wang (王文隆). *Dynamic Tao and Its Manifestations: A Field Theory Analysis of Lao-tzu Tao Te Ching.* Darien, IL: Helena Island, 2004; *Tao Te Ching: An Ultimate Translation with The Principle of Oneness.* Darien, IL: Helena Island, 2013, 2020.

2004　Yang Liping. *The Tao Inspiration: Essence of Lao Zi's Wisdom.* Singapore: Asiapac Books. {辛红娟}

2004　Thomas Z. Zhang, Jackie X. Zhang. *Tao Te Jing in Plain English.* Bloomington, IN: AuthorHouse.

2005　Daniel Deleanu. *Tao Te Ching: The Book About the Power of the Word and Its World.* London/New York: Buxton University Press.

2005　Sam Hamill. *Tao Te Ching: A New Translation.* Boston: Shambala, 2005, 2007. <被转译成 Prema van Harte 的 2006 年荷兰语译本>

2005　Xuezhi Hu (胡学志). *Revealing the Tao Te Ching: In-Depth Commentaries on an Ancient Classic.* Los Angeles: Ageless Classics Press,

2005, 2014.

2005　Peter Land. *Tao Te Ching: A Literal Translation*. Kaikohe, New Zealand: Landseer Press, 2005, 2009; Lulu.com, 2006.

2005　Thomas Meyer. *Daode jing*. Chicago: Flood Editions.

2005　Holly H. Roberts. *Tao Te Ching: The Art and the Journey*. New York: Anjeli Press.

2006　William Bolinger. *Seven Verses from the Tao Te Ching*. Green River, VT: Longhouse.

2006　John Bright-Fey. *The Whole Heart of Tao: The Complete Teachings from the Oral Tradition of Lao-Tzu*. Birmingham, AL: Crane Hill Publishers. <被转译成 Harry Naus 的 2007 年荷兰语译本、2020 年 《Дао дэ дзин с комментариями》（*Dao Dè Czin s kommentariâmi*）俄语译本>

2006　Cai Xiqin. *Laozi Says*. Beijing: Sinolingua Press, 2006; *Jiedu Daodejing* (*Han-Ying duizhao*). Beijing: Sinolingua Press, 2009.
(蔡希勤.《老子说》.北京：华语教学出版社, 2006；《解读道德经》（汉英对照），北京：华语教学出版社, 2009.)
{辛红娟}

2006　Dan C. DeCarlo, Gu Binhe (古滨河). *Thoughts on Becoming a Sage: Interpretation of Lao Tzu's Tao Te Ching; The Guidebook to Leading a Virtuous* Life. Beijing: China Translation Corporation.
{Carmichael}

2006　Gu Danke. *Tao Te Ching by Lao Tzu*. Shanghai: World Publishing Corporation.
(顾丹柯.《老子说》.上海：上海世界图书出版公司.)
{Walf}

2006　Derek Lin. *Tao Te Ching: Annotated & Explained*. Woodstock, VT: SkyLight Paths, 2006, 2015.

<被转译成 சு. தீனதயாளன்（Cu. Tīṉatayāḷaṉ）的 2010 年泰米尔语译本>

2006　Tom Te-wu Ma. *Laozi Dao De Jin*. Taipei: The Liberal Arts Press, 2006; *Laozi Daodejing Han-Ying duizhao*. Tianjin: Tianjin Guji Press, 2008.
（马德五.《老子道德经》.台北：文史哲出版社, 2006；《老子道德经：汉英对照》.天津：天津古籍出版社, 2008.）
[中英双语版本]
{Walf; Gumbert}

2006　D. R. Streeter. *The Tao Te Ching: A Zen Poet's View*. Layton, UT: Gibbs Smith.

2006　*Tao Te Ching,* "Chapter 11." New York: Petrarch Press.

2006　Wang Qin, Jiang Fangzhen. *Lao Zi Says*. Beijing: Sinolingua.
（王琴，姜防震.《老子说》.北京：华语教学出版社.）

2006　Xu Yuanchong. *Laws Divine and Human*. Beijing: China Intercontinental Press, 2006, 2008, 2012, 2018.
（许渊冲.《道德经与神仙画》.北京：五洲传播出版社, 2006, 2008, 2012, 2018.）

2006　Xu Yuanxiang, Yin Yongjian, Wang Guozhen. *The Wisdom of China: Lao Tzu; The Eternal Tao Te Ching*. Beijing: China Intercontinental Press, 2006, 2014.
（徐远翔, 印永健, 王国振.《中国智慧：老子；千年道德经》.北京：五洲传播出版社, 2006, 2014.）

2007　Vladimir Antonov. *Lao Tse: Tao Te Ching*. Bancroft, Canada: New Atlantean.
<与 Владимир Антонов (Vladimir Antonov)的 2007 年俄语译本为配套>
<被转译成 Alfredo Salazar 和 Anton Teplyy 的 2007 年西班牙语译本、Kathrin Laich 的 2008 年德语译本、Christian Lirette 的 2008 年

法语译本、Сергія Косянчука（Serhiia Kosianchuka）的 2009 年乌克兰语译本、Jiřina Broučková 的 2018 年捷克语译本>

2007　Paul Brennan. *A Tao Te Ching for Christians*. Ordos Books, 2007.

2007　Richard Gotshalk. *The Classic of Way and Her Power, a Miscellany?: A Translation and Study of the Dao-de Jing, Offering a Proposal as to its Order and Composition*. Lanham, MD: University Press of America.

2007　Ju Yan'an. *Lao Zi Dao De Jing*. Harvard Square Publishing, 2007; *Daodejing: Han-Ying duizhao*. Shanghai: Shanghai Translation Publishing House, 2017.
　　　（居延安.《道德经（汉英对照版）》. 上海：上海译文出版社.）
　　　[中英双语版本]

2007　Jay Lamb. *It Is the Way It Is*. Symbolic Studios.
　　　{Gumbert}

2007　Hans-Georg Moeller. *Daodejing: The New, Highly Readable Translation of the Life-Changing Ancient Scripture Formerly Known as the Tao Te Ching*. New York: Open Court, 2007, 2015.
　　　[以 Hans-Georg Möller 自己的 1995 德语译本为参考]

2008　Joseph Hsu. *Daodejing: A Literal-Critical Translation*. Lanham, MD: University Press of America.

2008　Edmund Ryden. *Daodejing*. Oxford: Oxford University Press.

2008　Agnieszka Solska. *Tao Te Ching: A Klingon Translation (pIn'a' qan paQDI'norgh)*. Blue Bell, PA: Klingon Language Institute.
　　　[英语和克林贡语双语译本]

2008　Paul White. *The Illustrated Book of the Laozi*. Beijing: New World Press, 2008; *Tao Te Ching*. Beijing: Foreign Languages Press, 2019.
　　　（保罗·怀特.《道德经（中英双语·通读版）》北京：北京外文出版社, 2019.）

2009　Chad Hansen. *Tao Te Ching: On the Art of Harmony.* London: Ducan Baird, 2009; New York: Metro Books, 2011.
　　　　<被转译成 Mirna Herman Baletić 和 Marina Kralj Vidačak 的 2010 年克罗地亚语译本、Wilma Paalman 的 2010 年荷兰语译本、Stefania Paganelli 的 2010 年意大利语译本、Miguel Portillo Díez 的 2010 年西班牙语译本>

2009　Hilmar Klaus. *The Tao of Wisdom: Laozi-Daodejing.* Aachen, Germany: Mainz.
　　　　[以 Hilmar Klaus 自己的 2008 年德语译本为参考]

2009　*Laozi.* Chiao Liu Publishing (Canada) Inc.
　　　　(《老子》. 交流(加拿大)出版社.)
　　　　{辛红娟}

2010　Daniel Baida Su, Shangyu Chen. *Tao Te Ching: Original Text and A Modern Interpretation.* Bloomington, IN: AuthorHouse.
　　　　(苏百达, 陈上宇.《道德经：老子原文与译文》. Bloomington, IN: AuthorHouse.)
　　　　[远志明 1997 年《老子原文与译文》的翻译]

2010　Herbert B. Fox. *Tao Te Ching: Teachings from Silence.* Jacksonville, FL: A. Raposa, Inc.

2010　Weisun Liao. *Tao: The Way of God.* Oak Park, IL: Taichi Tao Productions.

2010　David Petersen. *Tao Te Ching (Daodejing): A Fresh Look at the Way and Its Virtues.* Lulu.com, 2010; *Image of Intangibility: A Synergy of Lao Tsu's Tao Te Ching and 108 Mandalas.* Lulu.com, 2019.

2010　Jennifer Lundin Ritchie. "An Investigation into the Guodian *Laozi.*" MA diss., University of British Columbia.
　　　　[郭店楚简本的翻译]

2010　Edward L. Shaughnessy. *Confucian & Taoist Wisdom: Philosophical Insights from Confucius, Mencius, Laozi, Zhuangzi, and Other Masters.*

London: Duncan Baird Publishers Limited.

{辛红娟}

2010　Kwan-Yuk Claire Sit (薛罗君钰). *Lao Tzu and Anthroposophy: A Translation of the Tao Te Ching with Commentary and a Lao Tzu Document "The Great One Excretes Water."* Great Barrington, MA: Lindisfarne (SteinerBooks), 2010, 2012.

2010　Wenliang Tao. *Dao De Jing: With Interpretaions of Classic Scholars.* Baltimore: Baltimore Press.

2010　Henry Tso. *Daodejing Awakening.* Hong Kong: Wuming Press.

2010　Wang Rongpei, Cao Ying, Wang Shanjiang. *Laozi.* Nanjing: Nanjing University Press.

(汪榕培, 曹盈, 王善江.《老子》. 南京：南京大学出版社.)

2010　William Scott Wilson. *Tao Te Ching: An All-New Translation.* Boston: Shambala, 2010, 2013; *Tao Te Ching: A Graphic Novel.* Boston: Shambala, 2018.

<被转译成 Alejandro Pareja 的 2012 年西班牙语译本、2021 年 *Tao Te Ching: Ilustrado* 西班牙语译本>

2010　Goomoo Xu. *Dao De Jing: A Philosophy About Everything; Uncover the Essence of Laozi's Wisdom.* Milton Keynes, UK: AuthorHouse UK.

{Carmichael}

2011　Nissim Amon. *The Book of Tao: Tao Te Ching.* Tel Aviv, Israel: Contento De Semrik.

2011　Donivan Bessinger. *Tao Te Ching.* CreateSpace.

2011　R. Z. Foster. *Tao Te Ching: The Scrutable Translation with Introduction.* Vannic Books.

2011　Jing Han (韩静). *Tao Te Ching in Plain English: An Accurate Translation of The Sacred Ancient Chinese Book, Written in Simple &*

Easy to Read Modern English. Kindle Edition.

2011　Lok-Sang Ho (何泺生). *Human Spirituality and Happiness.* Milton Keynes, UK: AuthorHouse UK.

2011　Zensho W. Kopp. *Lao-tse Tao Te King: The Holy Book of Tao.* Norderstedt Books on Demand, 2011, 2017.
[以 Wolfgang Kopp 自己的 1988 年德语译本为参考]

2011　D. W. Kreger. *The Secret Tao: Uncovering the Hidden History and Meaning of Lao Tzu (With an Updated Translation of the Tao Te Ching).* Palmdale, CA: Windham Everitt.

2011　Joseph McHugh. *Lǎo zǐ - Dào dé jīng: A Classic on the Way of the Eternal Principle and Its Virtues.* Lulu.com.

2011　David Nassim. *Tao Te Ching: The Classic of Naturalness and Its Innate Perfection, by Lao Tsu ("Old Man"); An Interpretation of the Classic Text of Taoist Non-Duality.* Stone, UK: Health Instinct Publishing. {Carmichael}

2011　Stefan Stenudd. *Tao Te Ching: The Taoism of Lao Tzu Explained.* Malmö: Arriba, 2011, 2015.
[以 Stefan Stenudd 自己的 1988 年瑞典语译本为参考]
{Gumbert}

2011　Jhian Yang. *Lao Tzu and Tao Te Ching Revealed: Beginners Guide to the Meaning of Tao Te Ching.* Way of Perfect Emptiness, 2011, 2016.
{辛红娟}

2012　Carl Abbott. *Tao Te Ching: Word for Word Translation Only.* Create-Space, 2012, 2014, 2016, 2017.

2012　Luke H. Boyd. *Dao De Jing: A Classic Text on the Virtue of the Way.* CreateSpace, 2012, 2014.

2012　Tom Butler-Bowdon. *Tao Te Ching: The Ancient Classic.* Somerset, NJ:

John Wiley & Sons, 2012; Chichester, UK: Capstone, 2012.
{Carmichael}

2012　Joseph Chen, Kevin Chen. *The Inaction Wisdom of Lao Zi*. Kindle Edition.

2012　Chen Lulin. *Daodejing: Han-Ying shuangyu ban*. Hefei: Anhui Renmin Press.
(陈路林.《道德经：汉英双语版》.合肥：安徽人民出版社.)

2012　Chen Naiyang. *Yingyi Laozi*. Shanghai: Shanghai Foreign Education Press.
(陈乃扬.《英译老子》.上海：上海外语教育出版社.)
{Carmichael}

2012　James Clum. *Tao Te Ching: Not Going Out My Door*. Raleigh, NC: Lulu.com.
{Carmichael}

2012　Talmy Givón. *Tao Teh Ching: The Book of Tao*. Durango, CO: White Cloud Publishing.

2012　Keith Hoang. *Path to Greatness: The Christian Edition of the Tao Te Ching*. Xulon Press.
{Carmichael}

2012　Jing Wei (Yeow-Kok Lau). *Laozi: Quest for the Ultimate Reality*. Singapore: Jingwei, 2012, 2103.
(景维.《探寻终极实在：品读<道德经>》.新加坡：景维, 2012, 2013.)

2012　Peter Kang, Henry Kang. *The Tao Te Ching: A New Version*. CreateSpace.
{Carmichael}

2012　Hongkyung Kim. *The Old Master: A Syncretic Reading of the Laozi from the Mawangdui Text A Onward*. Albany: SUNY Press.

2012   D. W. Kreger. *The Tao of Yoda: Based Upon the Tao Te Ching by Lao Tzu.* Palmdale, CA: Windham Everitt, 2012, 2013.

2012   P. J. Laska. *The Original Wisdom of Dao De Jing: A New Translation and Commentary.* Green Valley, AZ: ECCS Books.

2012   Dennis Waller. *Tao Te Ching Lao Tzu: A Translation.* CreateSpace.

2012   Wang Ruizhu. *Dao De Jing: Seeking After the Truth.* Qingdao: Qingdao Press.
        (王瑞竹.《道德经求真》.青岛：青岛出版社.)
        [包括诚虚子和崔信阳的解释]

2012   Davide Ziliani. *Daodejing (Tao Te Ching) by Laozhu: Prose in American English.* Lulu.com.
        [以 Davide Ziliani 自己的 2011 年意大利语译本为参考]

2013   Carol Briggs. *Tao Te Ching.* CreateSpace.
        {Carmichael}

2013   Boon Kuan Chung (庄文冠). *Lao Zi: Philosophy of Liberal Government; A Book for the People and Their Government.* Singapore: Trafford, 2013; Bloomington, IN: AuthorHouse, 2014.
        {Carmichael}

2013   Yun Suk Kim. *Why Christians Need to Read the Tao Te Ching.* Richmond, VA: Soma Christou Press.

2013   Lao Xue. *The Holy Book of Modern Taoism: Xiandai Tao Te Ching.* CreateSpace.
        {辛红娟}

2013   Stephen Lau. *Tao: The Way to Biblical Wisdom; Translation and Interpretation of Tao Te Ching.* CreateSpace.
        {Carmichael}

2013   Shantena Augusto Sabbadini. *Tao Te Ching: A Guide to the Inter-*

pretation of the Foundational Book of Taoism. Lulu.com.
[以 Augusto Sabbadini 自己的 1994 年意大利语译本为参考]

2014　John Alexander. *Tao Te Ching: The Canon of the Way and the Virtue.* Kindle Edition.

2014　Imios Archangelis (Miomir Arandjelovic). *Dao De Jing: Ancient Immortal's Theory of Everything.* CreateSpace.
　　　<与 Miomir Aranđelović 的 2014 年塞尔维亚语译本为配套>

2014　Vincent Kelvin. *Dao Te Ching (Bilingual).* CreateSpace.
　　　{辛红娟}

2014　Anthony S. Kline. *Tao Te Ching: Lao Tzu; The Book of the Way and Its Virtue.* CreateSpace.
　　　{Carmichael}

2014　Lin Cun Xia (林存霞). *Govern the World with Dao: Decoding the Secrets of Dao De Jing.* Cambridge: Vanguard Press.
　　　{Carmichael}

2014　Phil Robinson. *A Spiritual Guide to Tai Chi...and Life: The Tao Te Ching through the Eyes of a Tai Chi Master.* Bloomington, IN: iUniverse.
　　　{Carmichael}

2014　M. P. Schaefer. *Tao Te Ching: Book of the Way and Virtue.* CreateSpace.
　　　{Carmichael}

2014　Harold Beat Stromeyer. *Laozi Daodejing (Chinese-English).* Meiringen, Switzerland: Selbstverlag.
　　　[以 Harold Beat Stromeyer 自己的 2013 年意大利语译本为参考]
　　　[中英双语版本]

2014　Gustav Wik. *Tao Te Ching: My Reading.* CreateSpace.
　　　<与 Gustav Wik 的 2014 年瑞典语译本为配套>
　　　{Carmichael}

2014　Wu Qianzhi. *Thus Spoke Laozi: A New Translation with Commentary.* Beijing: Foreign Language Teaching and Research Press, 2013, 2014; Charles Q. Wu. *Thus Spoke Laozi: A New Translation with Comment-aries of Daodejing.* Honolulu: University of Hawai'i Press, 2016. (吴千之.《老子如是说:〈道德经〉新注新译》.北京：外语教学与研究出版社, 2013, 2014.) <被转译成 Madaras Réka 的 2019 年匈牙利语译本、Сибел Ајдинова（Sibel Ajdinova）的 2020 年马其顿语译本>

2015　David Breeden, Wally Swist, Steven Schroeder, Mary Ann O'Donnell. *Daodejing.* Beaumont, TX: Lamar University Press. {Carmichael}

2015　Luke Chan. *8 Secrets of Tao Te Ching.* Benefactor Press/Chilel Qigong. {辛红娟}

2015　Zhi-qiang Chen (陈志强). *The Practical Tao Te Ching of Lao-zi: Rational Meditations on Non-duality, Impermenence, Wu-wei (Non-striving), Nature and Naturalness, and Virtue.* Mushin Press. {Carmichael}

2015　Paul R. Gibson. *The Laozi, Daodejing: A Visual Interpretation.* Raleigh, NC: Lulu.com.

2015　A. J. Girling. *Lao Tzu: Tao Te Ching.* CreateSpace. {Carmichael}

2015　Thomas Michael. *In the Shadow of the Dao.* Albany: SUNY Press, 2015, 2016.

2015　Jeremy M. Miller. *Nothingness and Zero: A Post-Modern Approach to Lao Tzu's Tao Te Ching.* CreateSpace, 2015; *Nothingness and Zero: A Spiritual Translation of Lao Tzu's Tao Te Ching with Introduction by Chuang Tzu.* CreateSpace, 2015, 2016. [中英双语译本，包括现代汉语回译]

2015　　Tanaka Junji (田中淳璽), Sinsei Watanabe (渡邊慎生). *Tao in A Nutshell: The Sayings of Lao-Tzu*. Tokyo: KFF Publishing.
{辛红娟}

2015　　James Trapp. *Tao Te Ching (Dao De Jing): The Way to Goodness and Power*. Amber Books, 2015, 2017.
<被转译成 Christine Destruhaut 的 2016 年法语译本>

2016　　Lars Bo Christensen. *Dao De Jing: The Way and Virtuous Power*. CreateSpace.

2016　　Kwan Young Jo. *Lao Tzu's Tao Te Ching: East and West Meet*. San Jose: Sanchawk Publishing.
(권영조. 『노자 도덕경: 동서양의 만남』. 산호세: 북산책.)
[英语和韩语双语译本]

2016　　Stephen Lau. *The Complete Tao Te Ching in Plain English*. Create-Space.
{Carmichael}

2016　　Liu Ming. *Observing Wuwei: The Heart of the Daodejing*. San Francisco: Da Yuan Circle.

2016　　Michael Puett, Christine Gross-Loh. *Confucius, Mencius, Laozi, Zhuangzi, Xunzi: Selected Passages from the Chinese Philosophers in The Path*. Simon & Schuster.

2016　　Dian Duchin Reed. *Dao De Jing: Laozi's Timeless Wisdom: A Fresh Translation by Award-Winning Poet Dian Duchin Reed*. Soquel, CA: Humanitas Press.
{Carmichael}

2016　　Auke Jacominus Schade. *Lao Tzu's Tao Te Ching: The Way of Nature and the Way of People*. Dunedin: Nemonik-thinking.org.

2016　　Solala Towler. *Practicing the Tao Te Ching: 81 Steps on the Way*.

Boulder, CO: Sounds True.

2016   Dennis Willmont. *The Dàodéjīng, Daoism, and the Restoration of Humanity in the Asian Healing Arts: With Translation and Commentary on the Text*. Marshfield, MA: Willmountain Press.

2016   Peng Yang. *Dao De Jing: The United Version*. Woodstock, NY: Wapner & Brent Books, 2016; *Laozi: A New Translation by Yang Peng*. Beijing: New World Press, 2019.
(杨鹏.《道德经：汉英对照》.北京：新世界出版社, 2019.)

2017   Andrew Beaulac. *Sitting with Laozi*. Berkeley: Apocryphile Press.

2017   William Douglas Horden. *The Tao of Cool: Deconstructing the Tao Te Ching*. CreateSpace, 2017.

2017   Clara Hsu. *Tao-Te Ching: Translations and Infusions*. San Francisco: Poetry Hotel Press.

2017   Li Zhishen. *Selected Translation of Laozi's Philosophy*. Guilin: Guangxi Normal University Press.
(李芝燊.《老子选译》.桂林：广西师范大学出版社.)
[张葆全采选的章节为底本]

2017   Wu Ming. *Dao De Jing*. Kindle Edition.

2017   Auke Jacominus Schade. *Lao Zi's Dao De Jing Demystified: The Physics of Psychology*. Dunedin: nemonik-thinking.org.

2017   Peter Fritz Walter. *Tao Te Ching*. CreateSpace.
[以 Peter Fritz Walter 自己的 2015 年德语译本为参考]

2017   HaiJun Wei. *Tao Te Ching: The Way of Nature and Its Virtues*. CreateSpace.

2018   Chao-Hsiu Chen (陈昭秀). *Lao Tzu's Tao Te Ching*. Atglen, PA: Red Feather Mind, Body, Spirit.

2018　Zhijiang Chen. *Update Version of Dao De Jing: Nature Principles with Good Human Integrity and Morality*. CreateSpace.
(陈治疆.《新编道德经》.CreateSpace.)

2018　Eric Cunningham. *The Luciferic Verses: The Daodejing and the Chinese Roots of Esoteric History*. London; Washington: Academic Press.

2018　Deng Ming-Dao (邓明道). *Each Journey Begins with a Single Step: The Taoist Book of Life*. Charlottesville, VA: Hampton Roads Publishing Company.
<Christian Jacques Bennett 的 2020 年英语译本以其为参考>

2018　Guo Yong Jin (郭永进). *Mysteries of the Dao De Jing (Tao Te Ching) Revealed*. Balboa Press.

2018　Yung Suk Kim. *Reading Jesus' Parables with Dao De Jing*. La Vergne: Wipf and Stock Publishers.

2018　Yuhui Liang (梁宇辉). *Tao Te Ching: The New English Version That Makes Good Sense*. CreateSpace.

2018　David Lindley. *The Way It Is: The Tao Te Ching of Lao Tzu*. Crick, UK: Verborum Editions.

2018　Richard Mayer. *Tao Te Ching: A Free Verse Translation*. Self-Published.

2018　John Minford. *Tao Te Ching: The Essential Translation of the Ancient Chinese Book of the Way*. New York: Penguin Publishing.
<Christian Jacques Bennett 的 2020 年英语译本以其为参考>

2018　Jeff Pepper, Xiao Hui Wang. *Dao De Jing in Clear English: Including a Step by Step Translation*. Pittsburgh: Imagin8 Press.

2018　Shoou Jeng Song (宋守正). *Tao Te Ching*. CreatSpace.

2018　Wuyazi (乌鸦子). *Bilingual Dao De Jing*. Sansudao Bilingual Classics.

2018　Jwing-Ming Yang. *The Dao De Jing: A Qigong Interpretation*. Wolfeboro, NH: YMAA Publication Center.

2018　Zhao Chanchun. *The Word and the World.* Beijing: Higher Education Press.

（赵彦春.《道德经英译》.北京：高等教育出版社.）

2019　Alexander Goldstein. *The Lao-zi* (*Dao-De Jing*)*: Numerological Resonance of the Canon's Structure.* Kindle Edition.

2019　Hank Keeton, Yu Fu. *Dao De Jing: A Process Perspective.* Anoka, MN: Process Century Press.

2019　Теодора Куцарова. „Даодъдзин: Трактат за пътя и природната дарба." София: Изток-Запад.

（Teodora Kutsarova. *Daodadzin: Traktat za patya i prirodnata darba.* Sofia: Iztok-Zapad.）

[保加利亚语和英语双语译本，包括郭店楚简本和马王堆帛书本的翻译]

[以 Теодора Куцарова（Teodora Kutsarova）自己的 2019 年英语译本为参考]

2019　Stuart Alve Olson, Suzanne J. Nosko Verastegui. *The Scripture on Tao and Virtue—Escritura sobre Tao y Virtud.* Phoenix: Valley Spirit Arts.

[英语和西班牙语双语译本]

<以 Stuart Alve Olson, Suzanne J. Nosko Verastegui 的 2019 年西班牙语译本为配套>

2019　Edric Machi. *Dao De Jing: The Classic on the Dao and its Power.* Kindle Edition.

2019　Gilbert Tay. *Dao De Jing: As Explained by Laozi.* Victoria, BC: Tellwell Talent.

2019　Mingming Xu. *Tao Te Ching: Taoist Classic Scripture.* Self-Published.

[中英双语版本]

{辛红娟}

2020　Kate Chan. *Decoding Tao Te Ching: The Book of Enlightenment and Transcendence, Clarifying the Mystery of the Incorporeal & Metaphysical and the Corporeal & Physical Truth—ONE*. Self-Published.

2020　Edward C. Chang. *The Wisdom of Dao De Jing: Implications for Mental Health and Management*. Fredericksburg, VA: Emnes Publishing.
（张畅繁.《道德经的智慧：心理健康和管理》. Fredericksburg, VA: Emnes Publishing.）
[中英双语版本]

2020　Paul J. D'Ambrosio, Xiao Ouyang (欧阳霄), Dimitra Amarantidou, Robert A. Carleo III, Ady Van den Stock, Joanna Guzowska, Lidia Tammaro. *The Annotated Critical Laozi: With Contemporary Explication and Traditional Commentary*. Leiden: Brill.
[陈鼓应 2009 年《老子注译及评介》的翻译]

2020　K. T. Fann. *Reading "Dao De Jing" in English*. Singapore: Partridge Publishing, 2020; Fan Guangdi. *Yong Yingyu du "Daodejing": Guoji zhiming yanjiu Weigensitan, Laozi zhexuejia Fan Guangdi quanxin jieben (Zhong-Ying duizhao)*. Taibei: Shang Zhou chuban, 2020; *Reading Laozi's Dao De Jing in English: Simplified Chinese Edition*. Self-Published, 2022.
（范光棣.《用英语读〈道德经〉：国际知名研究维跟斯坦、老子的哲学家范光棣全新解本（中英对照）》. 台北：商周出版, 2020.）

2020　Paul Goldin. *The Art of Chinese Philosophy: Eight Classical Texts and How to Read Them*. Princeton: Princeton University Press.

2020　James Harris. *Tao Te Ching: Adapted for the Contemporary Reader*. Self-Published.

2020　Thomas Hayes, Li Sijin (李思瑾). *Dào dé Jīng: The Way of the Dao*. Taunton, UK: Mirandor Publishing.

2020　Yenli Hsu, Chia-Yung Hsu, Maggie Kuo. *How to Practice Tao Te Ching in Your Life: A Book for Your Mind; Ancient Wisdom for Your Heart.* Kindle Edition.

2020　KS Vincent Poon, Kwok Kin Poon. *An English Translation and the Correct Interpretation of Laozi's Tao Te Ching.* Toronto: The SenSeis. (潘君尚, 潘国键.《英译并正解老子道德经》.多伦多：尚尚斋.)

2020　Matthew Thomas. *Tao Te Ching: Accompanied by Original Suminagashi Prints and Interpretation.* Self-Published.

2020　Tien Cong Tran. *Lao Tzu's Tao Te Ching.* Orange, CA: Culture House Publisher.
　　　[Tien Cong Tran 的 2001 年译本修订本]

2020　Tõnn Sarv, Erik Wyatt. *Book of Way and Might: Tao Te Ching.* Self-Published.
　　　[以 Tõnn Sarv 自己的 2020 年爱沙尼亚语译本为参考]

2020　Wong Hong Fay. *The Book of Transcendental Dào and Dé: Laozi - Dao De Jing.* Self-Published.

2020　Jinchun Ye. *Original Dao De Jing: Strategies for Life, Management, and Freedom.* Northbrook, Il: Jin Publishing, 2020; *Original Dao De Jing: The Hidden Way to Success, Freedom, and Eternity.* Northbrook, Il: Jin Publishing, 2020.

2021　Rosemarie Anderson. *The Divine Feminine Tao Te Ching: A New Translation and Commentary.* Rochester, VT: Inner Traditions.

2021　Alan Du. *Dao De Jing.* Shanghai: Shanghai Jiao Tong University Press. (安伦.《道德经（中英对照）》.上海：上海交通大学出版社.)

2021　chintokkong. *Daodejing: Spiritual Politics of Laozi.* Self-Published.

2021　Clark Gillian. *The Gender Neutral Book of Dao.* Amsterdam: Brave New Books.
　　　<与 Clark Gillian 的 2021 年荷兰语译本为配套>

2021　Keith D. Hoang, Archbishop Sylvain Lavoie. *Built For Greatness: 81 Ways To Unleash Your Inner Power For Purposeful Living; The Christian Edition of the Tao Te Ching*. Self-Published.

2021　Benjamin Hoff. *The Eternal Tao Te Ching: The Philosophical Master-work of Taoism and Its Relevance Today*. New York: Harry N. Abrams.

2021　Chun-Mei Lin (林春妹), Christopher Jones. *The Dao De Jing by Laozi: Offering a Gateway for Living in the Twenty-First Century*. Self-Published.

2021　Patrick Liu, Elizabeth Semenoff-Granon. *Lao Zi: Dao De Jing; New Translation*. Self-Published.

2021　Marc Mullinax. *Tao Te Ching: Power for the Peaceful*. Fortress Press.

2021　Anatoly Savrukhin. *Lao Tzu's Tao Te Ching on the Harmony of Nature and Society: Translation from Ancient Chinese, Analysis and Com-mentary*. Chisinau, Moldova: Our Knowledge Publishing.
　　　<与 Anatoly Savrukhin 的 2021 年荷兰语译本、2021 年法语译本、2021 年德语译本、2021 年意大利语译本、2021 年波兰语译本、2021 年葡萄牙语译本为配套>

2021　Pooh Ho Sim, Tekson Teo. *Decoding the Tao Te Ching*. Singapore: World Scientific.
　　　(沈保和, 张吉雄. 《<道德经>玄妙解》. 新加坡：新加坡世界科技出版公司.)

2022　Billy Lee Harman. *Dao De Jing: A Literal Translation*. Self-Published.

2022　J. H. Huang (黄柱华). *The Dao De Jing: Laozi's Book of Life*. New York: Custom House.

2022　Jee Sifu. *Tao Te Ching Simplified*. Self-Published.

2022　Aviilokín K'shi. *Dao De Jing: Gateway into Nature*. Self-Published.

2022　Colin Wu, Shawn Chan. *Dao De Jing by Laozi: English-Chinese Recitation Version*. Hong Kong: Hong Kong Intellectual Property Exchange.
(吴高林, 陈肖纯.《老子道德经中英文诵读版》. 香港：香港知识产权交易所出版社.)

2022　Tekson Teo. *Tao Te Ching: A Practitioner's Translation*. Redwood City, CA: PublishDrive.

2022　Hong Tian Wang. *Dao De Jing in Modern English*. Montreal: Hong Tian Culture and Education.

2023　Brook Ziporyn. *Daodejing*. New York: Liveright.

《老子》注本翻译: 13 种

1945　Eduard Erkes. "Ho-Shang-Kung's Commentary on Lao Tse." *Artibus Asiae* 8(2), 121-196; *Artibus Asiae* 9(1), 197-220; *Artibus Asiae* 12(3), 221-251; *Commentary on Lao Tse*. Ascona, Switzerland: Artibus Asiae, 1958.
[《老子河上公章句》的翻译]
<为查看所有《老子河上公章句》译本信息，参考 B. J. Mansvelt Beck 的 2002 年荷兰语译本条目>

1960　Hsu Chao (徐照). *The Lao Tze*. Taipei.
[魏源 1820 年《老子本义》的翻译]

1977　Paul J. Lin. *A Translation of Lao Tzu's Tao Te Ching and Wang Pi's Commentary*. Ann Arbor: University of Michigan Center for Chinese Studies, 1977, 1992.
[王弼《老子注》的翻译]
<为查看所有王弼《老子注》译本信息，参考 Václav Cílek 的 2005 年捷克语译本条目>

1979　Ariane Rump, Wing-tsit Chan. *Commentary on the Lao Tzu by Wang Pi*. Honolulu: University of Hawaii Press, 1979, 1981.
[王弼《老子注》的翻译]

<为查看所有王弼《老子注》译本信息，参考 Václav Cílek 的 2005 年捷克语译本条目>

1991　Alan K. L. Chan (陈金梁). *Two Visions of the Way: A Study of the Wang Pi and the Ho-shang Kung Commentaries on the Lao-Tzu.* Albany: SUNY Press.

[王弼《老子注》和《老子河上公章句》的节译]

<为查看所有王弼《老子注》译本信息，参考 Václav Cílek 的 2005 年捷克语译本条目>

<为查看所有《老子河上公章句》译本信息，参考 B. J. Mansvelt Beck 的 2002 年荷兰语译本条目>

1997　Stephen R. Bokenkamp. *Early Daoist Scriptures: Daoist Classics No. 1.* Berkeley: University of California Press, 1997, 1999.

[《老子想尔注》的翻译]

1999　Richard John Lynn. *The Classic of the Way and Virtue.* New York: Columbia University Press.

[王弼《老子注》的翻译]

<被转译成 Václav Cílek 的 2005 年捷克语译本>

<为查看所有王弼《老子注》译本信息，参考 Václav Cílek 的 2005 年捷克语译本条目>

2000　Ralph D. Sawyer. *The Tao of Peace.* Boston: Shambala, 2000; *The Tao of War: The Martial Tao Te Ching.* New York: Basic Books, 2002; Boulder/Oxford: Westview, 2003.

[王真《道德经论兵要义述》的翻译]

<被转译成 Alejandro Pareja Rodríguez 的 2000 年西班牙语译本、Blanka Knotková-Čapková 的 2010 年捷克语译本、Zdzisław Płoski 的 2009 年波兰语译本>

2003　Rudolf G. Wagner. *A Chinese Reading of the Daodejing: Wang Bi's Commentary on the Laozi with Critical Text and Translation.* Albany: SUNY Press.

[王弼《老子注》的翻译]
<为查看所有王弼《老子注》译本信息，参考 Václav Cílek 的 2005
年捷克语译本条目>
<被回译成杨丽华（Yang Lihua）的 2008 年汉语译本>

2004　Chun-min Yen. "Shadows and Echoes of the Mind: Hanshan Deqing's
　　　　(1546-1623) Synchretic View and Buddhist Interpretation of the
　　　　Daodejing." PhD diss., The University of Arizona.
　　　　[憨山德清《老子道德经解》的节译]

2013　Misha Tadd. "Alternatives to Monism and Dualism: Seeking Yang
　　　　Substance with Yin Mode in *Heshanggong's Commentary on the
　　　　Daodejing.*" PhD diss., Boston University.
　　　　[《老子河上公章句》的翻译]
　　　　<为查看所有《老子河上公章句》译本信息，参考 B. J. Mansvelt Beck
　　　　的 2002 年荷兰语译本条目>

2016　Dan G. Reid. *The Ho-Shang Kung Commentary on Lao Tzu's Tao Te
　　　　Ching.* Montreal: Center Ring Publishing, 2016; *The Heshang Gong
　　　　Commentary on Lao Zi's Dao De Jing.* Montreal: Center Ring
　　　　Publishing, 2019.
　　　　[《老子河上公章句》的翻译]
　　　　<为查看所有《老子河上公章句》译本信息，参考 B. J. Mansvelt Beck
　　　　的 2002 年荷兰语译本条目>

2021　Friederike Assandri. *The Daode jing Commentary of Cheng Xuanying:
　　　　Daoism, Buddhism, and the Laozi in the Tang Dynasty.* New York:
　　　　Oxford University Press.
　　　　[成玄英《道德经义疏》的翻译]

《老子》转译: 20 种
1704　Awnsham Churchill, John Churchill. *An Account of the Empire of
　　　　China: Historical, Political, Moral and Religious. A Collection of
　　　　Voyages and Travels: Some Now First Printed from Original Manu-*

scripts, Others Now First Published in English, vol. 1: 150, 155, 161, 164, 198. London: Printed for Awnsham Churchill and John Churchill, 1704; London: Printed for Awnsham Churchill and John Churchill, 1732; London: Printed by assignment from Messrs. Churchill for H. Lintot, 1744-46, London: Thomas Osborne, 1752.

[包括 Domingo Fernández Navarrete 的 1676 年西班牙语译本的转译，有《老子》第 27 章、第 78 章、第 73 章、第 24 章、第 28 章、第 42 章的译文]

1859　"The Book of the Way and of Virtue." MS 547, Series II, Box 15, Folder 75, Samuel Wells Williams Family Papers. Yale University Library; Yao Dadui. *Yelu cang "Daodejing" yingyi gao* (1859). Bejing: China Social Sciences Press, 2016.

（姚达兑.《耶鲁藏〈道德经〉英译稿（1859）》.北京：中国社会科学出版社，2016.）

[Stanislas Julien 的 1842 法语译本的转译]

1912　*The Sayings of Lao-tze, with a Note About the Essence of Lao-tze's Teaching.* London: The Free Age Press.

[Л.Н. Толстой（Leo Tolstoy）的 1910 年俄语译本的转译]

{Gumbert}

1916　Sumner Crosby. *The Road and the Right Way of Lao Tse.* Boston.

[Alexander Ular 的 1903 年德语译本的转译]

1961　Leon Hurvitz. "A Recent Japanese Study of Lao-Tzu." *Monumenta Serica* 20, 311-367.

[木村英一（Kimura Eiichi）的 1959 年《老子の新研究》日语译本的转译]

1975　Leone Muller. *Tao-Teh-Ching: Lao Tzu's Book of Life.* Lakemont, GA: CSA Press.

[Karl Otto Schmidt 的 1961 年德语译本的转译]

1984　Derek Bryce. *Wisdom of the Daoist Masters: The Works of Lao Zi (Lao*

Tzu), *Lie Zi* (*Lieh Tzu*), *Zhuang Zi* (*Chuang Tzu*). Lampeter, UK: Llanerch Press, 1984; Amerystwyth, UK: Cambrian News, 1984. *Tao-Te-Ching: With Summaries of the Writings of Huai-nan-tzu, Kuan-yin-tzu and Tung-ku-ching*. Lampeter, UK: Llanerch Press, 1991; York Beach, ME: Samuel Weiser, 1999; Gramercy Books, 2005.
[Léon Wieger 的 1913 年法语译本的转译]

1985　H. G. Ostwald. *Tao Te Ching*. London: Routledge & Kegan Paul, 1985; New York: Penguin Books, 1988.
[Richard Wilhelm 的 1911 年德语译本的转译]
<被转译成 2003 年 *El Tao de la gracia* 西班牙语译本>

1996　John O'Toole. *Wisdom of Tao*. New York: Abbeville Press, 1996, 2000.
[Marc de Smedt 的 1995 年 *Paroles du Tao* 法语译本的转译]

1996　*The Chinese Gnosis: A Commentary on Part I of Lao Tzu's Tao Te Ching*. Haarlem: Rozekruis Pers.
[Jan van Rijckenborgh, Catharose de Petri 的 1987 年荷兰语译本的转译]

1993　Edwin Denby. *Edwin's Tao: Being a Rough Translation of Selections from Lao Tze's Tao Teh Ching*. New York: Crumbling Empire Press.
[F. Fiedler 的 1922 年德语译本的转译]

2001　Robert Stevenson. *The Spirit of Lao Tsu*. Fujinomiya-shi: Byakko Press.
[五井昌久（Goi Masahisa）的 1966 年日语译本的转译]

2010　Thomas Cleary. *Tao Te Ching: Zen Teachings on the Taoist Classic*. Boston: Shambala, 2010, 2011.
[澤庵宗彭（Takuan Sōhō）的 1646 年日语译本的转译]

2011　Jody Gladding. *Complete Tao Te Ching with the Four Canons of the Yellow Emperor*. Rochester, VT: Inner Traditions, 2011; London: Deep, 2011.
[Jean Lévi 的 2009 年 *Le Lao-tseu: Suivi des Quatre Canons de l'emper-*

eur Jaune 法语译本的转译]

2012　Michèle Brehl. *A Little Bit of Nothingness: Eighty-One Observations on the Unnameable*. Mumbai, India: Zen Publications (Maoli Media Private, Ltd.), 2012, 2015.
[Karl Renz 的 2010 年德语译本的转译]

2015　Kaminura Mariko. *Tao Te Ching for Everyday Life*. Tokyo: Dempa-sha.
[谷川太一（Tanigawa Taichi）的 2013 年日语译本的转译]
{Carmichael}

2017　L. C. Kotlar. *The Nondual Tao Teh Ching, 10-18*. Kindle Edition.
[Léon Wieger 的 1906 年法语译本的转译]

2017　Nik Marcel. *Tao Te Ching (for Novices): French to English*. CreateSpace, 2017; *Tao Te Ching (for Novices): English to French*. CreateSpace, 2017.
[Alexander Ular 的 1902 年法语译本的转译]
[英语和法语的双语译本]

2017　Irene M. Miller, Hans-Martin Sass. *The Guodian Bamboo Slips: Lao Zi*. New York: LIT Verlag.
[Hou Cai 的 2008 年郭店楚简本德语译本的转译]

2018　Dima Monsky, Sarita La Cubanita. *Dao De Ching*. Singapore: Partridge Publishing, 2018, 2020.
[Юлия Полежаева（Julia Polezajeva）的 2000 年网络俄语译本的转译]

《老子》语内转译: **156 种**

1966　Timothy Leary. *Psychedelic Prayers After the Tao Te Ching*. New York: Stuart, 1966; London: Academy Editions, 1972.
<被转译成 Michael A. Binder 的 1997 年德语译本>

1971　Michael Hartnett. *Tao: A Version of the Chinese Classic of the Sixth*

Century B.C. Dublin: New Writers' Press.

1971　　Bennett B. Sims. *Lao Tzu and the Tao Te Ching*. New York: Franklin Watts.

1972　　Elisa Bowen. *Celebration of Life*. Millbrae, CA: Celestial Arts.

1974　　Wade Baskin. *Classics in Chinese Philosophy*. Totowa, NJ: Littlefield, Adams & Co.

1975　　Aleister Crowley. "Tao Te Ching." *Being Liber CLVII Equinox* 3(8). Kings Beach, CA: Thelema Publications, 1975; London: Askin & Samuel Weiser, 1976; Oroville, CA: The College of Thelema, 1993; York Beach, ME: Weiser, 1995.
　　　　[以 James Legge 的 1891 年英语译本为底本，手稿 1918 年完成]
　　　　<被转译成 Ralf Löffler 的 1999 年德语译本、Krzysztofa Azarewicza 的 2007 年波兰语译本、Janez Trobenta 的 2011 年斯洛文尼亚语译本、Martin Hellkvist 和 Pontus Lindqvist 的 2020 年瑞典语译本>

1977　　Raymond M. Smullyan. *The Tao is Silent*. New York: Harper & Row, 1977; San Francisco: HarperSanFrancisco, 1992; New York: HarperOne, 2014.
　　　　<被转译成 Manda Plettenburg 的 1994 年荷兰语译本、Fernando Pardo 的 1994 年西班牙语译本、Ewa Hornowska 的 1995 年波兰语译本、עופר שור（Ofer Shor）的 1997 年希伯来语译本、Robert Riedel 的 1997 年德语译本、György Katalin 的 2009 年匈牙利语译本、Erhan Kibaroğlu 的 2009 年土耳其语译本、Виталий Целищев（Vitalij Celiŝev）的 2012 年俄语译本>

1984　　John Heider. *The Tao of Leadership: Lao Tzu's Tao Te Ching Adapted for a New Age*. Atlanta: Humanics New Age, 1984, 1985; Gower Publishing Ltd, 1986; Green Dragon Publishing, 2005, 2015; *The Tao of Leadership: Leadership Strategies for a New Age*. New York: Bantam Books, 1985, 1986, 1988.
　　　　<被转译成 Martín Benigno 的 1985 年西班牙语译本、1985 年 *O Tao*

e a realização pessoal 葡萄牙语译本、บุญมาก พรหมพ้วย 和 สมภพ โรจนพันธุ์（Bunmak Prompuai 和 Somphop Rochanaphan）的 1986 年泰语译本、René Taschner 的 1988 年德语译本、માવજી કે. સાવલા（Māvajī Ke Sāvalā）的 1991 年古吉拉特语译本、上野圭一（Ueno Keiichi）的 1992 年日语译本、Djarot Suseno 和 Ramelan 的 1994 年印度尼西亚语译本、George Hulskramer 的 1995 年荷兰语译本、Harri Paasio, Tuija Turpeinen 的 1998 年芬兰语译本、עליזה רענן（'Alizah Ra'anan）的 1997 年希伯来语译本、Jiří Černega 的 1997 年捷克语译本、Kiss Julianna 的 1998 年匈牙利语译本、1998 年 *Il Tao della leadership* 意大利语译本、Žiga Valetič 的 1998 年斯洛文尼亚语译本、วันทิพย์ สินสูงสุด（Wantip Sinsūngsut）的 1999 年泰语译本、Ebba Hamelberg 的 2002 年瑞典语译本、2004 年 《Дао лидера》（*Dao lidera*）俄语译本、มาลัย จีรวัฒนเกษตร ทวีสุข（Malai Chirawatanakaset Thawisuk）的 2005 年泰语译本、Γιώργος Μαυρουδής（Giórgos Mavroudís）的 2012 年希腊语译本；Haven Trevino 的 1993 年英语译本、Cristina I. Viviani 的 2022 年英语译本以其为参考；被回译成戴瑞嬌（Dai Ruijiao）的 1991 年汉语译本、伍雨钱和乔界文（Wu Yuqian 和 Qiao Jiewen）的 1992 年汉语译本>

1988　　Stephen Mitchell. *Tao Te Ching*. New York: Harper & Row, 1988, 1989; New York: Harper Perennial, 1994; London: Kyle Cathie, 1996, 2000, 2011; *Tao Te Ching: An Illustrated Journey*. London: Frances Lincoln Limited, 1999, 2009, 2015; New York: Harper Collins, 2003; Ojai, CA: Providence Press, 2019.

　　　　<被转译成 Jorge Viñes Roig 的 1999 年西班牙语译本、Wim Jansen 的 2000 年荷兰语译本、امیرحسن قائمی（Amīr Hassan Qā'imī）的 2000 年波斯语译本、Τάσος Γκίκας（Tásos Gkíkas）的 2003 年希腊语译本、Peter Kobbe 的 2003 年德语译本、فرشید قهرمانی（Farshīd Qahramānī）的 2003 年波斯语译本、হেলাল উদ্দিন আহমেদ（Helal Uddin Ahmed）的 2007 年孟加拉语译本、সরকার আমিন（Sarker Amin）的 2008 年孟加拉语译本、Benoît Labayle 的 2008 年法语译本、لادن جهانسوز（Lādan Jahānsūz）的 2010 年波斯语译本、Piotr Madej 的 2010 年波兰语译

本、Manuela Mura 的 2011 年意大利语译本、Carmen Ştefania Neacşu 的 2012 年罗马尼亚语译本、Емилия Станимирова Карастойчева（Emilia Stanimirova Karastoycheva）的 2015 年保加利亚语译本、2016 年 *Tao Te Ching* 西班牙语译本、Rinaldo Pilla 的 2018 年意大利语译本；Wayne W. Dyer 的 2007 年英语译本以其为底本；John R. Bomar 的 2005 年和 2020 年英语译本、সরকার আমিন（Sarker Amin）的 2014 年孟加拉语译本、Son Rivers 的 2016 年英语译本、Christian Jacques Bennett 的 2020 年英语译本、Swami Bodhidharma 的 2021 年英语译本、Bruce Fertman 的 2022 年英语译本、Cristina I. Viviani 的 2022 年英语译本以其为参考>

1990　Diane Dreher. *The Tao of Peace: A Guide to Inner and Outer Peace.* New York: Donald I. Fine, 1990; *The Tao of Peace: A Modern Guide to the Ancient Way of Peace and Harmony.* New York: Harper, 1991; Thorsons, 1994; New York: Plume (Penguin), 2000.
　　　{辛红娟}

1990　Waldo Japussy (Carl Japikse). *The Tao of Meow.* Ohio: Enthea Press.

1991　Vimala Schneider McClure. *The Tao of Motherhood.* Willow Springs, MO: Nucleus, 1991; Novatoa, CA: New World Library, 1994.
　　　<被转译成 Inés Frid 的 1994 年西班牙语译本、Françoise Forest 的 1996 年法语译本>
　　　{Carmichael}

1993　Carol Deppe. *Tao Te Ching: A Window to the Tao Through the Words of Lao Tzu.* Corvallis, OR: Fertile Valley Publishing.
　　　[以 Robert G. Henricks 的 1989 年马王堆帛书本英语译本为底本]

1993　Haven Trevino. *The Tao of Healing: Meditations for Body and Spirit.* Novato, CA: New World Library, 1993, 1999.
　　　[以 Gia-fu Feng 和 Jane English 的 1972 年英语译本、John Heider *The Tao of Leadership* 的 1984 年英语译本为参考]
　　　<被转译成 Christine Lecoutre 的 1995 年法语译本>

1994　　Stanley M. Herman. *The Tao at Work*. Jossey-Bass, 1994, 2001.

　　　　<被转译成 မောင်ပေါ်ထွန်း（Maung Paw Htūn）的 1996 年缅甸语译本>

1994　　Michael Silver Dragon (Michael McKain). *Tao Te Ching: Of the Way and Integrity*. Jemez Pueblo, NM: Silver Dragon Publications.
　　　　{Walf}

1994　　Pamela Metz. *The Tao of Learning*. Atlanta: Humanics Trade, 1994; Kuala Lumpur: Eastern Dragon Press, 1995, 1998.

　　　　<被转译成 Steen Dahl，Kirsten Mellor 的 1994 年丹麦语译本、1997 年 *O Tao da Aprendizagem* 葡萄牙语译本、עליזה רענן（'Alizah Ra'anan）的 1997 年希伯来语译本、Harri Paasio, Tuija Turpeinen 的 2000 年芬兰语译本、2003 年 *Tao Pembelajaran* 印度尼西亚语译本>

1994　　Peg Streep. *Tao Te Ching: An Illustrated Journey*. Boston: Little, Brown and Company.

　　　　[以 James Legge 的 1891 年英语译本为底本]

1994　　John WorldPeace. *The Contemporary Tao of Peace and Harmony: Tao te Ching*. CreateSpace, 1994, 1997, 2018.
　　　　{辛红娟}

1995　　Timothy Freke. *Lao Tzu's Tao Te Ching*. London: Piatkus, 1995, 1997, 1999; London: London Bridge Trade, 2000.

1995　　Pamela Metz. *The Creative Tao*. Atlanta: Humanics Trade, 1995, 1997.
　　　　<被转译成 Harri Paasio 和 Tuija Turpeinen 的 2000 年芬兰语译本>

1996　　Diane Dreher. *The Tao of Personal Leadership*. New York: Harper Business, 1996, 2009.
　　　　{辛红娟}

1996　　Louisa Milne. *Of Nourishment and Grace, Stillness and Compassion: An Interpretation of the Tao Teh Ching; A Collection of Ancient Tao*

Wisdom. Wimborne, UK: Gaunts, 1996, 1999.

1997   Richard Shining Thunder Francis. *Tao Now: A New Rendition of "The Way of Virtue" by the Master Lao-Tzu.* Worthville, KY: Love Ministries, Inc.

1997   Ursula K. Le Guin. *Lao Tzu: Tao Te Ching.* Boston: Shambhala, 1997, 2019.

[以 Paul Carus 的 1897 年英语译本为底本]

<被转译成 Francisco Páez de la Cadena 的 1999 年西班牙语译本、حديث دهقان（'Askerī Pāshāyī）的 2006 年波斯语译本、Barbara Jarząbska-Ziewiec 的 2010 年波兰语译本、Bülent Somay 和 Ezgi Keskinsoy 的 2018 年土耳其语译本、Fiep van Bodegom 的 2020 年荷兰语译本、Jacinto Pariente 的 2020 年西班牙语译本、Justyny Bargielskiej 和 Jerzego Jarniewicza 的 2021 年波兰语译本；Hugo Hørlych Karlsen 的 1999 年和 2006 年丹麦语译本、Flavio Rigonat 的 2019 年塞尔维亚语译本、Christian Jacques Bennett 的 2020 年英语译本、Bruce Fertman 的 2022 年英语译本、Cristina I. Viviani 的 2022 年英语译本以其为参考>

1998   Joseph Petulla. *The Tao Te Ching and the Christian Way: A New English Version.* Maryknoll, NY: Orbis Books.

{Gumbert}

1999   James A. Autry, Stephen Mitchell. *Real Power: Lessons for Business from the Tao Te Ching.* London: Nicholas Brealey Publishing.

<被转译成 Pier Hänni, Thomas Mennichen 的 1999 年德语译本、Alejandro Pareja Rodríguez 的 1999 年西班牙语译本、Melania Scoss, Merle Scoss 的 2000 年葡萄牙语译本、2013 年 "Жинхэнэ хүч"（*Jinkhene khüch*）蒙古语译本>

1999   Paul Ferrini. *The Great Way of All Beings.* Greenfield, MA: Heartways Press.

1999   William Martin. *The Parent's Tao Te Ching: A New Interpretation,*

Ancient Advice for Modern Parents. New York: Da Capo Press.

<被转译成 George Hulskramer 的 2000 年荷兰语译本、Ulla Rahn-Huber 的 2005 年德语译本、ถิง ชู 和 วิจักขณ์ พานิช（Thing Chu 和 Wichakkha Phanit）的 2013 年泰语译本、نيما سليمى（Nīmā Salīmī）的 2017 年波斯语译本、Célin Vuraler.的 2019 年法语译本>

1999　William Martin. *The Couple's Tao Te Ching: Ancient Advice for Modern Lovers*. New York: Da Capo Press.

　　　<被转译成 2001 年 *Tao te King für Paare* 德语译本、Célin Vuraler 的 2012 年法语译本、ถิง ชู 和 วิจักขณ์ พานิช（Thing Chu 和 Wichakkha Phanit）的 2016 年泰语译本>

2000　Cedargrove Mastermind Group. *The Rhyming Tao Te Ching, and Other Oriental Wisdom in Rhyme: Over 70 Ways to Easily Access Peace of Mind, Wisdom, and Awareness*. Granby, CT: CreateSpace, 2000, 2011.

2000　Carl G. Garant. *The Tao of the Circles: Lao Tzu's Tao Te Ching Adapted for New Visions*. Atlanta: Humanics New Age, 2000, 2001.

2000　William Martin. *The Sage's Tao Te Ching: Ancient Advice for the Second Half of Life*. New York: Marlowe & Co., 2000; New York: Experiment, 2010, 2020.

　　　<被转译成 Werner Beck 的 2008 年德语译本、Aurélien Clause 的 2015 年法语译本>

2000　Pamela K. Metz. *The Tao of Loss and Grief: Lao Tzu's Tao Te Ching Adapted for New Emotions*. Atlanta: Humanics.

　　　{Carmichael}

2000　Richard S. Omura. *The Tao of God: A Restatement of Lao Tsu's Tao Te Ching Based on the Teachings of The Urantia Book*. San Jose, CA: Writers Club Press.

2000　Gerald Schoenewolf. *The Way: According to Lao Tzu, Chuang Tzu, and Seng Tsan*. Fremont, CA: Jain Publishing.

2002　Anthony D. Duncan. *The Tao of Christ: A Christian's Reading of the Daodejing of Laozi, from an Original Translation by Lin Yutang.* Oceanside, CA: Sun Chalice Books.
[以 Lin Yutang 的 1942 年英语译本为底本]
{Walf}

2002　Brian Michael Hassett. *Walking the Mystery Path: Poetic Variations on the Tao Te Ching.* Meadow Vista, CA: Hidden River Press.
{Carmichael}

2002　Priya Hemenway. *Wisdom of the Tao: Adapted and Interpreted.* San Francisco: Chronicle Books.
<被转译成 2006 年 *Tao Box* 荷兰语译本>
{Walf}

2002　Colin Mallard. *Something to Ponder: Reflections from Lao Tzu's "Tao Te Ching."* Courtenay, BC: Wild Duck Publishing, 2002; Victoria, BC: Promontory Press, 2012.
{Carmichael}

2003　Daniel R. Condron. *The Tao Te Ching Interpreted and Explained.* Windyville, MO: SOM Publishing.

2003　Anthony John Monaco. *Scriptures from the Orient.* Bloomington, IN: Xlibris Corporation.

2003　Betsy Wyckoff. *Tao and the City: Lao Tzu's Tao Te Ching.* Barrytown, NY: Barrytown/Station Hill.

2004　Jarcq Terra. *The Book of the Way and its Way.* Surrey, BC: Urban Mystic Books, 2004, 2007.

2005　David B. Axelrod. *Another Way: Poems Derived from the Tao Te Ching.* Boulder, CO: Karma Dog Editions, 2005; Boulder, CO: Mighty Rogue Press, 2014.
{Carmichael}

2005　John R. Bomar. *The Way Thru Change*. MSS. Ouchita Babtist University Library.

[以 Raymond B. Blakney 的 1955 年英语译本、Archie Bahm 的 1958 年英语译本、D. C. Lau 的 1982 年英语译本、Stephen Mitchell 的 1988 年英语译本、Gia-fu Feng 和 Jane English 的 1972 年英语译本为参考]

2005　Gregory P. Lee. *Tao te Ching*. North Attleborough, MA: Three/Four Publishing.

[以 James Legge 的 1891 年英语译本为底本]

{Walf}

2005　William Martin. *A Path and a Practice: Using Lao Tzu's Tao Te Ching as a Guide to an Awakened Spiritual Life*. New York: Marlowe & Co.

<被转译成 Anama Frühling 的 2009 年德语译本>

2005　Susan Montag. *Finding the Way: A Tao for Down-to-Earth People*. Berwick, ME: Nicolas-Hays.

2006　Keith Seddon. *Tao Te Ching: A New Version, with Introduction, Notes, Glossary and Index*. Lulu.com.

2007　Demi. *The Legend of Lao Tzu and the Tao Te Ching*. New York: Margaret K. McElderry Books.

{辛红娟}

2007　Wayne W. Dyer. *Change Your Thoughts, Change Your Life: Living the Wisdom of the Tao*. Carlsbad: Hay House, 2007, 2009, 2013; *Living the Wisdom of the Tao: The Complete Tao Te Ching and Affirmations*. Carlsbad: Hay House, 2008.

[以 Stephen Mitchell 的 1988 年英语译本为底本]

<被转译成 Bản Quyên 的 2008 年越南语译本、Franchita Cattani 的 2008 年德语译本、Iva Uśćumlić Gretić 的 2008 年克罗地亚语译本、2008 年 *De weg naar verandering* 的荷兰语译本、Θωμάς Μαστακούρης（Thomás Mastakoúris）的 2008 年希腊语译本、Э.

Мельник（È. Mel'nik）的 2008 年俄语译本、الگا کیایی（Algā Kiyāyī）的 2009 年波斯语译本、Adriana Miniño 的 2009 年西班牙语译本、גלעד תהלה（Gil'ad Tehilah）的 2009 年希伯来语译本、Éric Villeroc 的 2009 年法语译本、Gökçe İnan Yağlı 的 2009 年土耳其语译本、گلی ای‌افجه（Gulī Afjahāy）的 2010 年波斯语译本、آزیتا عظیمی（Āzītā 'Aẓīmī）的 2010 年波斯语译本、محمدرضا چنگیز（Muḥammad Riżā Chingīz）的 2010 年波斯语译本、José Gortázar 的 2010 年西班牙语译本、Daniel P. Purba 和 Dedes Ekarini 的 2010 年印度尼西亚语译本、신종윤（Shin Jongyoon）和 구본형（Koo Bonhyung）的 2010 年韩语译本、Aleksandra Wolnicka 的 2010 年波兰语译本、Juan Manuel Ibeas Delgado 的 2011 年西班牙语译本、सुमन राज（Sumana Raja）的 2011 年印地语译本、شمس الدین حسینی（Shamsaddīn Hussaynī）的 2011 年波斯语译本、مریم اسکندرانی（Maryam Iskandarānī）的 2011 年波斯语译本、Eduard Bucescu 的 2012 年罗马尼亚语译本、柏仓美穂（Kashiwagura Miho）的 2012 年日语译本、Raffaella Asni 的 2014 年意大利语译本、Christian Hallé 的 2014 年法语译本、Ondřej Klabal 的 2014 年捷克语译本、آیت اللهی وجیهه（Vajīha Āyatallāhī）的 2015 年波斯语译本、Milica Simić 的 2015 年塞尔维亚语译本、Knud Strandby Thomsen 的 2015 年丹麦语译本、Kaido Kangur 和 Lauri Liiders 的 2016 年爱沙尼亚语译本、طبیب محمدرضازاده（Muḥammad Riżā Ṭabībzādah）的 2016 年波斯语译本、حدیث دهقان（Ḥadis̱ Dihqān）的 2018 年波斯语译本、2018 年 غیر أفكارك غیر حیاتك（Ghayr afkārik, Ghayr hayātik）阿拉伯语译本、Thorsten F. Scheu 的 2020 年德语译本、AnaMaria Rivera 和 Mariángel Reales 的 2020 西班牙语译本；Raymond Paul 的 2018 英语译本、Christian Jacques Bennett 的 2020 英语译本以其为底本；Arturo Hernandez Mancilla 的 2016 西班牙语译本、Christian Jacques Bennett 的 2020 英语译本以其为参考；被回译成麦倩宜（Mai Qianyi）的 2008 年汉语译本、王强（Wang Qiang）和刘飒（Liu Sa）的 2009 年汉语译本>

2007　John Patterson. *The Art of Peace: A New Reading of the Philosophical Poem Tao Te Ching*. Wellington, New Zealand: Steele Roberts.

2008　　David Brown. *Tao Te Ching*. CreateSpace.

2008　　Robert W. Dunne. *Tao Te Ching by Lao Tzu*. Bloomington, IN: Author-House.

2008　　Tom F. Lang. *The Haiku Tao Te Ching: Wisdom of the Tao for People in a Hurry*. Bloomington, IN: AuthorHouse, 2008, 2011.

2008　　S. C. Papenfus. *Paddy's Chin: The Perfect Way of the Craic and its Power*. Ballyhornan, Ireland: Life Cycle Center.

2008　　Mark Tracy. *Mountain Biking in the Tao: A Special Interpretation of the Tao Te Ching*. Lincoln, NE: iUniverse.
　　　　{Carmichael}

2008　　Gordon J. Van de Water. *Tao Te Ching: My Words are Easy to Understand*. Diamond Bar, CA: Featherwood Press, 2008; *Tao Te Ching (Dao De Jing) Lao-Tzu: A Plain English Version; Life's Little Instruction Book*. Diamond Bar, CA: Featherwood Press, 2011.
　　　　{Carmichael}

2008　　Jay G. Williams. *The Path and Its Power: Lao Zi's Thoughts for the 21st Century*. New York: iUniverse.

2009　　Kari Hohne. *Tao Te Ching: The Poetry of Nature*. Carnelian Bay, CA: Way of Tao Books.
　　　　{Carmichael}

2009　　Bart Marshall. *The Perennial Way: New English Versions of Yoga Sutras, Dhammapada, Heart Sutra, Ashtavakra Gita, Faith Mind Sutra, Tao Te Ching, and More*. Wheeling, WV: TAT Foundation, 2009; Kilmarnock, VA: Realface Press, 2016.
　　　　{Carmichael}

2009　　Oliver Benjamin. *The Dude De Jing: A Dudeist Holy Book Inspired by the Tao Te Ching of Lao Tzu and the Big Lebowski of Joel and Ethan*

Coen. Los Angeles: The Church of the Latter-Day Dude, 2009, 2010; *The Dude De Jing: A Dudeist Interpretation of the Tao Te Ching*. Los Angeles: Dudeism LLC, 2015.

2009　R. Joseph Owles. *The Process of Power: Lao Tzu's Guide to Success, Politics, Governance, and Leadership.* PublishAmerica, 2009; North Charleston, SC: CreateSpace, 2015.
　　　{Carmichael}

2009　Christopher Scruggs. *Centered Living/Center Leading: The Way of Light and Love; The Tao Te Ching Adapted for Christ-Followers*. Cordova, TN: Shiloh Publishing.
　　　{Carmichael}

2009　Alan Steinle. *The Eternally Practical Way: An Interpretation of the Ideas of the Dao De Jing*. CreateSpace.
　　　{Carmichael}

2009　Sam Torode. *Tao Te Ching: The Book of the Way; Based on the Translation by Dwight Goddard, Significantly Rewritten and Arranged.* Nashville, TN: Sam Torode Book Arts.
　　　[以 Dwight Goddard 的 1910 年英语译本为底本]
　　　{Carmichael}

2009　Richard Gordon Zyne. *The Eternal Source: A New Interpretation of the Tao Te Ching for the 21st Century*. New York/Bloomington, IN: iUniverse, Inc.

2010　Wes Burgess. *Be Enlightened! A Guidebook to the Tao Te Ching and Taoist Meditation: Your Six-Month Journey to Spiritual Enlightenment.* CreateSpace, 2010; *The Tao Te Ching by Lao Tse: Traditional Taoist Wisdom to Enlighten Everyone.* CreateSpace, 2012.

2010　Ron Hogan. *Getting Right with the Tao: A Contemporary Spin on the Tao Te Ching.* New York: Channel V Books.

2010　Henry Piironen. *My Tao Te Ching: A Workbook for Interpreting the Teachings and Poems in Tao Te Ching*. Bloomington, IN: iUniverse.
[以 James Legge 的 1891 年英语译本为底本]
{Carmichael}

2011　Nathan Coppedge. *The Tao Te Ching: A Translation of Translations*. CreateSpace, 2011, 2014.

2011　David Hon. *Dao De Jing of Laozi in Globish*. Kindle Edition.
[“Globish”英语译本，以 Dwight Goddard 的 1910 年英语译本为底本]

2011　Frank Ra. *Tao Te Ching—Dao De Jing*. CreateSpace.

2011　Son Rivers. *Tao Te Tweet: The Tao Te Ching Transcreated in 140-Character Verses for Twitter*. CreateSpace.
{Carmichael}

2011　Christine Robinson. *The Twittered Tao: Ancient Wisdom in a Modern Form*. CreateSpace.

2011　Stephany Lane Yarbrough. *The Feminine Light: The Tao Te Ching for Inspiring Women*. Beverly Hills, CA: Yarrow Leaf.

2012　Martin J. Hall. *Tao Te Ching*. Lulu.com.
[以 James Legge 的 1891 年英语译本为底本]
{辛红娟}

2012　Lance Johnson. *The Triathlete's Tao Te Ching: An Endurance Athlete's Interpretation of Lao-Tzu's Ancient Text*. Boulder, CO: TaoTriathlete.
{Carmichael}

2012　Rick Julian. *The Red Pill: A New Translation of the Tao Te Ching*. Quo Vadis, 2012; *The Way: A Modern Tao Te Ching*. Quo Vadis, 2013.

2012　Al Mcdermid. *All That Is: 81 Meditations Inspired by the Tao Te Ching*. CreateSpace.

2012　Samuel Erik Sledd. *The Graceful Way*. CreateSpace.
　　　　{Carmichael}

2012　L. Spikes. *Classics for Twitter: Laozi; Tao Te Ching Translated*. Kindle
　　　　Edition.

2012　David Warkentin, Julian von Bargen, John Braun. *Tao Te Ching*. Create-
　　　　Space.
　　　　{Carmichael}

2013　Peter Frentzel. *Tao Te Ching: The Inner Journey*. Pacifica, CA: Maho-
　　　　dara Press.

2013　Daniel Christopher June. *Tao Te Ching: Free-verse Translation*. Create-
　　　　Space.
　　　　{Carmichael}

2013　Pat O'Bryan. *Everyday Tao Te Ching: A Renegade's Practical Guide to
　　　　Happiness Today; The Tao for the Rest of Us*. Terlingua, TX: Portable
　　　　Empire.
　　　　{Carmichael}

2013　Philos Sopher. *The Power of Tao: Tao Te Ching (The Way of the Tao); A
　　　　Unique Interpretation*. CreateSpace.
　　　　{Carmichael}

2013　Boniface Wolfsong. *The Wiccan Tao: A Reinterpretation of the Tao Te
　　　　Ching*. Lycian Sancturary.
　　　　{Carmichael}

2014　George Breed. *Jesus and Lao Tzu: Adventures with the Tao Te Ching*.
　　　　Vestal, NY: Anamchara Books (Harding House), 2014, 2020.
　　　　[以 James Legge 的 1891 年英语译本为底本]
　　　　{Carmichael}

2014　Francis Briers. *My Tao Te Ching: A Fool's Guide to Effing the Ineffable:*

Ancient Spiritual Wisdom Translated for Modern Life. Warriors of Love Publishing.
{Carmichael}

2014   Rodney A. Cooper. *Tao Te Ching: Classic of the Way and Virtue*. West Conshohocken, PA: Infinity Publishing.
{Carmichael}

2014   John Emmett. *The Tao & The Virtue Classic*. Raleigh, NC: Lulu.com.
{Carmichael}

2014   Thomax Green. *The Shu: The Gnostic Tao Te Ching*. CreateSpace.
{Carmichael}

2014   Will Jonson. *The Tao-te Ching: Lao Tzu*. North Charleston, South Carolina: CreateSpace.
{辛红娟}

2014   Paul Smith. *Tao Te Ching, Lao Tzu: Modern English Version by Paul Smith from the Translation for the Chinese by Paul Carus*. Campbells Creek, Australia: New Humanity Books, 2014, 2020.
[以 Paul Carus 的 1897 年英语译本为底本]
{Carmichael}

2014   Thomas E. Uharriet. *The Haiku Tao Te Ching*. CreateSpace.

2015   Anonymous Daughter-in-law. *The Tao Te Ching (the One and Only True Translation) Next to The Holy Bible*. Truth Press.
{Carmichael}

2015   Matthew S. Barnes. *The Wisdom and Peace of the Teaching of the Tao Te Ching: A Modern, Practical Guide, Plain and Simple*. North Charleston, SC: CreateSpace.

2015   T. J. Dab. *The Tao of Weed: A Cannabis Enthusiasts Guide to Taoism*. CreateSpace.

{Carmichael}

2015　Justin Dockins. *The Tao of the Force: The Living Wisdom of Lao Tzu and Yoda*. CreateSpace.

2015　Stuart Hampton. *Tao Te Ching: An Interpretation*. CreateSpace. {Carmichael}

2015　Ruth Ann Oskolkoff. *Voyage to the Sun: A Children's Version of the Tao Te Ching*. CreateSpace.

2015　James Edward Tucker. *Big Idea & The Nature Trail: A Good Old Boy's Tao Te Ching*. Tucker Creative.
　　　[以 Gia-fu Feng 和 Jane English 的 1972 年英语译本为底本]
　　　{Carmichael}

2016　Jon Atack. *A Way to Life: Tao Te Ching/Dao De Jing*. CreateSpace. {Carmichael}

2016　Oliver Benjamin. *The Dude De Jing: New Annotated Edition*. Abide University Press.

2016　Oliver Benjamin. *The Tao Te Ching: Annotated Edition*. Abide University Press.

2016　Richard Bertschinger. *Tao-Te Ching: The Tao and Self-Esteem; A New Translation*. CreateSpace.
　　　[以 Gia-fu Feng，Jane English 的 1972 年英语译本为底本]
　　　{Carmichael}

2016　Jerome A. Dirnberger. *Tao Te Ching by Lao Tzu: A Twenty-First Century English Interpretation*. Stansbury Publishing.

2016　Lewis Harrison. *The Tao Te Ching: A Meta-Analysis of Lao Tzu's Classic Work*. CreateSpace.
　　　{Carmichael}

2016　Adam Klein. *Tao Te Ching: Klein's Modern Reinterpretation*. Crescent Roads Publishing.
{Carmichael}

2016　William Martin. *The Activist's Tao Te Ching*. Novato, CA: New World Library.

2016　Michael McCurley. *The Tao of Systems Thinking: Exploring the Parallels Between Eastern Mysticism and Systems Thinking*. Create-Space.

2016　Esther Pincini. *Tao Te Ching: New Version with 14 Floral Yin Yang Coloring Symbols*. Magdalene Press.

2016　Son Rivers. *Tao: The Poem; Lao Tzu's "Tao Te Ching" Concentrated as a Lyric Series*. CreateSpace.
[以 Ellen Chen 的 1989 年英语译本、Stephen Mitchell 的 1988 年英语译本、Red Pine 的 1996 年英语译本、David Hinton 的 2000 年英语译本、Jonathan Star 的 2001 年英语译本为参考]
{Carmichael}

2016　Bjorn Vernhardsson. *Existence With Tao*. CreateSpace.

2016　Raymond Bart Vespe. *Lao Tzu's Tao Te Ching: Psychotherapeutic Commentaries*. Berkeley: Regent Press.

2017　Michael Hayes. *The New American Tao Te Ching: An Interpretation of Integrity, Values and the Pursuit of Nothingness*. Self-Published.

2018　Jeffrey James Davidson. *Flowing in the Way: A Contemporary Response to an Ancient Text, or, Just Another Way to the Tao Te Ching*. Grimsby, Ontario: Naught Noteworthy Books.

2018　Philip Davies. *Tao Te Ching by Lao Tzu: A Personal Interpretation*. Self-Published.

2018　Silas Day. *Tao Te Ching of Lao-Tzu*. Self-Published.

2018　Robert M. Jankel. *Tao Te Ching: An Intuitive Interpretation*. Create-Space.

2018　Raymond Paul. *Interpretations: Poetic Visions of the Tao Te Ching*. Victoria, BC: FriesenPress.
[以 Wayne W. Dyer 的 2007 年 *Change Your Thoughts, Change Your Life* 英语译本为底本]

2018　Karsten Ramser. *The Tao of the 21st Century: The Wisdom of the Tao in Modern Words*. CreatSpace.

2018　Jim Teeters. *Because of This: Lao Tzu's Tao Te Ching; How to Live, Love, and Lead*. Newberg, OR: Barclay Press.

2018　Kevin M. Thomas. *The Great Path: The Ancient Wisdom and Life-Changing Secrets of the Tao Te Ching*. Burton, MI: Ketna Publishing.

2018　Raymond Bart Vespe. *Lao Tzu's Tao Te Ching: Soul Journeying Commentaries; A Sojourning Pilgrim's Rendering of 81 Spirit Soul Passages*. Berkeley: Regent Press.

2019　Oliver Benjamin. *The Tao of the Jedi: The Tao Te Ching Meets Star Wars*. Los Angeles: Dudism LLC.

2019　Gary Brewer. *Lao Tzu's Tao Te Ching: Weaving Practice with Essence*. Kindle Edition.
[以 Jonathan Star 的 2001 年英语译本为底本]

2019　Abbot George Burke (Swami Nirmalananda Giri). *The Tao Teh King for Awakening: A Practical Commentary on Lao Tzu's Classic Exposition of Taoism*. Cedar Crest, NM: Light of the Spirit Press & Light of the Spirit Monastery.
{辛红娟}

2019　R. Lewis Cordell. *Tao Te Teaching: The Way of The Masterful Teacher*. Self-Published.

2019　Vian Den Groot. *Vible Opus 1 Version 1: Tao of (The Way of) Lao-Tzu: The Ancient Wisdom of the Universe within, Re-interpreted Now.* Houston: Spirit Vessel Kontent.

2019　Wy How. *The Dao De Jing: A Modern Interpretation.* Kindle Edition.

2019　Grand Jaguar. *Tao Te Ching: The Book of the Way with Annotation.* Self-published.

2019　T. Ralph Taylor. *Tao Te Ching: An Interpretive Translation.* Self-Published.

2019　Thomas Whigham. *Lao-Tzu's Tao Te Ching: A New Rendition for the Modern Age.* Lulu.com.

2019　Win Wu-Wei. *The Tao Te Ching of Teenage Girls: 81 Steps toward Understanding, then Guiding, Your Teenage Daughter.* Kindle Edition.

2020　Christian Jacques Bennett. *The Way of Everything: (Tao Te Ching/道德经).* Self-Published, 2020, 2021.
[以 Wayne Dyer 的 2007 年 *Change Your Thoughts, Change Your Life* 英语译本、Deng Ming-Dao 的 2018 年英语译本、Thomas Cleary 的 1991 年英语译本、Stephen Mitchell 的 1988 年英语译本、Ursula K. Le Guin 的 1997 年英语译本、John Minford 的 2018 年英语译本、Paul Carus 的 1897 年英语译本、Gia-fu Feng 和 Jane English 的 1972 年英语译本为参考]

2020　John R. Bomar. *Laozi: The Way Thru Change.* Hot Springs, AR: Starnet Publishing.
[以 Raymond B. Blakney 的 1955 年英语译本、Archie Bahm 的 1958 年英语译本、D. C. Lau 的 1982 年英语译本、Stephen Mitchell 的 1988 年英语译本、Gia-fu Feng 和 Jane English 的 1972 年英语译本为参考]

2020　Jeremy Cole. *Tao Te Ching: An Interpretation.* Uncarved Block Publications.

2020　James Lampert. *Tao Te Kanata: The Tao of Canada*. Self-Published.

2020　David Marks. *Lao Tzu: The Way*. Peaceful Dragon Press.

2020　Sid Millson. *The Tao Te Ching: A Paraphrase for the Modern Reader*. Donelson Press.

2020　William Pocock. *The Dao and its Virtue: A Revision of Laozi's Dao De Jing*. Kindle Edition.

2020　ThyArt Society. *Tao Te ThyArt: Individualism*. Self-Published.

2020　Som Vilaysack. *Tao Te Ching: Book of the Way*. Self-Published.

2020　K. Willeford. *Tao 3k: Tao te Ching; A Modern and Accessible Adaptation*. Self-Published.

2021　Steven Robert Allen. *Tao Te Ching: 81 Moons*. Hidden Park.

2021　Ray Doraisamy. *Wielding the Way*. Self-Published.

2021　Nelson R. Elliott. *The Wee Tao Te Ching*. Copper Jungle.

2021　Felipe Shadowens. *How To Understand Taoism Principles: Keys To Understand Daodejing Of Laozi; Tai Chi Meaning*. Kindle Edition.

2021　Swami Bodhidharma. *Tao Te Ching: A Perspective*. Chennai: Notion Press.
　　　[以 Stephen Mitchell 的 1988 年英语译本、Tolbert McCarroll 的 1982 年英语译本为参考]

2021　The Feminine Sacred Texts Project. *The Tao Te Ching: In Feminine*. Self Published.
　　　[以 Lionel Giles 的 1904 年英语译本为底本]

2022　Michael G. Goldsby. *Tao Te Ching: The Ancient Philosophy of Flow: Finding Balance in Life and Business*. Kindle Edition.

2022　Bruce Fertman. *The Way In ~ The Way Out: Renderings of the Tao Te*

Ching. Kindle Edition.

[以 Arthur Waley 的 1934 英语译本、Witter Bynner 的 1944 英语译本、Stephen Mitchell 的 1988 年英语译本、Ursula K. Le Guin 的 1997 年英语译本等 15 种英语译本为参考]

2022　Cristina I. Viviani. *Tao Te Ching: Yielding with Integrity.* Bloomington, IN: Balboa Press.

[以 Paul Carus 的 1897 年英语译本、Gia-fu Feng 和 Jane English 的 1972 年英语译本、David Hinton 的 2000 年英语译本、D. C. Lau 的 1982 年英语译本、John C. H. Wu 的 1961 年英语译本的转译、Robert G. Henricks 的 1989 年英语译本、Arthur Waley 的 1934 英语译本、Ursula K. Le Guin 的 1997 年英语译本、Stephen Mitchell 的 1988 年英语译本、Thomas Cleary 的 1991 年英语译本、Stephen Addiss 和 Stanley Lombardo 的 1993 年英语译本、Chao-Hsiu Chen 的 2004 年 *Tao Te Ching Cards* 英语译本、John Heider 的 1984 年 *The Tao of Leadership* 英语译本为参考]

类型尚未确定的翻译: 72 种

1972　Robert Finley. *The Bible of the Loving Road: Lao Tzu's Tao Teh Ching.* Carbondale, IL: Bliss Press.

1972　Robert Aldace Wood. *Echoes from the Orient: Wisdom of Lao-Tse with Parallels in Western Thought.* Kansas City: Hallmark Cards.

1977　George Burtt. *The Explicated Tao.* Los Angeles: Vector Counseling Institute.

1977　Charles Leroy Scamahorn. *Tao and War.* Berkeley: West Coast Print Center.

1978　Raghavan Iyer. *Tao Te Ching: Lao Tzu.* Santa Barbara, CA: Concord Grove Press, 1978, 1983.

1980　Christopher C. Canolé. *The Way of the Dao: An Interpretation of the Writings of Lao Tzu.* La Jolla, CA: Day Press.

1982　　Charles LeRoy Scamahorn. *The Tao Teh Ching Revealed by Lao Tzu*.
　　　　Berkeley. CA: The Imperfect Way.
　　　　{Carmichael}

1982　　Alan B. Taplow. *Lao Tzu Talks to "Be": An Interpretation of the Tao Te
　　　　Ching*. The Center of Oriental Studies, 1982, 1986.
　　　　{Gumbert}

1985　　Jacob Trapp. *Tao Teh Ching: The Wisdom of Lao Tzu*. Santa Fe, NM:
　　　　Yucca Printing.

1986　　R. L. Wing (Rita Aero). *The Tao of Power*. Garden City, NY: Doubleday,
　　　　1986; Wellingborough: Aquarian, 1986; London: Thorsons, 1997; New
　　　　York: Broadway Books, 2001.
　　　　<被转译成 Peter Kobbe 的 1987 年德语译本、Chris Mouwen 的 1988
　　　　年荷兰语译本、Ana Bešlić，Dragan Paripović 的 1991 年塞尔维亚
　　　　语译本、Σάκης Τότλης（Sákis Tótlis）的 1998 年希腊语译本、Luís
　　　　Serrão 的 2004 年葡萄牙语译本、Michał Lipa 的 2010 年波兰语译
　　　　本、محمد صادق عاطفى（Muḥammad Ṣādiq 'Aṭifī）的 2019 年波斯语
　　　　译本>

1988　　Ray Grigg. *The Tao of Being*. Atlanta: Humanics, 1988, 2010;
　　　　Clarendon, VT: Tuttle, 1995.
　　　　<被转译成 Ebba Hamelberg 的 1990 年瑞典语译本、Steen Dahl 和
　　　　Kirsten Mellor 的 1996 年丹麦语译本、Theo Kierdorf 和 Hildegard
　　　　Höhr 的 1996 年德语译本、עליזה רענן（'Alizah Ra'anan）的 1996 年
　　　　希伯来语译本>

1988　　Ray Grigg. *The Tao of Relationships: A Balancing of Man and Woman*.
　　　　Green Dragon Publishing Group, 1988; New York: Bantam Books,
　　　　1989; Singapore: SSMB Pub., 1994; Kuala Lumpur: S. A. Majeed,
　　　　1996; Humanics Ltd, 2010.
　　　　<被转译成 Mark Benninga 的 1989 年荷兰语译本、حديث دهقان（'Askerī
　　　　Pāshāyī）的 1992 年波斯语译本、Esperana Melendez 的 1993 年西

班牙语译本、Per Nyqvist 的 1995 年瑞典语译本、E. Kampmann 的 1995 年意大利语译本、Steen Dahl 的 1997 年丹麦语译本、த. கோவேந்தன்（Ta. Kōvēntan）的 1998 年泰米尔语译本、Beata Moderska 和 Jerzy Moderski 的 2002 年波兰语译本、Arvin Saputra 和 Lyndon Saputra 的 2003 年印度尼西亚译本；被回译成陈苍多（Chen Cangduo）的 1991 年汉语译本>

1993　　Jerry O. Dalton. *Tao Te Ching: A New Approach*. New York: Avon Books, 1993; *Backward Down the Path: A New Approach to the Tao Te Ching*. Atlanta: Humanics, 1994; Kuala Lumpur: Eastern Dragon Press, 1995; Green Dragon Publishing, 1998.

1993　　Gerald Kaminski. *Another Way: The Tao of Lao Tzu*. Belmont, CA: Cove View Press.

1993　　Michael LaTorra. *A Warrior Blends with Life: A Modern Tao*. Berkeley: North Atlantic Books.

1995　　Ray Grigg. *The New Lao Tzu: A Contemporary Tao Te Ching*. Clarendon, VT: Tuttle.

1996　　Sanderson Beck. *The Wisdom Bible: From Ancient China, India, Greece, the Middle East, and Rome*. World Peace Communications, 1996, 2002.

1998　　Yeshe Palden. *The Book of the Way and Virtue*. Santa Cruz, CA: Seven Hawk.

1998　　Jeff Rasmussen. *Spirit of the Tao Te Ching*. Indianapolis, IN: Nisi Sunyyata, 1998, 2000, 2001.

1998　　Andre de Zanger, Judith Morgan. *The Tao of Living on Purpose*. Green Dragon Publishing.
　　　　<被转译成 2003 年 *Tao Kehidupan Yang Bertujuan* 印度尼西亚语译本>

1999　　Richard Degen. *Tao Te Ching for the West*. Chino Valley, AZ: Hohm Press.

2000　　John H. McDonald. *Tao Te Ching*. Washington D.C.: Counterpoint, 2000; New York: Chartwell Books, 2007, 2009; London: Arcturus Publishing, 2010, 2020.
　　　　<被转译成 R. Terrone 者的 2011 年意大利语译本、А. Костенко（A. Kostenko）的 2012 年俄语译本>

2000　　Robert D. Finley. *Tao Te Ching: Poetry and Paradox*. Philadelphia: Xlibris Corporation.

2000　　Robert Van de Weyer. *366 Readings from Taoism and Confucianism*. Cleveland, Ohio: Pilgrim Press, 2000; New Alresford, UK: A. James, 2000; Mumbai: Jaico Publishing House, 2004, 2013.
　　　　<被转译成 Malik Ashfaq 的 2001 年乌尔都语译本、А.В. Солдатов（A.V. Soldatov）的 2009 年俄语译本>

2004　　Curt Dornberg. *Tao Te Ching*. Tucson, AZ: Deer's Run Press.

2004　　Len Losik. *The Tao Te Ching: The Way of the Power*. Woodland, CA: Sanlen Publishing, 2004, 2020.
　　　　{Gumbert}

2005　　Dawn Lianna. *Lao Tzu Now: Lao Tzu Through Dawn Lianna*. Eaglesong Healing, 2005; *Tao Te Ching: The Art of Happiness*. Lightning Source, 2009; Eagle Song Healing, 2012.

2005　　Joseph B. Lumpkin. *The Tao of Thomas*. Blountsville, AL: Fifth Estate.

2005　　Joseph B. Lumpkin. *The Tao Te Ching: A Contemporary Translation*. Blountsville, AL: Fifth Estate.

2006　　Brian Donohue. *Poems of the Universe: Lao Tzu's Tao Te Ching*. Raleigh, NC: Lulu.com.
　　　　{Carmichael}

2006　Ashok Kumar Malhotra. *Wisdom of the Tao Te Ching: The Code of a Spiritual Warrior*. Oneonta, NY: Department of Philosophy, State University of New York College at Oneonta.

2006　Alan Sheets, Barabara Tovey. *The Light with No Shadow*. San Anselmo, CA: New Equations.

2007　Kevin M. Thomas. *Tao Te Ching De-Coded: Book of Wisdom, Path of Virtue*. Bloomington, IN: Xlibris.

2007　Patrick J. Warneka, Timothy H. Warneka. *The Way of Leading People: Unlocking Your Integral Leadership Skills with the Tao Te Ching*. Cleveland, Ohio: Asogomi Publishing International.

2009　John Callahan. *Three Texts: Tao Te Ching, Dhammapada, Bhagavad Gita: New Editions of Three Foundational Texts for Twenty-First Century Practitioners*. Raleigh, NC: Lulu.com.
　　　{Carmichael}

2010　Robert Brookes. *Tao Te Ching: A New Interpretive Translation*. Create-Space.

2010　Dwight Caswell. *Lao-Tzu: Tao Te Ching: A Meditation in Black and White, Selected Chapters*. Astoria, OR: Columbia Arts Press.
　　　{Carmichael}

2010　Jordan Harder. *Dao De Jing*. Northfield, MN: Self-Published.
　　　{Carmichael}

2010　Steven Schroeder, Debby Sou Vei Keng. *A Guest Giving Way Like Ice Melting*: *Thirteen Ways of Looking at Laozi*. Temple, TX: Ink Brush Press.

2011　Stan Atamanchuk. *Tao Te Ching: A Study in the Field of Waves*. Create-Space.

2011　Thomas Early. *The Power of Peace: New Perspectives in Lao Tzu's Tao*

Te Ching. Arcata, CA: Wild Earth Press.
{Carmichael}

2011　　Bruce McCormick. *The Daodejing of Laozi*. Bruce McCormick.

2011　　Florintin Smarandache, Yuhua Fu. *Neutrosophic Interpretation of Tao Te Ching*. Glendale, AZ: Kappa & Omega Chinese Branch.

2011　　Elizabeth Trutwin. *Sacred Galactic Scripture: Tao Te Ching*. Self-Published.
{Carmichael}

2012　　Ian Pollock. *Lao Tzu: Part One*. Southport, UK: Café Royal Books.

2012　　Robert Rosenbaum. *Walking the Way: 81 Zen Encounters with the Tao Te Ching*. Boston, MA: Wisdom Publications, 2012, 2013.

2012　　John Ross. *Tao Te Ching: The Way of Virtue in Leadership and Life*. Xlibris.
{Carmichael}

2012　　M. Joseph Walden. *Daodejing*. Lulu.com.

2012　　Spencer K. Wright. *Understanding the Tao Te Ching*. CreateSpace.
{Carmichael}

2012　　Jeff Young. *The Old Man's Guide to the Virtuous Path: Pocket Edition*. Fulton, MO: Simplified Book Publisher, 2012, 2015.
{Carmichael}

2013　　Aaron Brachfeld. *The Tao Te Ching: The Way of Goodness*. Agate, CO: Coastalfields Press of the Meadowlark Herald.

2013　　David Villano. *Tao Te Ching: The Ageless Book of Wisdom for Readers of All Ages*. Miami, FL: Three Treasures Press.
{Carmichael}

2014　　Rory B. Mackay. *Tao Te Ching: The Ancient Book of Wisdom*. Blue Star

Publishing, 2014, 2017.

2015　Duane Bruner. *The Tao of Empty Space: A Simple, Little Version of the Tao Te Ching*. Chaing Mai, Thailand: Dude Productions, 2015; CreateSpace, 2016.

2015　Dae Ryong. *Tao Te Ching: A Modern Zen Interpretation*. CreateSpace.

2015　Gordon F. Holbein. *Tao Te Ching: The Way of the Sage and the Saint*. CreateSpace.
　　　{Carmichael}

2016　Martyn Crucefix. *Daodejing*. London: Enitharmon Press.

2016　Mindo O. Damalis. *The Book of God* (*Tao Te Ching*). CreateSpace.
　　　{辛红娟}

2016　Crispin Sartwell. *Waterway: A New Translation of the Tao Te Ching, and Introducing the Wu Wei Ching*. CreateSpace.

2017　Marshall Davis. *The Tao of Christ: A Christian Version of the Tao Te Ching*. Self-Pulished.

2017　Gordon Robert Switzer. *Zen Within the Tao-Teh Ching*. Victoria, BC: Ti-Jean Press.

2018　Ashwini Kumar Aggarwal. *Tao Te Ching Brahman*. Patiala, India: The Art of Living Center.

2018　Bradley Kaye. *The Philosophy of Lao Tzu: The Text and Commentary on the Tao Te Ching*. Lewiston: The Edwin Mellen Press.

2018　Bruce R. Linnell. *Lao-zi Dao De Jing*. CreateSpace.
　　　{辛红娟}

2018　Andrew L. McCart. *The Alchemist's Tao Te Ching: Transforming Your Lead into Gold*. CreateSpace.

2019　Akṣapāda. *The Tao of Lao Tzu: Insights from The Father of Taoism.*
　　　Self-Published.
　　　{辛红娟}

2019　Rafael Arturo Herrera. *Tao Te Ching.* Self Published.

2020　R. Joseph Owles. *Everyone's Tao Te Ching: The Tao Te Ching for Those*
　　　of Us Who Just Want to Find the Way. Self-Published.

2020　Seten Tomh. *The Good Path of Laozi.* Lulu.com.

2020　Roger Urban. *Tao Te Ching: The Essential Chapters.* Self-Published.

2021　Wes Richardson. *Tao Te Chinga Tu Madre.* Kindle Edition.

2022　Shunyamurti. *The Dao of the Final Days: An Adaptation of the Dao De*
　　　Jing Designed to Serve Those Facing Apocolyptic Times. Pérez Zeledón,
　　　Costa Rica: Sat Yoga Institute.

21. Esperanto　世界语: 5 种
《老子》原文翻译: 5 种

1939　Yamaga Taiji (山鹿泰治). "Maljuna Majetro." *Tradukita d T. Jamaga.*
　　　Tokyo.

1957　Yamaga Taiji. [unknown]. [unknown], 1957; *Lao-cu-Espernata.* Maeda
　　　Yukinaga PBK bunko, 1962; *Lao-cu-Espernata.* Nakamura Gorō, 1978;
　　　Lao-cu-Espernata. Numazu: Yamaga bunko, 1992.
　　　(山鹿泰治. [unknown]. [unknown], 1957; 『老子直解』. 前田幸長
　　　PBK 文库, 1962; 『老子直解』. 中村吾郎, 1978; 『老子直解』. 沼
　　　津: 山鹿文库, 1992.)
　　　[世界语和日语双语版本]
　　　<被转译成 Eduardo Vivancos 的 1963 年西班牙语译本>

1966　Seiho Nishi (西成甫). *La Laoco: Tao-Te-Ĉing aŭ la libro de moralo,*
　　　1966; Beauville, France: Amika Esperanto, 1996, 2005.

2011　Xu Jin. *Laozi: Hanyu-Shijieyu duizhao.* Beijing: Thread-Binding Books Publishing House.

[徐晋.《老子：汉语、世界语对照》.北京：线装书局.)

[汉语和世界语双语版本]

2012　Wang Chongfang. *Dao De Jing de Laŭzi.* Beijing: Foreign Language Press.

(王崇芳.《道德经》.北京：外文出版社.)

22. Estonian 爱沙尼亚语: 8 种

《老子》原文翻译: 3 种

1979　Linnart Mäll. "Daodejing: Kulgemise väe raamat." *Loomingu Raamatukogu* (*LR*) 27, 1-64.

2001　Jaan Kaplinski. *Daodejing.* Tallinn: Vagabund.

2008　Linndart Mäll, Urmas Lepik. *Dao ja De: Kulg ja vägi.* Tallinn: Aktaprint.

{Walf}

《老子》转译: 2 种

1937　August Wesley. *Dao-De-Džing* (*Tao-Te-King*)*: Tee Jumala juure.* Tallinn: B. Parm.

[以 Walter R. Old 的 1894 年英语译本、Pekka Ervast 的 1925 年芬兰语译本为参考]

{Walf}

2016　Kaido Kangur, Lauri Liiders. *Muuda oma mõtteid—muuda oma elu: Tao tarkuse ellurakendamine.* Tallinn: Pilgrim, 2016, 2017.

[Wayne W. Dyer 的 2007 年 *Change Your Thoughts，Change Your Life* 英语译本的转译]

类型尚未确定的翻译：**3** 种

1995　　Peep Sõber. *Dao õpetus*. Tallinn: Nebadon.

2011　　Tõnn Sarv. *Tee Väe Raamat*. Tallinn: Kirjastus Pilgrim.
　　　　{Gumbert}

2020　　Tõnn Sarv. *Tee Väe Raamat*. Self-Published.
　　　　[Tõnn Sarv 的 2011 年译本的修订本]
　　　　<Tõnn Sarv 自己的 2020 年英语译本以其为参考>

23. Ewe 埃维语：**1** 种
《老子》转译

1993　　*Alesi Amefomea Le Mawu Dimee*. New York: Watch Tower Bible and
　　　　Tract Society of Pennsylvania.
　　　　[Gia-fu Feng 和 Jane English 的 1972 年英语译本的转译，包括第 9
　　　　章、第 16 章、第 25 章、第 51 章的译文]

24. Filipino 菲律宾语：**2** 种
《老子》转译：**1** 种

2012　　E. San Juan, Jr. *Tao Te Ching in Filipino: Landas at Kapangyarihan*.
　　　　Quezon City, Philipines: Popular Bookstore, 2012; CreateSpace, 2015.
　　　　[以 Gregory C. Richter 的 1998 年英语译本、Jonathan Star 的 2001
　　　　年英语译本为参考]

类型尚未确定的翻译：**1** 种

1999　　Florentino T. Timbreza. *Ang Tao Te Ching ni Lao Tzu sa Filipino*.
　　　　Manila: De La Salle University Press.

25. Finnish 芬兰语: **12** 种

《老子》原文翻译: **3** 种

1950　Toivo Koskikallio. *Laotse: Salaisuuksien tie.* Porvoo: WSOY, 1950, 1951, 1963.
　　　<Heikki Saure 的 2013 年芬兰语译本以其为底本>

1986　Pertti Nieminen. *Tao Te Ching.* Helsinki: Tammi, 1986, 1987; Helsinki: Basam Books, 2013.

2017　Tao Lin. *Tao Te Ching.* Helsinki: Arktinen Banaani.

《老子》转译: **8** 种

1907　Pekka Ervast. "Tao-Te-King." *Omatunto.*
　　　[以 Walter R. Old 的 1894 年英语译本为底本]

1925　Pekka Ervast. *Tao-Te-King.* Helsinki: Mystica, 1925; Helsinki: Aatma, 1989; Helsinki: Biokustannus, 2006.
　　　[以 Walter R. Old 的 1894 年英语译本为底本]
　　　<August Wesley 的 1937 年爱沙尼亚语译本以其为参考>

1984　Annikki Arponen. *Dao De Jing: Salaisuuksien tie; Laotsen elämän-viisautta.* Porvoo: WSOY, 1984, 1985.
　　　[Gia-fu Feng 和 Jane English 的 1972 年英语译本的转译]

1998　Harri Paasio, Tuija Turpeinen. *Johtamisen Tao.* Helsinki: Unio Mystica.
　　　[John Heider 的 1984 年 *The Tao of Leadership* 英语译本的转译]

2000　Harri Paasio, Tuija Turpeinen. *Oppimisen Tao.* Helsinki: Unio Mystica.
　　　[Pamela Metz 的 1994 年 *The Tao of Learning* 英语译本的转译]

2000　Harri Paasio, Tuija Turpeinen. *Luovuuden Tao.* Helsinki: Unio Mystica.
　　　[Pamela Metz 的 1997 年 *The Creative Tao* 英语译本的转译]

2001　Minna Maijala. *De Dao Jing: Perustuu Mawangduin teksteihin.* Helsinki: Art House.
　　　[Robert G. Henricks 的 1989 年马王堆帛书本英语译本的转译]

2015   Janne Moilanen. *Aina mahdollisen tiellä*. Tampere: Neijing-koulu.
        [José Luis Padilla Corral 的 1987 年西班牙语译本的转译]

《老子》语内转译：**1** 种
2013   Heikki Saure. *Salaisuuksien tie*. Turku: Sammakko, 2013.
        [以 Toivo Koskikallio 的 1950 年芬兰语译本为底本]

26. French 法语：**107** 种①
《老子》原文翻译：**69** 种
1696   Louis Le Comte. *Nouveaux mémoires sur l'etat present de la Chine,* vol.
        2: 149. Paris: Jean Anisson.
        [第 42 章前几句的翻译]

????   Jean François Foucquet. 老庄合刻精解全编. MS Borg. Cin. 109,
        Biblioteca Apostolica Vaticana.
        (Jean François Foucquet. *Lao-Zhuang heke jingjie quanbian.* MS Borg.
        Cin. 109, Biblioteca Apostolica Vaticana.)
        [笔记包括《老子》译文]

1823   Jean-Pierre Abel Rémusat. *Mémoire sur la vie et les opinions de Lao-
        Tseu.* Paris: L'Imprimerie Royale.
        <Karl Joseph Hieronymus Windischmann 的 1827 年德语译文、G. W.
        F. Hegel 的 1833 年德语译文以此为底本>

1831   G. (Guillaume) Pauthier. *Mémoire sur l'origine et la propagation de la
        doctrine du Tao.* Paris: Imprimerie de Dondey-Dupré.
        [包括第 1 章、第 6 章、第 14 章、第 42 章的翻译]

1833   G. (Guillaume) Pauthier. "De la poésie orientale." *Revue Encyc-
        lopédique*, LVIII, 288-313. Paris: Au bureau de la Revue Encyc-

---

① 华东师范大学的李佳对本语种信息的准确度有贡献，香港中文大学的魏伶珈（Sophie Wei）也
提供 Jean François Foucquet 译本的信息。

lopédique.

[包括第 20 章的翻译]

1837　G. (Guillaume) Pauthier. *Chine ou description historique, géographique et littéraire de ce vaste empire, d'après les documents chinois, première partie,* 111-120. Paris: Firmin Didot, 1837, 1838, 1839.

[包括第 16 章、第 21 章、第 25 章、第 30 章、第 33 章、第 42 章、第 49 章、第 55 章的翻译]

<被转译成 C. A. Mebold 的 1839 年德语译本、Una sociedad literaria 的 1845 年西班牙语译本>

1838　G. (Guillaume) Pauthier. *Le Tao Tao Te King: Ou le livre révéré de la raison suprême et de la virtue, par Lao-Tseu.* Paris: Imprimerie de Dondey-Dupré.

[法语和拉丁语双语节译本，包括包括第 1 章至第 9 章]

1842　Stanislas Julien. *Le Livre de la Voie et de la Vertu.* Paris: L'Imprimerie Royale, 1842; *Tao-Te-King.* Paris: Tchou, 1967; *Tao-tö-king.* Paris: R. Laffont, 1974; *Livre de la Voie et de la Vertu: Composé dans le VIe siècle avant l'ère chrétienne.* Leiden: IDC, 1986; *Daode-King: Le Livre de la Voie et de la Vertu.* Nice: Z'éditions, 1997; *Tao-Te-King: Le Livre de la Voie et de la Vertu.* Paris: EJL, 2005; *Tao Te King: Livre de la Voie et de la Vertu* (1842). Whitefish, MT: Kessinger Pub., 2011; *Tao-Te-King: Le Livre de la Voie et de la Vertu.* Paris: Librio, 2012; *Tao-te-king.* Vanves, France: Marabout, 2016, 2017.

[以《老子河上公章句》《老子翼》《老子集解》等注本为底本]

<被转译成 1842 年«Лао-цзы и его учение»（"Lao-czy i ego učenie"）俄语译文、1859 年 "The Book of the Way and of Virtue" 英语译本、Nicolae Constantinescu 的 1992 年罗马尼亚语译本；Л.Н. Толстой（L.N. Tolstoj）的 1884 年俄语译本以其为底本；John Chalmers 的 1868 年英语译本、Victor von Strauss 的 1870 年德语译本、Františka Čupr 的 1878 年捷克语译本、Flavio Rigonat 的 2019 年塞尔维亚语译本以其为参考>

1891   Charles-Joseph de Harlez. *Textes Tâoïstes*. Paris: Ernest Leroux.

1894   Albert de Pouvourville (Matgioï). *Le Tao de Laotseu*. Paris: Librarie de
        L'art indépendant, 1894; *Le Tao selon Matgioï ou Comment gouverner
        votre vie*. Paris: MdV, 2011.

1900   Alexandre Ular. "Le Livre de la Voie et de la Ligne-droite." *La Revue
        blanche* 22, 338-350, 421-435.

1902   Alexander Ular. *Le Livre des la voie et de la ligne droite*. Paris: Éditions
        des la revue blanche, 1902; Wassenaar: Friedlaender, 1939 (法语和德
        语双语版本).
        <被转译成 Edmundo Montagne 的 1916 年西班牙语译本、Կ. Մ.
        Չավտարեան（K.M. Ch'avtaryan）的 1919 年亚美尼亚语译本、Nik
        Marcel 的 2017 年英语译本；Julius Evola 的 1923 年意大利语译本、
        Nik Marcel 的 2017 年法语译本以其为底本；Alexander Ular 自己的
        1903 年德语译本以其为参考>

1906   Léon Wieger. *Textes Philosophiques*. Impremerie de la mission
        catholique, 1906; Ho-kien fu: Impremerie de Hien-hien, 1930.

1907   Albert de Pouvourville (Matgioï). *La Voie Rationnelle*. Paris: Lucien
        Bodin, 1907; Les Éditions Traditionelles, 1941, 1976, 1984.
        <Jan Lemański 的 1921 年波兰语译本以其为参考>

1909   Jules Besse. *Lao-Tseu*. Paris: Ernest Leroux.

1911   Henri Cordier. *Lao-Tseu: Extrait de la Bibliothèque de vulgarisation du
        Musée Guimet*. Chalon-sur-Saône.

1913   Léon Wieger. *Taoïsme, Tome II: Le Pères du système Taoïste*. Paris:
        Société d'édition Les Belles Lettres, 1913, 1950, 1983; *Tao-Tê-King*.
        Monaco/Paris: Éd. du Rocher, 1991; *Le véritable Tao Te King*. Mon-
        aco/Paris: Éd. du Rocher, 2002.
        <被转译成 Derek Bryce 的 1984 年英语译本、Gloria Peradejordi 的
        1986 年西班牙语译本、Chiara Carminati 的 1994 年意大利语译本、

Jesús Cabanillas 的 1995 年西班牙语译本、P. Nutrizio 的 2013 年意大利语译本、L. C. Kotlar 的 2017 年英语译本>

1923　Pierre Salet. *Le Livre de la Voie et de la Vertu: Tao Te King de Lao Tseu.* Paris: Payot & Cie.

1933　Sung-nien Hsu. *Anthologie de la littérature chinoise des origines à nos jours.* Paris: Librairie Delagrave.

1934　R. M. Pedretti. *Tao-teh-king.* Paris: Chez Pad.

1946　Kia-Tcheng Houang, Pierre Leyris. "Essai de traduction poétique du Tao Te King (I-XXI)." *Fontaine* (March 1946).

1949　Kia-Tcheng Houang, Pierre Leyris. *La Voie et sa Vertu.* Paris: Éditions du Seuil, 1949, 1979, 2004, 2009.

1951　Marc Haven, Daniel Nazir. *Tao Te King: Le Livre du Tao et de sa Vertu; Traduction suivie d'Aperçus sur les Enseignements de Lao Tseu.* Lyon: Paul Derain, 1951; Paris: Club des libraires de France, 1958; Paris: Dervy-livres, 1969, 1973, 1978, 1988, 1994, 1996.
　　　　<被转译成 سودابه فضايلى（Sūdābah Fażāylī）的 2005 年波斯语译本>

1953　J. J. L. Duyvendak. *Tao Tö King: Le livre de la Voie et de la Vertu.* Paris: Librairie d'Amérique & d'Orient, 1953, 1975, 1987; Chicoutimi: J.-M. Tremblay, 2006.
　　　　[以 J. J. L. Duyvendak 自己的 1941 年荷兰语译本为参考]
　　　　<被转译成 Anna Devoto 的 1973 年意大利语译本、J. J. López 的 1999 年西班牙语译本>

1955　René Brémond. *La sagesse chinoise selon le Tao.* Paris: Librairie Plon.

1955　Paule Reuss. *Le Tao: Tao Te Ching de Lao Tseu.* Angers: Au Masque d'Or.

1962　Jacques Lionnet. *Tao Te King: Traité sur le principe et l'art de la vie des vieux maitres de la Chine.* Paris: Adrien-Maisonneuve.

1962　Saint-Rémy. *Tao Te King ou la jonction suprême*. Anvers: Librairie des Arts.

　　　<Van Reìmy de Muynck 自己的 1975 年荷兰语译本以其为参考>

1963　Armel Guerne. *Tao Tê King*. Paris: Le Club Français du Livre.

1965　Max Kaltenmark. *Lao Tseu et le taoïsme*. Paris: Editions du Seuil.

1967　Kia-hway Liou (刘家槐). *Tao-Tö King*. Paris: Gallimard, 1967, 1969, 1990, 2002, 2003; *Philosophes taoïstes*. Paris: Gallimard, 1980, 2006.

　　　<被转译成 Vedat Gülşen Üretürk 的 1980 年土耳其语译本、Vladimir Balvanović 的 2000 年克罗地亚语译本、Frans Boenders 的 2015 年德语译本；Jean Puijalon 的 2018 年法语译本以其为参考>

1973　André Berry. *Entretiens de Confucius, Tao Tö King*. Bièvres: P. de Tartas, 1973; *Sagesses chinoises: Coffret 3 volumes; Les Entretiens de Confucius, Tao-tö king de Lao-tseu, Sur le destin et autres textes de Lie-tseu*. Paris: Éditions Gallimard, 2009.

1974　Joseph L. Liu. *Le Tao et la Vertu*. Montréal: Parti Pris.

1977　Claude Larre. *Tao Te King: Le livre de la Voie et de la Vertu*. Paris: Desclée De Brouwer, 1977, 1984, 1994; *Dao De Jing: Le livre de la Voie et de la Vertu*. Paris: Desclée De Brouwer, 2002, 2015, 2019.

　　　<被转译成 F. Berera 的 1993 年意大利语译本>

1977　Isabelle Robinet. "Les commentaires du *Tao Te King* jusqu'au VIIe siècle." Paris: Institut des hautes études chinoises.

1984　Bernard Botturi. *Tao-tö king: La tradition du Tao et de sa sagesse*. Paris: Les Editions du cerf.

　　　<Jean Puijalon 的 2018 年法语译本以其为参考>

1984　Ma Kou. *Tao Te King: Lao tseu*. Paris: Albin Michel, 1984, 2010.

1985　Henry Normand. *Les Maîtres du Tao: Lao-tseu, Lie-tseu, Tchouang-tseu*. Paris: Éditions du Félin.

<被转译成 Emanuela Costa 的 1988 年意大利语译本、Maria Stela Gonçalves 的 1988 年葡萄牙语译本、L. W. Carp 的 2000 年荷兰语译本>

1987　Daniel Giraud. *I Ching-Tao Te Ching*. Paris: Le Courrier du Livre, 1987, 1989.

1990　Conradin von Lauer. *Tao Tö King*: *Le Livre de la Voie et de la Vertu*. Paris: J. de Bonnot.

1993　Wing fun Cheng, Hervé Collet. *Le vieux sage: Lao Tzu de l'accord au cours des choses*. Millemont: Moundarren.

1996　Jiang Cheng'an. *Laozi*. Beijing: Les Livres du Dauphin.

1996　Stanislas Julien, Catherine Despeux. *Tao Te King: Ou le livre de la Voie et de la Vertu*. Editions Mille et une nuits, 1996, 2000.

1998　Yang Shu'an. *Laozi*. Collection Panda.

2000　Xiao Min Feng. *Lau Tseu: La Voie du Tao*. Paris: Éditions Alternatives, 2000; Paris: le Grand livre du mois, 2001.

2002　Marcel Conche. *Tao Te King*. Paris: Presses Universitaires de France.

2002　Eulalie Steens. *Le véritable Tao Te King*. Monaco: Éditions du Rocher, 2002, 2006.
　　　[马王堆帛书本的翻译]

2003　Agatha Miller. *Tao Te King: Le livre de la Voie et de la Vertu*. Montréal: Les Éditions Québec-Livres, 2003, 2016.

2004　Henning Strøm. *Livre de la Voie et de la Vertu: Laozi—Dao De Jing à l'usage des acupuncteurs*. Paris: Éditions You Feng.

2006　Gilbert-Georges Coudret, Philippe Denis "Le livre du Tao: *Tao Tö King (Dao De Jing)*; De l'efficience de la voie (ch. 1-27)." *Conférence* 23(Autumn); "Le livre du Tao (II): *Tao Tö King (Dao De Jing)*; De l'efficience de la voie (II) (ch. 28-54)." *Conférence* 24(Spring); "Le livre du Tao (III): *Tao Tö King* (*Dao De Jing*); De l'efficience de la voie (III) (ch. 55-81)." *Conférence* 25(Autumn).

2008　Rémi Mathieu. *Le Daode jing: Classique de la voie et de son efficience*. Entrelacs, 2008; *La danse de l'encre: Lao tseu Tao te king*. Paris: Guy Trédaniel, 2009.
[王弼本、马王堆帛书本、郭店竹简本的翻译]

2009　Gilbert-Georges Coudret, Philippe Denis. *Tao Tö King: De l'efficience de la Voie*. Trocy-en-Multien: Éditions de la revue Conférence.

2009　Jean Lévi. *Le Lao-Tseu: Suivi des Quatre Canons de l'empereur Jaune*. Paris: Albin Michel, 2009, 2017.
[马王堆帛书本、郭店竹简本的翻译]
<被转译成 Jody Gladding 的 2011 年英语译本>

2009　Lü Hua. *Laozi*. Beijing: Éditions d'enseignement et de recherche des langues étrangères.
(吕华.《老子》.北京：外语教学与研究出版社.)

2009　Zhou Jinghong. *Dao De Jing de Lao Zi: Énergie originelle*. Paris: Éditions You Feng, 2009, 2013.

2010　Catherine Despeux. *Lao-tseu*. Paris: Entrelacs.

2010　Alexis Lavis. *La voie du Tao*. Paris: Agora.

2011　Daniel Giraud. *Tao Te King: Le livre de la Voie et de la Conduite*. Paris: l'Harmattan.

2012　Alain Castets. *Le Tao et son pouvoir d'amour: Une nouvelle interprétation du Tao-Te-King*. Gap: Souffle d'Or.

2013　Claire Sachsé Fontaine. *Tao Te King*. Vincennes: Ed. La Fontaine de Pierre.

2013　Alain Menhard. *Tao Te King: Voie de souveraineté*. Paris: Books on demand, DL.

2014　Laure Chen. *Daodejing: Canon de la voie et de la vertu*. Paris: Desclée de Brouwer.

2015　Guy Massat, Arthur Rivas. *Tao Te King: Le livre du Tao*. Sucy-en-Brie: Anfortas.

2016　Guy Massat, Arthur Rivas. *Traité des pouvoirs de la voix véritable: La septième fonction performative du langage*. Paris: l'Harmattan.

2017　Guo Bingsen, Edith Guba. *Lao Zi, Dao De Jing: Zhongwen-Français-Deutsch*. St. Andreasberg: Daoyuan Verlag.
　　　　[中法德三种语言的版本]

2020　Stéphane Barbery (kuma). *La Route: Selon l'vieux; Une traduction souriante du Tao*. Self-Published.

2020　Israel Nazir. *Le Tao Te King: Les écrits de maître Lao sur le Voie de la Vertu*. Self-Published.

2020　Pascal Pouzet. *Regard sur une sagesse millénaire: Le Dao De Jing; Le livre de la Voie et de la Vertu*. Librinova.com.

2021　Anatoly Savrukhin. *Le traité de Lao Tseu "Tao Te Ching" sur l'harmonie entre la nature et la société: traduction du chinois ancien, analyse et commentaire*. Chisinau, Moldova: Editions Notre Savoir.
　　　　<与 Anatoly Savrukhin 的 2021 年英语译本、2021 年荷兰语译本、2021 年德语译本、2021 年意大利语译本、2021 年波兰语译本、2021 年葡萄牙语译本为配套>

《老子》转译: **22** 种

1701　Louis Champion de Cicé. *Traité sur quelques points de la religion des Chinois*, 38. Paris: Louis Guerin.
　　　　[Niccolò Longobardo 的 1623 年葡萄牙语译文的转译，包括第 42 章

前几句]

Wenchao Li, Hans Poser. *Discours Sur La Theologie Naturelle Des Chinois* (*Veroffentlichungen Des Leibniz-Archivs*). Frankfurt: Verlag Vittorio Klostermann, 2002.

[这重印包括 Gottfried Wilhelm Leibniz 关于礼仪之争的信封的翻译]

1735   Christian Kortholt. *Viri illustris Godefridi Guil. Leibnitii Epistolae ad diversos, Quo res mathematicae et philosophicae praecipvae philosophia sinica data opera pertractantvr*. Volvmen II, 330-331. Lipsiae: B. C. Breitkopf.

[Niccolò Longobardo 的 1623 年葡萄牙语译文的转译，包括第 42 章前几句，也包括 Gottfried Wilhelm Leibniz 关于礼仪之争的信件的翻译]

1878   Augustine Bonnetty, Paul Perny. *Vestiges des principaux dogmes chrétiens tirés des anciens livre chinois*. Paris: Bureau des Annales de Philosophie Chrétienne.

[Joseph de Prémare 的 1725 年拉丁语译文的转译，包括第 42 章和第 14 章几句]

1966   Annie Mesritz, Léon Thoorens. *Sagesse de la Chine*. Paris: L'inter, 1966; Verviers, Belgique: Éditions Gérard & Co., Bibliothèque Marabout Université, 1966, 1974.

[H. van Praag 的 1959 年荷兰语译本的转译]

1974   Étienne Perrot. *Tao-Te-King*. Paris: Librairie de Médicis, 1974, 1992, 2001, 2003, 2007, 2010.

[Richard Wilhelm 的 1911 年德语译本的转译]

1992   *La gnose chinoise: Commentaires du Tao Te King*. Haarlem: Rozekruis Pers.

[Jan van Rijckenborgh, Catharose de Petri 的 1987 年荷兰语译本的转译]

1995   Christine Lecoutre. *Le Tao de la guérison*. Plazac: Amrita.

[Haven Trevino 的 1993 年 *The Tao of Healing* 英语译本的转译]

1996 Françoise Forest. *Le Tao de la maternité*. Sherbrooke, Québec: Éditions Cogito.
[Vimala Schneider McClure 的 1991 年英语译本的转译]

1998 Serge Mairet. *Lao Tseu: "Mes mots sont faciles à comprendre": Conférences sur le Tao Te King*. Paris: Courrier du livre, 1998, 2004, 2012.
[Tam C. Gibbs 的 1981 年英语译本的转译]

2000 Gérard Leconte. *Le Tao*. Paris: Guy Trédaniel Éditeur.
[Eva Wong 的 1996 年 *Teachings of the Tao* 英语译本的转译]

2004 Claire S. Fontaine. *Tao Te Ching: Le célèbre texte taoïste présenté sur 81 cartes*. Paris: Le Courrier du Livre.
[Chao-Hsiu Chen 的 2004 年 *Tao Te Ching Cards* 英语译本的转译]

2004 Christine Lefranc. *Porte ouverte sur toutes les merveilles: Application du Tao Te Ching*. Paris: G. Trédaniel.
[Mantak Chia 和 Tao Huang 的 2001 年 *Door to All Wonders: Application of the Tao Te Ching* 英语译本的转译]

2008 Benoît Labayle. *Tao Te King: Un voyage illustré*. Paris: Synchronique Éditions, 2008, 2012, 2015.
[Stephen Mitchell 的 1988 年英语译本的转译]

2008 Christian Lirette. *Tao Te King*. Lakefield, Ontario: New Atlanteans, 2008, 2011.
[Vladimir Antonov 的 2007 年英语译本的转译]

2009 Éric Villeroc. *Vivre la Sagesse du Tao: Le Tao Te King traduit et commenté par Wayne W. Dyer*. Paris: Guy Trédaniel, 2009; *Intérioriser et vivre le Tao Te King: Une nouvelle façon de penser, une nouvelle manière d'Etre*. Paris: Guy Trédaniel. 2013.
[Wayne W. Dyer 的 2007 年 *Change Your Thoughts, Change Your Life* 英语译本的转译]

2012 Anasuya. *Le Tao Radical*. Paris: Éditions Accarias l'originel.

[Karl Renz 的 2010 年德语译本的转译]

2012　Célin Vuraler. *Le Tao Te King du couple*. Paris: Synchronique, 2012, 2014, 2019.

[William Martin 的 1999 年 *The Couple's Tao Te Ching* 英语译本的转译]

2014　Christian Hallé. *Changez vos pensées, changez votre vie: La sagesse du Tao*. Paris: J'ai lu.

[Wayne W. Dyer 的 2007 年 *Change Your Thoughts, Change Your Life* 英语译本的转译]

2015　Aurélien Clause. *Le Tao Te King du bel âge*. Paris: Synchronique, 2015, 2019.

[William Martin 的 2000 年 *The Sage's Tao Te Ching* 英语译本的转译]

2016　Christine Destruhaut. *Tao Te King, Dao De Jing: La voie de la bonté et du pouvoir*. Paris: Guy Trédaniel.

[James Trapp 的 2015 年英语译本的转译]

2017　Antonia Leibovici. *Tao Te Ching*. Paris: Guy Trédaniel.

[英语译本的转译]

2019　Célin Vuraler. *Le Tao Te King des parents*. L'Haÿ-les-Roses: Synchronique éditions.

[William Martin 的 1999 年 *The Parent's Tao Te Ching* 英语译本的转译]

《老子》语内转译: 7 种

1957　J. de Kermorel (Kermor). *Vertu du Tao: Libre interprétation du "Tao te king" de Lao Tseu; D'après des traductions diverses*. Paris, 1957; *Pseudo Lao-Tseu: Vertu du Tao*. Paris, 1964.

2013　Christian Gaudin. *Le Tao des chats*. Paris: Les Éditions du Relié.

2015　　J.M. Allain. *Tao Tö King: Réinterprétation, commentaires, remise en perspective au point de vue Esotérique*. Amazon Digital Service.

2017　　Nik Marcel. *Tao Te Ching (for Novices): English to French*. Create-Space, 2017; *Tao Te Ching (for Novices): French to English*. Create-Space, 2017.
　　　　[以 Alexander Ular 的 1902 年法语译本为底本]
　　　　[英法双语译本]

2018　　Jean Puijalon. *Tao t'es King: Sémantique Générale et Stratégie Non-Agir*. Institut Diamant.
　　　　[以 Kia-hway Liou 的 1967 年、Bernard Botturi 的 1984 年等四种法语译本为参考]

2019　　Yvon Boulianne. *Tao Te Ching: Le Grand Livre de la Perfection*. Self-Published.
　　　　[以十种法语译本为底本]

2019　　Pascale Polizzi. *Tao-Te-King du Verseau*. Lulu.com.

类型尚未确定的翻译: **9** 种

1952　　Evrard de Rouvre. *Tao Te King*. Paris: Vrille.

1957　　Jean Grenier. *L'esprit du Tao*. Paris: Flammarion, 1957, 1973.

1991　　Natarajan. *L'enseignement secret de Lao-Tseu*. Genève: Éditions Hélios, 1991; *Lao Tsu: Mise à jour de la Voie intégrale*. Montdragon: Éditions Hélios, 1998.

1991　　*Tao Te King: Le livre du Tao et de la méditation*. Crissy-Beaubourg: Dervy.

1993　　Daniel Laguitton. *La voie du coeur selon un sage: Une interprétation du Tao Te King de Lao-Tseu*. Ottowa: Daniel Laguitton.

1995　　Marc de Smedt. *Paroles du Tao*. Paris: Albin Michel, 1995; Vevey:

Éditions Mondo, 1997.

<被转译成荒俣宏（Aramata Hiroshi）的 1996 年日语译本、John O'Toole 的 1996 年英语译本、Franz Derdak 的 1997 年德语译本>

2007   Didier Gonin. *Réussir sa vie avec le Tao*. Paris: Albin Michel.

2009   Jean-Claude Lebensztejn. *Lao Tseu: Le canon de la voie et de la vertue*. Courbevoie: Théâtre Typographique.

2013   Antoine de Vial. *Tao Te King*. Paris: Orizons.

27. Frisian 弗利然语：1 种
《老子》原文翻译
2015   Eric Hoekstra. *Tao Te Ching: It Boek fan de Wei en de Deugd*. Leeuwarden: Elikser.

<与 Eric Hoekstra 的 2015 年荷兰语译本为配套>

28. Ga 加语：1 种
《老子》转译
1990   *Taomɔ*. New York: Watch Tower Bible and Tract Society of Pennsylvania.

[Gia-fu Feng 和 Jane English 的 1972 年英语译本的转译，包括第 9 章、第 16 章、第 25 章、第 51 章的译文]

29. Galician 加里西亚语：1 种
类型尚未确定的翻译
2006   Xosé Lois García. *Tao Te King de Lao Tse*. Noia, La Coruña: Toxosoutos.

30. Georgian 格鲁吉亚语: 1 种①

类型尚未确定的翻译

1983　ლერი ალიმონაკი. „დაო დე ძინი." თბილისი: ოჩოპინტრეს, 1983; თბილისი: განათლება, 1990; თბილისი: ხომლი, 1999; თბილისი: ადაპტი, 2013; თბილისი: OCHO books, 2016; თბილისი: Carpe diem, 2019, 2020.

（Leri Alimonak'i. *Dao de Dzini*. Tbilisi: Ochop'int'res, 1983; Tbilisi: Ganatleba, 1990; Tbilisi: Khomli, 1999; Tbilisi: Adap't'i, 2013; Tbilisi: OCHO books, 2016; Tbilisi: Carpe diem, 2019, 2020.）

31. German 德语: 178 种

《老子》原文翻译: 85 种

1863　Johann Heinrich Plath. "Proben chinesischer Weisheit nach dem Ming sin pao kien," 64, 166, 172, 175. *Sitzungsberichte der philosophisch-philologische Classe der Bayerischen Akademie der Wissenschaften München* 2.

［范立本 1393 年《明心宝鉴》的节译本，包括《老子》第 27 章、第 78 章、第 73 章、第 24 章、第 28 章的译文］

1869　Victor von Strauss. "Das vierzehnte Kapitel des Taò-tě-kīng von Laò-tsè." *Zeit. D. M. G.* 13, 473-483.

［第 14 章的翻译］

1870　Reinhold von Plaenckner. *Lao-Tse Táo-Tě-King: Der Weg zur Tugend*. Leipzig: F. A. Brockhaus.

<被转译成 Františka Čupr 的 1878 年捷克语译本>

1870　Victor von Strauss. *Laò-Tsè's Taò Tě Kīng*. Leipzig: Verlag Friedrich Fleischer, 1870, 1924; Zürich: Manesse Verlag, 1959, 2004.

［以 Stanislas Julien 的 1842 年法语译本为参考］

---

① 伦敦大学亚非学院（School of Oriental and African Studies, University of London）的乔治·休伊特（George Hewitt）为此语种信息的校对人。

<被转译成 Frederik Willem Merens 的 1875 年荷兰语译本；Adolf Kolmodin 的 1888 年瑞典语译本以其为底本；Wilhelm Folkert 的 1963 年德语译本、1973 年 *Lao tse Tao* 德语译本、Theodor Scheufele 的 1978 年德语译本、Jan Philipp Reemtsma 的 2017 年德语译本以其为参考>

1888　Friedrich Wilhelm Noak. *Taótekking von Laotsee*. Berlin: Carl Duncker's Verlag.

1903　Rudolf Dvorak. *Lao-tsï und seine Lehre*. Münster: Aschendorffsche Buchhandlung.
　　　<Rudolf Dvořák 自己的 1920 年捷克语译本以其为参考>

1903　Alexander Ular. *Die Bahn und der rechte Weg des Lao-Tse*. Leipzig: Insel-Verlag, 1903, 1912, 1917, 1919, 1920, 1923, 1938, 1976; Wassenaar: Friedlaender, 1939 (法语和德语双语版本); Egelsbach/Köln/New York: Hänsel-Hohenhausen, 1993.
　　　[以 Alexander Ular 自己的 1902 年法语译本为参考]
　　　<被转译成 Sumner Crosby 的 1903 年英语译本；C. van Dijk 的 1933 年荷兰语译本、Martin Heidegger 的 1943 年德语译本、Tankred Schneller 的 1961 年德语译本、Hubert Braunsperger 的 1992 年德语译本以其为底本；Carl Dallago 的 1915 年德语译本、Robert Brasch 的 1932 年德语译本、Wilhelm Zaiss 的 1935 年德语译本以其为参考>

1910　Julius Grill. *Lao-tszes Buch vom höchsten Wesen und vom höchsten Gut*. Tübingen: Verlag von J. C. B. Mohr.

1911　Richard Wilhelm. *Tao Te King: Das Buch des Alten vom Sinn und Leben*. Jena: Eugen Diederichs Verlag, 1911, 1915, 1919, 1921, 1923, 1941, 1952; Darmstatt: Otto Reichl Verlag, 1922; Stuttgart: Fr. Frommanns Verlag, 1925, 1948; Düsseldorf: Diederichs, 1957, 1972, 1974; Stuttgart: Der Druckspiegel Verlag, 1964; Zürich: Ex Libris, 1972, 1976; Biering: Grafischen Betriebe, 1992; *Tao te king: Das Buch vom Weg des Lebens*. Atlantis, 1999; München: Atmosphären Verlag, 2004;

München/ Zürich: Piper, 2005; Darmstadt: Flexible Literature, 2005; Altenmünster: Jazzybee Verlag, 2012; Köln: Anaconda Verlag, 2014; *Laozi*. Beijing: Foreign Language Teaching and Research Press, 2009.

<被转译成 Étienne Perrot 的 1974 年法语译本、Margit Martincic 的 1978 年葡萄牙语译本、Antoni Roig 的 1984 年加泰罗尼亚语译本、Vilnis Zariņš 的 1986 年拉脱维亚语译本、Pedro Lozano Mitter 的 1988 年西班牙语译本、Marie Wohlfeil 和 Manuel P. Esteba 的 1989 年西班牙语译本、H. G. Ostwald 的 2015 年英语译本、Anna Carbone 的 2002 年意大利语译本、Ana Bešlić 和 Dragan Paripović 的 2005 年塞尔维亚语译本；Alfred Henschke 的 1921 年德语译本、Josef Tiefenbacher 的 1948 年德语译本、Franz Baumann 的 2009 年德语译本、Bodo Kirchner 的 2011 年德语译本、Eckart Dedekind 的 2012 年德语译本以其为底本；Carl Dallago 的 1915 年德语译本、Robert Brasch 的 1932 年德语译本、Ernst Schröder 的 1934 年德语译本、Wilhelm Zaiss 的 1935 年德语译本、Wilhelm Folkert 的 1963 年德语译本、1973 年 *Lao tse Tao* 德语译本、Theodor Scheufele 的 1978 年德语译本、Jan Philipp Reemtsma 的 2017 年德语译本以其为参考>

1914　Johannes Hesse. *Lao-tsze, ein vorchristlicher Wahrheitszeuge*. Basel: Verlag der Basler Missionsbuchhandlung.

1918　Johann Jakob Maria de Groot. *Universismus: Die Grundlage der Religion und Ethik, des Staatswesens und der Wissenschaften Chinas*. Berlin: Verlag Georg Reimer.
　　　[第 3 章、第 7 章、第 15 章、第 34 章、第 48 章、第 66 章的翻译]

1920　Hans Haas. *Weisheitsworte des Lao-tsze*. Leipzig: J. C. Hinrich'sche Buchhandlung.

1927　Curt Böttger. *Tao und Teh: Jenseits und Diesseits, Die Sinnsprüche des Laotse*. Pfullingen in Württemberg: Johannes Baum Verlag.

1927　John Gustav Weiß. *Lao Tse: Tao-te-king*. Leipzig: P. Reclam Verlag jun.
　　　[以 John Gustav Weiss 自己的 1923 年英语译本为参考]

<Robert Brasch 的 1932 年德语译本、Ernst Schröder 的 1934 年德语译本、Wilhelm Zaiss 的 1935 年德语译本以其为参考>

1941　　Franz Esser. *Lau Dse, Dau Do Djing*: *Des alten Meisters Kanon vom Weltgesetz und seinem Wirken*. Peking: Verlag der Pekinger Pappelinsel.

1941　　Erwin Rousselle. "Lau-dse: Dau-de-ging." *Il Marco Polo* 7, 87-92; *Il Marco Polo* 8, 69-93.
　　　　<与 Erwin Rousselle 的 1941 年意大利语译本为配套>

1942　　Vincenz Hundhausen. *Lau-dse: Das Eine als Weltgesetz und Vorbild*. Peking: Verlag der Pekinger Pappelinsel, 1942, 1948.

1942　　Erwin Rousselle. *Lau-dse: Führung und Kraft aus der Ewigkeit* (*Dau-Dö-Ging*). Leipzig: Insel Verlag, 1942, 1946, 1950, 1952, 1985; Frankfurt am Main: Insel-Verlag, 1995, 2002.

1942　　Kurt Wulff, Victor Dantzer. *Acht Kapitel des Tao-tê-king*. Kæbenhavn: E. Munksgaard.

1945　　O. Sumitomo. *Laotse Tao-Te-King: Die Weisheit des Ostens*. Zürich: Werner Classen Verlag, 1945; *Tao-Te-King: Auswahl*. Reims, France: Selbstverlag, 1946.

1947　　Martin Heidegger. ["Letter to Paul Shih-yi Hsiao"]. Reprinted in Paul Shih-yi Hsiao. "Heidegger and our Translation of the *Tao Te Ching*." *Heidegger and Asian thought*, 102-103. Honolulu: University of Hawaii Press, 1987.
　　　　[包括第 15 章的译文]

1947　　Haymo Kremsmayer. *Tao Te King: Das Buch des Alten vom Weltgrund und der Weltweise*. Salzburg, Austria: Jgonta Verlag.

1948　　Ferdinand von Holzmann. *Kleines Laotse-Brevier: Zur Stärkung und Erleuchtung des Herzens in der Bedrängnis des Tages zusammengest.* Heidelberg, 1948; Hamburg: Holzmann, 1950, 1955.

1949　Rudolf Backofen. *Lao-Tse: Tao-Te-King*. Thielle and Neuchatel, Switzerland: Verlag Fankhauser, 1949; München: Drei-Eichen-Verlag H. Kissener, 1970, 1984; *Tao-Te-King: Das Buch vom Unergründbaren*. Hammelburg: Drei-Eichen-Verlag, 2014.

1950　Andre Eckardt. *Das Buch von der grossen Weisheit: Laotse; Tao Te King*. Frankfurt am Main: Verlag August Lutzeyer GmbH, Baden-Baden, 1950, 1956, 1957.
　　　<Wilhelm Folkert 的 1963 年德语译本以其为参考>

1951　Anna von Rottauscher, Heinrich Tieck. *Wenn ein Blatt sich bewegt, kann auch der Ast erzittern: Gedanken chinesischer Weiser*. Walter Scheuermann Verlag, 1951; Salzburg: Bergland-Buch, 1974.

1952　Edwin Müller. *Lao-Tse Tao-Te-King: Älteste und Lehrer als Führer zum Wege Gottes und zum echten Leben*. Bühl-Baden: Verlag Konkordia AG.

1961　Günther Debon. *Lao-Tse Tao-Te-King*. Stuttgart: Philipp Reclam jun. GmbH & Co., 1961, 1967, 1979, 1981, 1997, 2014; *Daodejing: Das Buch vom Weg und von der Tugend*. Stuttgart: Philipp Reclam jun. GmbH & Co., 2020, 2021.
　　　<被转译成 عبد الغفار مكاوي （'Abd al-Ghafār Makāwi）的 1966 年阿拉伯语译本；Theodor Scheufele 的 1978 德语译本、Jan Philipp Reemtsma 的 2017 德语译本以其为参考>

1961　Karl Otto Schmidt. *Lao-Tse Tao-Teh-King: Weg-Weisung zur Wirklichkeit*. Pfullingen and Württemberg: Baum-Verlag, 1961; Ergolding: Drei-Eichen-Verlag, 1990, 1996.
　　　<被转译成 Leone Muller 的 1975 年英语译本>

1962　Jan Ulenbrook. *Lau Dse Dau Dö Djing: Das Buch vom rechten Wege und von der rechten Gesinnung*. Bremen: Carl Schünemann Verlag, 1962, 1969; *Tao Tê King: Das Buch vom rechten Wege und von der rechten Gesinnung*. Frankfurt am Main/Berlin: Ullstein, 1980, 1981, 1986, 1990, 1996.

1970　Ernst Schwarz. *Laudse: Daudedsching*. Leipzig: Verlag Philipp Reclam Junior, 1970, 1973, 1978; Deutscher Tachenbuch Verlag, 1980; München: Kösel, 1995.

1978　Reinhold Knick. *Lao Tse: Tao-Te-King*. Darmstadt: Verlag Darmstädter Blätter, 1978, 1988.

1981　Tsutomu Itoh（伊東勉）. *Lao-tse Tao-Teh-King*. Gifu-City, Japan: Selbstverlag.

1981　Mondrian W. Graf von Lüttichau. *Das Buch des Li Be-jang, genannt Lao Tse*. Heidelberg: Verlag Autonomie und Chaos.

1982　Eberhard Cold. *Lao tse Tao Te Ching: Das Buch des Alten Meisters vom Tao und der Demut*. Königstein: Sophia.

1985　Hans Knospe, Odette Brändli. *Lao Tse: Tao-Te-King*. Zürich, Switerland: Diogenes Verlag, 1985, 1990, 1994, 1996, 2008.
　　　<Jan Philipp Reemtsma 的 2017 年德语译本以其为参考>

1985　Edgar Wüpper. *Laotse: Der alte Mann und die Sprüche*. Kiel: Chiva. {Walf}

1986　Hans Christian Meiser. *Lao-Tse ausgewählte Texte*. Müchen: Goldmann Verlag.

1988　Wolfgang Kopp (Zensho W. Kopp). *Lao Tse Tao-Te-King: Das heilige Buch vom Tao und der wahren Tugend*. Interlaken, Switzerland: Ansata-Verlag, 1988, 1992; Darmstadt: Schirner Verlag, 2010; tao.de in J. Kamphausen, 2016.
　　　<被转译成 Ignacio Vega 的 2016 年西班牙语译本；Zensho W. Kopp 自己的 2011 年英语译本、Eckart Dedekind 的 2012 年德语译本以其为参考>

1992　Hans Knospe. *Lao Tse: Tao Te King*. Frankfurt am Main: Horizonte Verlag.

[Hans Knospe 的 1984 年译本的修订本]

1994　Gerhard Riemann. *Tao (Lao-tzu: Tao-te-king; Chuang-tzu: Innere Leh-ren)*. München: Droemer Knaur.

1995　Hans-Georg Möller. *Laotse, Tao Te King: Die Seidentexte von Ma-wangdui*. Frankfurt am Main: Fischer Taschenbuch Verlag.
[马王堆帛书本的翻译]
<Wolfgang Kosack 的 2015 年德语译本以其为底本；Hans-Georg Moeller 自己的 2007 年英语译本以其为参考>

1995　Stephan Schuhmacher. *Tao Te Ching*. Bielefeld: Theseus.

1999　Erwin Jaeckle. *Mein Tao Tê King*. Schaffhausen: Novalis Verlag.

1999　Viktor Kalinke. *Daodejing: Bd. 1. Text und Übersetzung nebst Zeichen-lexikon und Konkordanz*. Leipzig: Edition Erata, 1999, 2009.

2000　Viktor Kalinke. *Thomas Baumhekel: Zerbrochenes Holz, Kalligraphien (Broken wood, Calligraphies)*. Leipzig: Edition Erata.

2000　Viktor Kalinke. *Daodejing: Bd. 2. Anmerkungen und Kommentare; Nach Kapiteln geordnet*. Leipzig: Edition Erata, 2000, 2009.

2001　Jörn Jacobs. *Textstudium des Laozi: Daodejing*. Frankfurt am Main: Peter Lang Verlag.

2001　Aljoscha Andreas Schwarz, Ronald Pierre Schweppe. "Tao Te King: Das Buch von der Wahren Kraft des Tao." *Tao: Mehr Energie, Sinnlichkeit und Lebensfreude*, 153-235. München: W. Ludwig Buch-verlag.

2002　Eduard Maier. *Die magische Kraft der Vernunft*. Karlsruhe: Verlag Die Blechschachtel, 2002, 2003, 2004.
<与 Eduard Maier 的 2002 年施瓦本语译本为配套>

2002　Eduard Maier. *Laotse: De Dao De King fom Laodse uf Schwäbisch fom*

Ede Maier g'schriba; Ein buch füf Menschen die alles können außer Hochdeutsch und chinesische Weisheiten gerne in der eigenen Sprache lesen. Karlsruhe: Verlag Die Blechschachtel, 2002, 2009.

[德语方言施瓦本语的翻译]

<与 Eduard Maier 的 2002 年的标准德语译本为配套>

{Walf}

2003　Luc Théler. *Der Goldene Kreis des Drachen und die zeitlose Weisheit von Laozis Daodejing.* Saarbrücken: Neue Erde Verlag.

[以 D. C. Lau 的 1963 英语译本为参考]

2004　Aljoscha Long (Schwarz). *Tao das Buch von der wahren Kraft des Dao.* Bindlach: Gondrom.

2005　Heinz Klein. *Laotse: Tao Te King.* Dresden: Verlag Zeitenwende.

2005　Hans Jürgen von der Wense. "Lau Dan: Das Buch von Sinn und Geist." *Werke, Band 2: Von Aas bis Zylinder,* 1120-1159. Frankfurt am Main: Zweitausendeins.

2006　Matthias Claus. *Laotse und das Tao Te King.* Weinheim: Verlag Das klassische China.

2008　Hou Cai. *Die Bambustäfelchen Lao Zi.* Münster: Lit Verlag.

[郭店楚简本的翻译]

<被转译成 Irene M. Miller 和 Hans-Martin Sass 的 2017 年英语译本>

2008　Ansgar Gerstner. *Das Buch Laozi.* Saarbrücken: VDM Verlag Dr. Müller.

[马王堆帛书本和郭店楚简本的翻译]

2008　Hilmar Klaus. *Das Tao der Weisheit: Laozi—Daodejing.* Aachen: Druck und Verlagshaus Mainz GmbH.

<Hilmar Klaus 自己的 2009 年英语译本以其为参考>

2009　Hilmar Klaus. *Das Tao der Weisheit: Laozi—Daodejing.* Aachen: Druck und Verlagshaus Mainz GmbH.

[Hilmar Klaus 的 2008 年德语译本的修订本]

2009　Roderich Höfers. *Dao De Jing (Tao Te King): Weise Leben, Gedichte und Erläuterungen in einfachen Worten*. Darmstadt: Schirner Verlag.

2009　Mondrian W. Graf von Lüttichau. *Die Sinnsprüche des Li Boyang, genannt Laotse*. Weinheim: Verlag Das klassische China.

2009　Rainald Simon. *Laozi Daodejing: Das Buch vom Weg und seine Wirkung*. Stuttgart: Verlag Philipp Reclam Junior.

<Jan Philipp Reemtsma 的 2017 年德语译本以其为参考>

2010　Günter Grimm. *Das weiche Wasser bricht den Stein: Der Text des Tao Te King*. Weinheim: Verlag Das klassische China.

2010　Muhammad Wolfgang G. A. Schmidt. *Laozi Daodejing, oder, Der Klassiker vom Dao und vom De*. Berlin: Viademica Verlag.

[马王堆帛书本的翻译]

2011　Eberhard Cold. *Lao Tse: Das Buch von Tao und Te*. Weinheim: Verlag Das klassische China.

[以 Eberhard Cold 的 1949 年手稿为底本]

2011　Wolfgang Kubin. *Lao Zi (Laotse): Der Urtext*. Freiburg: Herder Verlag, 2011, 2014.

[郭店楚简本的翻译]

2012　Li Jianyi. *Chineseches Deutsch zweisprachige varorum: Laotse Tao Te King*. Guangzhou: World Publishing Corporation.

(李坚毅.《中德双语集注：老子道德经》.广州：世界图书出版公司.)

2012　Fehlinger Walter. *Erst am Ende unseres Weges stehen die Antworten: Sinnsprüche von Laotse und Dschuang Dsi*. Schiedlberg, Austria: Bacopa-Verlag.

2013　Pierre Martin. *Dao-De-Ging: Die Gnosis im alten China*. Basel: Edition Oriflamme.

2013　Harold Beat Stromeyer. *Laozi Daodejing: Die chinesische Strategie der Gewaltlosigkeit*. CH-Meiringen: Selbstverlag.
　　　<Harold Beat Stromeyer 自己的 2014 年英语译本以其为参考>

2014　Yürgen Oster. *Dao De Jing: Das Buch vom Weg und Wandel*. Norderstedt: Books on Demand.

2014　Taro Yamada, Guido Keller. *Tao Te King*. Frankfurt am Main: Angkor-Verlag, 2014, 2019.

2015　Harold Beat Stromeyer. *Laozi Daodejing (Chinesisch - Deutsch)*. Meiringen: Stromeyer.

2015　Jan Silberstorff. *Das Dao De Jing im Taijiquan: Die Übungsanleitung des Laozi*. Lotus Press.

2016　Hsing-Chuen Schmuziger-Chen, Marc Schmuziger. *Dao De Jing: Das Buch von Dao und De*. CH-Boniswil: Taotime Verlag.

2017　Enno von Denffer. *Mystisches Tao-Te-King (Daodejing): Das heilige Buch vom ewigen Geist*. Books on Demand, 2017, 2020.

2017　Guo Bingsen, Edith Guba. *Lao Zi, Dao De Jing: Zhongwen-Français-Deutsch*. St. Andreasberg: Daoyuan Verlag.
　　　[中法德三语版本]

2017　Liu De Ming. *Lao Zi—Dao De Jing*. Self-Published.

2017　Elisabeth Philips-Slavkoff, Jing Wang. *Die Weisheit des Laozi: Eine illustrierte Nachdichtung des Dao De Jing*. Schiedlberg: BACOPA.

2019　Michael Hammes. *Dao De Jing*. München: Manesse Verlag.

2019　Patrick Liu. *Lao Zi: Dao De Jing*. Alfeld: Verlag der Deutschen Daoistischen Vereinigung.

2020　　Karl-Ernst Bühler. *Dào Dé Jing: Das Buch vom Werden und dem Rechten Leben von Laozi*. Bochum: Europäischer Universitätsverlag.

2021　　Anatoly Savrukhin. *Lao Tzu's Abhandlung "Tao Te Ching" über die Harmonie von Natur und Gesellschaft: Übersetzung aus dem Altchinesischen, Analyse und Kommentar*. Chisinau, Moldova: Verlag Unser Wissen.

　　　　<与 Anatoly Savrukhin 的 2021 年英语译本、2021 年荷兰语译本、2021 年法语译本、2021 年意大利语译本、2021 年波兰语译本、2021 年葡萄牙语译本为配套>

2022　　Viktor Kalinke. *Laozi: Daodejing; Gesamttext und Materialien*. Leipzig: Leipziger Literaturverlag.

《老子》注本翻译: 2 种

1980　　Rudolf Georg Wagner. "Philologie, Philosophie und Politik in der zhengshi-Ära (240-249): die Laozi-Schriften des Philosophen Wang Bi." PhD diss., Freie Universität.

　　　　[王弼《老子注》的节译本]

　　　　<为查看所有王弼《老子注》译本信息，参考 Václav Cílek 的 2005 年捷克语译本条目>

1999　　Henrik Jäger. *Der Daodejing-Kommentar des Chan-Meisters Hanshan Deqing (1546—1623)*. Marburg: Tectum Verlag.

　　　　[憨山德清《老子道德经解》的翻译]

　　　　<憨山德清《老子道德经解》其他译本包括 Chun-min Yen 的 2004 年英语译本、圆照觉性（Wonjogakseong）的 2014 年韩语译本、서만억（Seo Maneok）的 2019 年韩语译本>

《老子》转译: 39 种

1827　　Karl Joseph Hieronymus Windischmann. *Die Philosophie im Fortgang der Weltgeschichte*. Bonn: Adolph Marcus.

　　　　[以 Jean-Pierre Abel-Rémusat 的 1823 年法语译本为底本，也包括另

外 6 个章节译文]

1833　G. W. F. Hegel. *Vorlesungen über die Geschichte der Philosophie.*
　　　　Edited by K. L. Michelet. Berlin: Duncker und Humblot, 1833; *Georg*
　　　　Wilhelm Friedrich Hegel: Vorlesungen über die Geschichte der Philo-
　　　　sophie I. Edited by Karl Rosenkranz. Frankfurt am Main: Suhrkamp
　　　　Verlag, 1986.
　　　　[黑格尔讲座中有《老子》德语译文，以 Jean-Pierre Abel-Rémusat 的
　　　　1823 年法语译本为底本]

1839　C. A. Mebold. *Welt-Gemälde-Gallerie, oder Geschichte und Besch-*
　　　　reibung aller Länder und Völker, Asien Erste Band China. Stuttgart:
　　　　Schweizerbart's Verlagshandlung.
　　　　[G. Pauthier 的 1837 年英语译本的转译，包括第 16 章、第 21 章、
　　　　第 25 章、第 30 章、第 33 章、第 42 章、第 49 章、第 55 章]

1897　Franz Hartmann. *Theosophie in China: Betrachtungen über das Tao-*
　　　　Teh-King; Der Weg, die Wahrheit und das Licht hartmann. Leipzig:
　　　　Verlag Friedrich, 1897, 1900, 1901, 1922; Graz, Austria: Ed. Geheimes
　　　　Wissen, 2010; Grafing: Aquamarin Verlag, 2013.
　　　　[Walter R. Old 的 1894 年英语译本的转译]
　　　　<Carl Dallago 的 1915 年德语译本以其为参考>

1908　Joseph Kohler. *Des Morgenlandes grösste Weisheit: Laotse.* Berlin and
　　　　Leipzig: Verlag von Dr. Walther Rothschild.
　　　　[以 Paul Carus 的 1897 年英语译本为底本]

1911　Julius Grill. "Zur Mandschu-Übersetzung des Tao-te-king." MS Mh II
　　　　332 No. 16. Universitätsbibliothek Tübingen.
　　　　[1901 年 *Looze i Araha Doro Erdemu i Nomun* 满语译本的转译]

1920　Hertha Federmann. *Tao Teh King: Vom Geist und seiner Tugend.*
　　　　München: C. H. Beck'sche Verlagsbuchhandlung Oskar Beck, 1920,
　　　　1921, 1926.
　　　　[以 Paul Carus 的 1897 年英语译本为底本]

<Ernst Schröder 的 1934 年德语译本以其为参考>

1955　Gerolf Coudenhove. *Bücher des Wissen: Laotse*. Frankfurt am Main/ Hamburg: Fischer Bücherei, 1955, 1956; *Die Weisheit des Laotse*. Gutenberg: Büchergilde, 1985; Frankfurt am Main: Fischer-Taschenbuch-Verlag, 1986, 1994, 1996.
　　　[Lin Yutang 的 1942 年英语译本的转译]

1955　Gerhard Kahlenbach. *Der chinesische Philosoph Laudse und seine Lehre*. East Berlin: VEB Deutscher Verlag der Wissenschaften, 1955, 1959.
　　　[Ян Хин-шун（Yang Xingshun）的 1950 年俄语译本的转译]

1978　Gabriele Fontél. *Tao Te King: Lao Tse*. Haldenwang: Irisiana-Verlag, 1978; München: Heinrich Hugendubel Verlag, 1981, 1983, 1989.
　　　[Gia-fu Feng 和 Jane English 的 1972 年英语译本的转译]

1978　Sylvia Luetjohann. *Tao Te King*. Haldenwang: Irisiana, 1978, 1980, 1981; München, Hugendubel, 1989; München: Eugen Diederichs, 1994, 1996.
　　　[Gia-fu Feng 和 Jane English 的 1972 年英语译本的转译]

1987　Peter Kobbe. *Der Weg und die Kraft: Laotses Tao-te-king als Orakel und Weisheitsbuch*. München: Droemer Knaur, 1987; Augsburg: Bechtermünz-Verlag, 1999.
　　　[R. L. Wing 的 1986 年英语译本的转译]

1988　René Taschner. *Tao der Führung: Laotses Tao Te King für eine neue Zeit*. Basel: Shinx, 1988, 1995.
　　　[John Heider 的 1984 年 *The Tao of Leadership* 英语译本的转译]

1988　*Die Chinesische Gnosis: Kommentare zum Tao Teh King von Lao Tse*. Haarlem: Rozerkuis Pers, 1988, 1991.
　　　[Jan van Rijckenborgh 和 Catharose de Petri 的 1987 年荷兰语译本的转译]

1990　Jürgen Licht, John Lash. *Reise zum Tao: T'ai Chi und die Weisheit des Tao Te King*. Basel: Sphinx Medien Verlag.
　　　　[Gia-fu Feng 和 Jane English 的 1972 年英语译本的转译]

1994　Peter Thomas Ruggenthaler. *Laotse: Das Tao der Stärke; Meditationen für Manager*. Wien, Austria: Orac Verlag, 1994; Wien/München: Amalthea, 2007.
　　　　[以英语和法语译本为参考]

1995　*Laotse Tao Te Ching*. Berlin: Theseus Verlag.
　　　　[Man-Ho Kwok 和 Martin Palmer 与 Jay Ramsay 的 1993 年英语译本的转译]

1996　Theo Kierdorf, Hildegard Höhr. *Das Tao des Seins: Ein Arbeitsbuch zum Denken und Handeln*. Paderborn: Junfermann Verlag.
　　　　[Ray Grigg 的 1988 年 *The Tao of Being* 英语译本的转译]

1996　Peter Kobbe. "Unterweisung in der Wirkkraft und im leitenden Prinzip." *Sexualität, Gesundheit und Lebensweisheit: Taoistische Lehren*, 79-162. München: Droemersche Verlagsanstalt Th. Knaur Nachf.
　　　　[Thomas Cleary 的 1991 年英语译本的转译]

1996　Manfred Porkert. *Lao-Tzu und der Taoismus*. Frankfurt am Main: Insel.
　　　　[Max Kaltenmark 的 1965 年法语译本的转译]

1996　Christa Zettel. *Laotse: Den rechten Weg finden*. München: Heyne Verlag.
　　　　[Thomas Cleary 的 1991 年英语译本的转译]

1997　Michael A. Binder. *Gebete: Psychedelische Gebete nach dem Tao-te-King*. Markt Erlbach: Raymond Martin Verlag.
　　　　[Timothy Leary 的 1966 年英语译本的转译]

1997　Franz Derdak. *Notizen der Weisheit Tao*. Vevey: Mondo-Verlag.
　　　　[Marc de Smedt 的 1995 年 *Paroles du Tao* 法语译本的转译]

1997   Robert Riedel. *Das Tao ist Stille*. Frankfurt am Main: Fischer-Taschenbuch-Verlag.

[Raymond M. Smullyan 的 1977 年英语译本的转译]

1998   Marita Böhm. *Die Lehren des Tao*. Berlin: Ullstein.

[Eva Wong 的 1996 年 *Teachings of the Tao* 英语译本的转译]

1999   Pier Hänni, Thomas Mennichen. *Illusion der Kontrolle: Das Tao Te King für Führungskräfte*. Bern: Fischer Media.

[James A. Autry, Stephen Mitchell 的 1999 年 *Real Power: Lessons for Business from the Tao Te Ching* 英语译本的转译]

1999   Ralf Löffler. "Das Tao Te King." *Der Equinox: Das Magazin für wissenschaftlichen Illuminismus* 3(8). Phänomen Verlag.

[Aleister Crowley 的 1975 年英语译本的转译]

2001   *Tao te King für Paare*. Pendo.

[William Martin 的 1999 年 *The Couple's Tao Te Ching* 英语译本的转译]

2002   Jörg Wichmann. *Jesus und Lao-Tse: Eine Botschaft zwei Stimmen; Paralelle Aussagen der zwei großen Weisheitslehrer der Menschheit*. Müchen: Kösel Verlag.

[Martin Aronson 的 2002 年 *Jesus and Lao Tzu: Parallel Saying* 英语著作的翻译，包括 Lin Yutang 的 1942 年英语译本、Gia-fu Feng 和 Jane English 的 1972 年英语译本引文的转译]

2003   Peter Kobbe. *Laotse Tao Te King: Eine zeitgemäße Version für westliche Leser*. München: Goldmann Verlag.

[Stephen Mitchell 的 1988 年英语译本的转译]

2005   Hans Christian Meiser. *Tao Te King: Das geheimnisvolle Buch des Lao Tse*. Berlin: Ullstein Buchverlage.

[Chao-Hsiu Chen 的 2006 年 *Tao Te Ching Cards* 英语译本的转译]

2005   Ulla Rahn-Huber. *Das Tao Te King für Eltern: Alte Weisheit für moderne*

Eltern. Bielefeld: J. Kamphausen Mediengruppe GmbH, 2005; Bielefeld: Aurum Verlag, 2016.

[William Martin 的 1999 年 *The Parent's Tao Te Ching* 英语译本的转译]

2008　Werner Beck. *Das Tao Te King der Weisen*. Bielefeld: Aurum Verlag.

[William Martin 的 2000 年 *The Sage's Tao Te Ching* 英语译本的转译]

2008　Franchita Cattani. *Ändere deine Gedanken—und dein Leben ändert sich: Die lebendige Weisheit des Tao*. München: Goldman.

[Wayne W. Dyer 的 2007 年 *Change Your Thoughts, Change Your Life* 英语译本的转译]

2008　Claudia von Collani, Harold Holz, Konrad Wegmann. *Uroffenbarung und Daoismus: Jesuitische Missionshermeneutik des Daoismus*. Berlin: European University Press.

[1729 年拉丁语手稿的前 23 页的原文和德语转译，包括第 1 章和相关的解释]

2008　Kathrin Laich. *Tao Te King: Lao Tse*. Lakefield, Ontario: New Atlanteans.

[Vladimir Antonov 的 2007 年英语译本的转译]

2009　Anama Frühling. *Der Weg der Weisheit: Das Tao Te King für den Alltag; Ein Leitfaden für ein erwachtes Leben nach Laotse*. Hamburg: advaita-Media.

[William Martin 的 2005 年 *A Path and a Practice* 英语译本的转译]

2018　Harold Holz. "Text: Uroffenbarung und Daoismus." In *Ost-westliche Begegnungen in zwei Teilen*, 514-579. Berlin: Westdeutscher Universitätsverlag.

[1729 年拉丁语手稿的前 48 页的原文和德语转译，包括第 1 章、第 14 章、第 4 章、第 42 章]

2020　Thorsten F. Scheu. *Tao Te King: Die Weisheit leben; Gas gesamte Tao Te King mit Affirmationen.* Darmstadt: Sprachlichter Verlag.
[Wayne W. Dyer 的 2008 年 *Living the Wisdom of the Tao* 英语译本的转译，查看 Wayne W. Dyer 的 2007 年 *Change Your Thoughts，Change Your Life* 英语译本]

《老子》语内转译：30 种

1915　Carl Dallago. *Der Anschluss an das Gesetz oder Der grosse Anschluss.* Innsbruck, Austria: Brenner-Verlag, 1915, 1921, 1927; Heidelberg: L. Schneider, 1953.
[以 Franz Hartmann 的 1997 年德语译本、Alexander Ular 的 1903 年德语译本、Richard Wilhelm 的 1911 年德语译本为参考]
<Robert Brasch 的 1932 年德语译本以其为参考>

1918　F. Fiedler. "Des Laotse Tao Te King." *Die Freie Schulgemeinde.* Jena: Eugen Diederich.

1921　Alfred Henschke (Klabund). *Mensch, werde wesentlich! Lao Tse.* Berlin-Zehlendorf: Verlag Fritz Heyder, 1921, 1922, 1926.
[以 Richard Wilhelm 的 1911 年德语译本为底本]
<被转译成 Nico van Suchtelen 的 1935 年荷兰语译本>

1922　F. Fiedler. *Tao Te King.* Hannover: Paul Steegemann Verlag, 1922, 1923.
<被转译成 Edwin Denby 的 1993 年英语译本>

1924　Elisabeth Hahn. *Laotse: Wollen ohne Wahl.* Rudolstadt: Greifenverlag.
[包括 41 章节的翻译]

1932　Robert Brasch. *Lao Tse, Tao Te King: Das Buch vom rechten Weg und Sinn.* Wien, Austria: Saturn-Verlag.
[以 Alexander Ular 的 1903 年德语译本、Richard Wilhelm 的 1911 年德语译本、Carl Dallago 的 1915 年德语译本、John Gustav Weiß 的 1927 年德语译本为参考]

1934　Ernst Schröder. *Laotse: Die Bahn des Alls und der Weg des Lebens.*

München: Verlag F. Bruckmann AG.

[以 Richard Wilhelm 的 1911 年德语译本、Hertha Federmann 的 1920 年德语译本、John Gustav Weiß 的 1927 年德语译本、Lionel Giles 的 1904 年英语译本、Charles Spurgeon Medhurst 的 1905 英语译本为参考]

1935   Wilhelm Zaiss. *Vom Seinsollenden: Deutsch nach Worten Laotse's.* Heiligkreuzsteinach bei Heidelberg: Eigenverlag.
[以 Alexander Ular 的 1903 年德语译本、Richard Wilhelm 的 1911 年德语译本、John Gustav Weiß 的 1927 年德语译本为参考]

1943   Martin Heidegger. "Die Einzigkeit des Dichters." *Heidegger Gesamtausgabe: Zu Hölderlin*, Band 75, 43. Frankfurt am Main: Vittorio Klostermann, 2000.
[第 11 章的翻译，以 Alexander Ular 的 1903 年德语译本为底本]

1948   Josef Tiefenbacher. *Das verborgene Juwel: Laotses Verkündigung.* Stuttgart: Schuler-Verlag, 1948, 1951.
[以 Richard Wilhelm 的 1911 年德语译本为底本]

1961   Tankred Schneller. *Di Sprüche des Lao-Tse Li Pe-Jang.* Grünwettersbach bei Karlsruhe: Eigenverlag.
[以 Alexander Ular 的 1903 年德语译本为底本]

1963   Wilhelm Folkert. *Laotse Taoteking.* Ulm: Arkana-Verlag.
[以 Victor von Strauss 的 1870 年德语译本、Richard Wilhelm 的 1911 年德语译本、Andre Eckardt 的 1950 年德语译本为参考]

1973   *Lao tse Tao: Tao, Te und das innere Reich der Mitte.*
[以 Victor von Strauss 的 1870 年德语译本、Richard Wilhelm 的 1911 年德语译本为参考]

1977   Ernst Otto Marti. *Laotse Tao te King: Ein Gedichtzyklus.* Zürich: Strom-Verlag.

1978   Theodor Scheufele. *Tao: Umschreibungen des Wegs nach Laotse.* Reutlingen: Fritz Bausinger, 1978, 1992, 1995.

[以 Victor von Strauss 的 1870 年德语译本、Richard Wilhelm 的 1911 年德语译本、Günther Debon 的 1961 年德语译本、Ernst Schwarz 的 1970 年德语译本、Arthur Waley 的 1934 年英语译本、Witter Bynner 的 1944 年英语译本、Gia-Fu-Feng 和 Jane English 的 1972 英语译本 为参考]

1979　Linde von Keyserlingk. *Lao-tse: Jenseits des Nennbaren*. Freiburg: Herderbücherei, 1979, 1980, 1981; Freiburg/Basel/Wien: Herderbücherei, 1986.

1984　Hermann Levin Goldschmidt. *Weg und Weisung des alten Lehrers: Tao-Te-King des Lao-Tse*. Zürich, Switerland: Eigenverlag, 1984; Zürich, Switerland: Hermann Levin Goldschmidt Nyffeler Druck, 1992.

1992　Hubert Braunsperger. *Innere Geborgenheit durch Tao Te King: Dialog mit Laotse*. Wien, Austria: Verlag der Österreichischen Staatsdruckerei.
[以 Alexander Ular 的 1903 德语译本为底本]

1995　Wolf Peter Schnetz. *Lao Tse: Tao Te King*. Bludenz: Freipresse, 1995, 1998; Viechtach: Lichtung, 2009.

2003　Amir Ahler, Samira Ahler. *Das Tao des Erwachens: Tao-Weisheit für den Weg in die Freiheit*. Niebüll: Videel Verlag.

2007　Heinz-Günther Bärsch. *Das unvollendete Tao De King*. Selbstverlag.

2008　Roger Herzig. *Der Schlüssel zum Tao Te King*. Frankfurt am Main: R. G. Fischer Verlag.

2009　Franz Baumann. *Vom sinnvollen Leben und von der gütigen Liebe*. Waging am See: Liliom.
[以 Richard Wilhelm 的 1911 年德语译本为底本]

2009　Werner Krotz. *Hände weg, doch pack an: Das Daodejing in neuer Bearbeitung*. Wismar: Persimplex Verlag.

2010　Karl Renz. *Tao Te Karl*. Bielefeld: Kamphausen.
　　　　<被转译成 Michèle Brehl 的 2012 年英语译本、Anasuya 的 2012 年
　　　　法语译本>

2011　Bodo Kirchner. *Tao Te King: Neufassung und Nachdichtung von Bodo
　　　　Kirchner*. Hamburg: Tredition.
　　　　[以 Richard Wilhelm 的 1911 年德语译本为底本]

2012　Eckart Dedekind. *Mit dem Ewigen vernetzt*. Berlin: Frieling-Verlag.
　　　　[以 Richard Wilhelm 的 1911 年德语译本、Wolfgang Kopp 的 1988
　　　　年德语译本为参考]

2014　Annette Oelkers. *Das Dao leben*. Saarbrücken: Neue Erde GmbH.

2015　Wolfgang Kosack. *Von der Kraft und Vom Sinn: Buch der Sinnsprüche
　　　　in 81 Abschnitten und 2 Teilen*. Basel: Christoph Brunner.
　　　　[以 Hans-Georg Möller 的 1995 年德语译本为底本]

2017　Jan Philipp Reemtsma. *Daodejing Der Weg der Weisheit und der
　　　　Tugend*. München: Verlag C. H. Beck.
　　　　[以 Victor von Strauss 的 1870 年德语译本、Richard Wilhelm 的 1911
　　　　年德语译本、Günther Debon 的 1961 年德语译本、Hans Knospe 的
　　　　1985 年德语译本、Rainald Simon 的 2009 年德语译本为参考]

类型尚未确定的翻译: **22** 种

1922　Karl Maria Heckel. *Laotse*. München: Sesamverlag, 1922, 1923.

1923　Refā'ēl Zelîgman. *Das Buch vom göttlichen Gesetz*. Berlin: Klal Verlag.
　　　　<与 Refā'ēl Zelîgman 的 1923 年意地绪语译本为配套>

1927　Erich Schmitt. *Der Taoismus*. Tübingen: Verlag von J. C. B. Mohr.

1928　Walter Jerven. *Laotse: Tao Te King*. München: Otto Wilhelm Barth,
　　　　1928; *So spricht Lao Tse*. München: Otto Wilhelm Barth, 1952; *Tao Te
　　　　King: Das Buch vom Weltgesetz und seinem Wirken*. Bern /München/
　　　　Wien: Barth, 1967, 1981, 1986, 1991, 1999, 2002.

1930　Hans Jürgen von der Wense. *Lau Dan*. Prussia.
　　　{Walf}

1937　Herbert Lange. *Das Buch vom Weg und Wandel*. Hamberg.
　　　{Walf}

1950　Gustav Mensching. *Laotse*. Kevelaer: Butzon & Bercker, 1950, 1955.

1966　Arthur Gusto Gräser. *Tao: Das heilende Geheimnis*. Urspring: Grae-
　　　serdrucke, 1966; Wetzlar: Verlag Büchse der Pandora, 1979; Reckling-
　　　hausen: Umbruch, 2008, 2016.

1982　Jörg Weigand. *Lao-Tse: Weisheiten*. München: Wilhelm Heyne Verlag,
　　　1982, 1984.
　　　<被转译成 Simon Vinkenoog 的 1987 年荷兰语译本>

1983　Peter A. Thomas. *Morgengabe alter chinesischer Weisheit: Wahrheit
　　　aus dem Tao te king des Laotse*. Wien, Austria: Poseidon Press, 1983;
　　　Laotse: Das Gute wacht in uns. Freiburg im Breisgau: Verlag Herder,
　　　1991.

1988　Ulrich Soppa. *Aus dem Tao-Tê-King*. Weingarten: Hanke-Verlag, 1988,
　　　1989.

1991　Alex Ignatius. *Wasser ist stärker als Stein: Die zeitlose Weisheit des Lao
　　　Tse*. Aitrang: Windpferd Verlagsgesellschaft.

1991　Helmut W. Brinks. *Laotse Tao Te King: Vom Weg und für Unterwegs*.
　　　Göttingen: Göttinger Literarische Gesellschaft, 1991, 1999, 2009.

1991　*Tao Te King: Der Quellentext des Taoismus*. Freidburg: M. Aldinger.
　　　{Walf}

1992　Manfred Ullmer, Hartmut Waldenfels. *Weg zur Kraft: Tao Te King*.
　　　Selbstverlag, 1992; Füssen Pegasus-Verlag, 1997; Haslach and Allgäu:
　　　Artha-Verlag, 2004.

1997　　Marie-Luise Bergoint. *Lao Tse Tao Te King*. Neuhausen: Urania-Verlag.

2004　　Frank Schütze. *Best of Laotse: Mehr als 80 seiner schönsten Weisheiten*. Schwedt, O. OT Zütze: Agroplant GmbH.

2006　　Isolde Schwarz. *Tao Te King Meditationskarten: Anleitung und Inspiration*. Neuhausen and Schweiz: AGM Urania, 2006; *Dao De Jing: Meditations und Übungskarten*. Kalleby: TQJ-Verlag, 2014.

2011　　Hanspeter Kindler. *Das Buch vom Innehalten*. Zürich: Chaitanya-Verlag.

2015　　Peter Fritz Walter. *Dao De Ging: Laotse*. CreateSpace.
　　　　<Peter Fritz Walter 自己的 2017 年英语译本、Peter Fritz Walter 自己的 2019 年意大利语译本以其为参考>

2017　　Ingrid Weber, Stephan Schwartz. *Taoleben: Tao Te King von Laotse neu interpretiert*. Tao.de in J. Kamphausen.

2022　　Werner Beck. *Lao Tse: Das Tor zum Tao; Die mystischen Texte des Tao te King*. Hamburg: Tredition.

32. Greek　希腊语：19 种①
《老子》原文翻译：2 种

1971　　Μάνια Σεφεριάδη. *Τάο Τε Κινγκ*. Αθήνα: Ερμής, 1971, 1983, 1995. (Mánia Seferiádi. *Táo Te Kingk*. Athína: Ermís, 1971, 1983, 1995.)

1998　　Δημήτρης Σ. Κατακαλαίος. *Πορεία προς την καρδιά: Τάο Τε Σιν*. Αθήνα. (Dimítris S. Katakalaíos. *Poreía pros tin kardiá: Táo Te Sin*. Athína.)

《老子》转译：6 种

1978　　Πέτρος Κουρόπουλος. *Τάο Τε Κινγκ*. Αθήνα: Κέδρος, 1978, 1995, 1999, 2010; *Τάο Τε Τζινγκ*. Αθήνα: Fagotto, 1996.

---

① 北京大学的埃琳娜·埃弗拉米多（Elena Avramidou）为此语种的校对人。

(Pétros Kourópoulos. *Táo Te Kingk*. Athína: Kédros, 1978, 1995, 1999, 2010; *Táo Te Tzingk*. Athína: Fagotto, 1996.)

[Gia-fu Feng 和 Jane English 的 1972 年英语译本的转译]

1998　Σάκης Τότλης. *Το βιβλιο τησ Ενέργειας και της Φύσης*. Αθήνα: Πατάκης, 1998, 1999; *Το Τάο Τε Τσινγκ: Το βιβλίο της Ενέργειας και της Φύσης*. Αθήνα: e-bookshop.gr, 2010.

(Sákis Tótlis. *To vivlio tis Enérgeias kai tis Fýsis*. Athína: Patákis, 1998, 1999; *To Táo Te Tsingk: To vivlío tis Enérgeias kai tis Fýsis*. Athína: e-bookshop.gr, 2010.)

[R. L. Wing 的 1986 年英语译本的转译]

2003　Τάσος Γκίκας. *Τάο Τε Τζινγκ*. Αθήνα: Πύρινος Κόσμος, 2003, 2013.

(Tásos Gkíkas. *Táo Te Tzingk*. Athína: Pýrinos Kósmos, 2003, 2013.)

[Stephen Mitchell 的 1988 年英语译本的转译]

2008　Θωμάς Μαστακούρης. *Άλλαξε τις σκέψεις σου—Άλλαξε τη ζωή σου: Βιώνοντας τη σοφία του Τάο*. Αθήνα: Έσοπτρον, 2008; Αθήνα: Ιβίσκος, 2016.

(Thomás Mastakoúris. *Állaxe tis sképseis sou—Állaxe ti zoí sou: Viónontas ti sofía tou Táo*. Athína: Ésoptron, 2008; Athína: Ivískos, 2016.)

[Wayne W. Dyer 的 2007 年 *Change Your Thoughts，Change Your Life* 英语译本的转译]

2012　Γιώργος Μαυρουδής. *Το Τάο της ηγεσίας: Η πρακτική εφαρμογή της διαχρονικής σοφίας*. Αθήνα: Liberal Books.

(Giórgos Mavroudís. *To Táo tis igesías: I praktikí efarmogí tis diachronikís sofías*. Athína: Liberal Books.)

[John Heider 的 1984 年 *The Tao of Leadership* 英语译本的转译]

2021　Χρήστος Λιθαρής. *Τάο Τε Τσινγκ*. Αθήνα: Εκδόσεις Διόπτρα.

(Chrístos Litharís. *Táo Te Tsingk*. Athína: Ekdóseis Dióptra.)

[Brian Browne Walker 的 1995 年英语译本的转译]

类型尚未确定的翻译：11 种

1961　Δημήτρης Πατσίλιας. *Το Βιβλίο του Τάο*. Αθήνα: Καλέντης, 1961; *Το βιβλίο του Τάο: Απόδοση στα Ελληνικά του Τάο Τε Τσινγκ*. Αθήνα: Άσπρο Φτερό,1985; *Το Τάο Τε Τσινγκ στα Ελληνικά*. Αθήνα: Καλέντης, 2014.

　　　(Dimítris Patsílias. *To Vivlío tou Táo*. Athína: Kaléntis, 1961; *To Vivlío tou Táo: Apódosi sta Elliniká tou Táo Te Tsingk*. Athína: Áspro Fteró, 1985; *To Táo Te Tsingk sta Elliniká*. Athína: Kaléntis, 2014.)

1970　Ανδρέα Τσάκαλη. *Τάο η ατραπός της σοφίας*. Αθήνα: Δίφρος, 1970; Αθήνα: Πύρινος Κόσμος, 1976, 2005.

　　　(Andréa Tsákali. *Táo i atrapós tis sofías*. Athína: Dífros, 1970; Athína: Pýrinos Kósmos, 1976, 2005.)

1983　Γιώργος Αλεξάκης. *Το βιβλίο του λόγου και της φύσης*. Αθήνα: Εκκρεμές, 1983; *Αναφορά στο Τάο Τε Κινγκ*. Αθήνα: Σμίλη, 1991, 1994, 1996, 2010; *Τάο Τε Κινγκ: Το βιβλίο του λόγου και της φύσης*. Αθήνα: Χρονολογία έκδοσης, 1996.

　　　(Yórgos Alexákis. *To vivlío tou lógou kai tis fýsis*. Athína: Ekkremés, 1983; *Anaforá sto Táo Te Kingk*. Athína: Smíli, 1991, 1994, 1996, 2010; *Táo Te Kingk: To vivlío tou lógou kai tis fýsis*. Athína: Chronología ékdosis, 1996.)

1989　Σωκράτης Λ. Σκαρτσής. *Ταοϊσμός: Τσουάνγκ Τζου; Τάο Τε Τσινγκ*. Αθήνα: Καστανιώτη, 1989, 2004.

　　　(Sokrátis L. Skartsís. *Taoïsmós: Tsouángk Tzou; Táo Te Tsingk*. Athína: Kastanióti, 1989, 2004.)

2007　Μαίρη Μεταξά-Παξινού, Δημήτρης Χουλιαράκης. *Τάο Τε Τσινγκ*. Αθήνα: Μελάνι.

　　　(Maíri Metaxá-Paxinoú, Dimítris Chouliarákis. *Táo Te Tsingk*. Athína: Meláni.)

2009　Λουκάς Ν. Άννινος. *Η βίβλος του λόγου και της ζωής*.

(Loukás N. Ánninos. *I vívlos tou lógou kai tis zoís.*)

2010　Νικόλας Χ. Ρώσσης. *Ταο Τε Τσινγκ: Το Βιβλιο του Λόγου και της Αρετής.* CreateSpace, 2010, 2014.

(Nikólas CH. Róssis. *Tao Te Tsingk: To Vivlio tou Lógou kai tis Aretís.* CreateSpace, 2010, 2014.)

2010　Ελένη Γκαγκάτσιου. *Τάο Τε Κινγκ: Για την τέχνη της αρμονίας.* Αθήνα: Εκδόσεις Παπασωτηρίου.

(Eléni Gkagkátsiou. *Táo Te Kingk: Gia tin téchni tis armonías.* Athína: Ekdóseis Papasotiríou.)

2016　Αντρέας Τσάκαλης. *Τάο Τε Τζινγκ: Ο δρόμος της σοφίας.* Αθήνα: Dharma.

(Antréas Tsákalis. *Táo Te Tzingk: O drómos tis sofías.* Athína: Dharma.)

2017　Ερατώ Τριανταφυλλίδη. *Τάο Τε Τσινγκ.* Θεσσαλονίκη: Αρχέτυπο.

(Erató Triantafyllídi. *Táo Te Tsingk.* Thessaloníki: Archétypo.)

2018　Ευγένιος Α. Γιαρένης. *Τάο Τε Τσινγκ: Η φιλοσοφία της απλότητας.* Αθήνα: Δρόμων.

(Evgénios A. Giarénis. *Táo Te Tsingk: I filosofía tis aplótitas.* Athína: Drómon.)

33. Gujarati　古吉拉特语: 4 种①
《老子》转译: 2 种

1991　માવજી કે. સાવલા. *તાઓ-નેત્રત્વે.* વલ્લભ વિદ્યાનગર : Crest Association.

(Māvajī Ke Sāvalā. *Tao-netrtve.* Valbha Vidyanagara: Crest Association.)

[John Heider 的 1984 年 *The Tao of Leadership* 英语译本的转译]

1998　માવજી કે. સાવલા. *તાઓસૂત્ર : યુ-તા-કાઓના અંગ્રેજી અનુવાદ પરથી.*

---

① 宾夕法尼亚大学（University of Pennsylvania）的德文·M. 佩特（Deven M. Patel）提供一部分古吉拉特语条目的罗马化转写。

અમદાવાદ : ગુર્જર ગ્રંથરત્ન કાર્યાલય.

(Māvajī Ke Sāvalā. *Tāosūtra: Cū-Tā-Kāonā aṅgrejī anuvāda parathī.*
Amadāvāda: Gūrjara Grantharatna Kāryālaya.)

[Ch'u Ta-Kao 的 1937 年英语译本的转译]

类型尚未确定的翻译: **2** 种

1972　નગીનદાસ પારેખ. તાઓ તે ચીંગ : માર્ગ અને તેની પ્રભાવક શક્તિ. નવી
દિલ્હી : સાહિત્ય અકાદમી, 1972, 2007.

(Nagindas Parekh. *Tāo te ciṅga: Mārga ane tenī prabhāvaka śakti.* Navī
Dilhī: Sāhitya Akādemī, 1972, 2007.)

2002　કિશોર ગોહિલ. તાઓ-તે-ચિંગ. અમદાવાદ : નવભારત સાહિત્ય મંદિર, 2002,
2019.

(Kishor Gohil. *Tāo-te-chiṅga.* Amadāvāda: Navbharat Sahitya Mandir,
2002, 2019.)

34. Hebrew 希伯来语: **17** 种①
《老子》原文翻译: **2** 种

1942　מרטין בובר. לאו דזה על השלטון. הפועל הצעיר, מאי.
(Martin Buber. "Lao Tzu al hashilton (Lao-tzu on Government)." In
Hapo'el Hatsa'ir 35(31-32) (May), 6-8.)
[包括第 17 章、第 29 章、第 30 章、第 31 章、第 57 章、第 58
章、第 66 章、第 67 章的翻译]

1973　יורי גראוזה, חנוך קלעי. דאו דה צ'ינג. ירושלים: מוסד ביאליק, 1973, 2010.
(Yuri Grause, Hanoch Kalai. *Dau de Ching.* Jerusalem: Mosad Byaliḳ,
1973, 2010.)

---

① 华中师范大学的夏小雨（Sharon Small）为此语种条目的校对人，也将一些条目罗马化转写改为
希伯来字母。

《老子》注本翻译: **2** 种

1981

דן דאור, ויואב אראיל. ספר הדרך והסגולה: עם פירוש. מפעלים אוניברסיטאים.

(Dan Daor, Yoav Ariel. S*efer ha-Derekh yeha-segulah: 'Im perush.*
Mif'alim Universiṭa'iyim.)

[王弼《老子注》的翻译]

<为查看所有王弼《老子注》译本信息，参考 Václav Cílek 的
2005 年捷克语译本条目>

2007

דן דאור, יואב אריאל. ואנג בי: כוונתו הנעלמה של הלאו דזה; המעשה הפנימי, האחד
הגדול, לרדת אל מקור הדרך. תל אביב: עם עובד.

(Dan Daor, Yoav Ariel. *Wang Bi: Kavanato Ha-Na'alemah shel Lao
Zi; Ha-Ma'ase Ha-Pnimi, Ha-Ahad Ha-Gadol, La-redet el makor ha-
derech.* Tel Aviv: Am Oved.)

[王弼《老子注》的翻译，也包括《管子·内业》和《太一生水》]

<为查看所有王弼《老子注》译本信息，参考 Václav Cílek 的
2005 年捷克语译本条目>

《老子》转译: **6** 种

1997

עליזה רענן. הטאו של ההוויה: ספר של חשיבה ועשייה; הטאו טה שינג של לאו טסו
מותאם לעת החדשה. תל אביב: אור-עם.

('Alizah Ra'anan. *Ha-Ṭa'o shel ha-hayayay: Sefer shel ḥashivah ya-
'aśiyah; Ha-Ṭa'o te shing shel La'o Ṭsu mut'am la-'et ha-ḥadashah.*
Tel Aviv: Or 'am.)

[Ray Grigg 的 1988 年 *The Tao of Being* 英语译本的转译]

1997

עליזה רענן. הטאו של המנהיגות: טאו טה שינג של לאו טסו. תל אביב: אור-עם.

('Alizah Ra'anan. *Ha-Ṭa'o shel ha-manhigut: Ha-Ṭa'o Teh Shing shel
La'o Ṭsu.* Tel Aviv: Or 'am.)

[John Heider 的 1984 年 *The Tao of Leadership* 英语译本的转译]

1997

עליזה רענן. טאו של הלמידה: הטאו טה שינג של לאו טסו מותאם לעידן החדש. תל
אביב: אור-עם.

('Alizah Ra'anan. *Ṭa'o shel ha-lemidah: Ha-Ṭa'o Teh Shing shel La'o*

Ṭsu mut'am la-'idan he-ḥadash. Tel Aviv: Or 'am.)

[Pamela Metz 的 1994 年 *The Tao of Learning* 英语译本的转译]

עופר שור. שתיקת הטאו. ירושלים: מודן.　　1997

(Ofer Shor. *Shtikat Ha-Tao*. Jerusalem: Modan.)

[Raymond M. Smullyan 的 1977 年英语译本的转译]

גלעד תהלה. שנה את מחשבותיך, שנה את חייך: לחיות על-פי חוכמת הטאו. תל אביב:　　2009
אופוס.

(Gil'ad Tehilah. *Shaneh et maḥshevotekha, shaneh et ḥayekha: Li-ḥeyot 'al-pi ḥokhmat ha-Ta'o*. Tel Aviv: Opus.)

[Wayne W. Dyer 的 2007 年 *Change Your Thoughts，Change Your Life* 英语译本的转译]

Dima Monsky, Stav (Nastya) Monsky. *Dao De Ching*.　　2018
Singapore: PartridgePublishing, 2018, 2020.

[Юлия Полежаева（Julia Polezajeva）网上 2000 年俄语译本的转译]

[包括用腓尼基文字来写希伯来语的翻译]

类型尚未确定的翻译: **7** 种

א. ז. אשכלי. ספר הדרך וארח מישרים. ירושלים: ראובן מס.　　1937

(A. Z. Eshkoli (Aron Zeev Aescoly). *Sefer ha-derekh ye-'oraḥ mesharim*. Jerusalem: Reuven Mas.)

שלמה קאלו. טאו טה צ׳ינג. יפו: דע״ת.　　1981

(Shlomo Kalo. *Tao Te Ching*. Yafo: Daat Press.)

אלישע בן מורדכי. טאו טה צ׳ינג. הוד השרון: אסטרולוג.　　1996

(Elisha Ben Mordekhai. *Ṭa'o Te Ts'ing*. Hod ha-Sharon: Aṣṭrolog.)

בינה אופק. החיים על פי טאו: טאו טה צ׳ינג. תל אביב: אופרים.　　1996

(Binah Ofeḵ. *Ha-Ḥayim 'al pi Ṭa'o: Ṭa'o-ṭeh-ts'ing*. Tel Aviv: 'Ofarim.)

ניסים אמון. ספר הטאו. ירושלים: אבן חושן, 2001, 2006. 2001

(Nissim Amon. *Sefer ha-Ṭa'o*. Jerusalem: Even Hoshen, 2001, 2006.)

הרמן בן ציון, אלישע ובן מורדכי. חמשת עמודי החכמה הסינית. תל אביב: אסטרולוג. 2011

(Herman Ben Tsiyon, Elisha' Ben Mordekhai. *Ḥameshet 'amude ha-ḥokhmah ha-Sinit*. Tel Aviv: Aṣṭrolog.)

(Ofir Biran. *Tao Te Ching*. Biran Press.). אופיר בירן. טאו טה צ'ינג. הוצאת בירן. 2012

35. Hindi 印地语: 10 种①

《老子》原文翻译: 2 种

2005　संजीव मिश्र. लाओत्ज़े कृत ताओ ते छिङ. जयपुर: प्राकृत भारती अकादमी.

(Sañjīva Miśra. *Lāotze kṛta Tāo te chiṅa*. Jayapura: Prākṛta Bhāratī Akādamī.)

[印地语、汉语和英语三种语言版本]

[以 James Legge 的 1891 年语言译本为参考]

2017　शुभ्रा त्रिपाठी. लाओत्स् की कृति ताओ त जिङ. Beijing: Foreign Language Press.

(Shubhra Tripathi. *Lāots kī kṛti Tāo ta chiṅa*. Beijing: Foreign Language Press.)

(舒明经.《道德经》. 北京：外文出版社.)

《老子》转译: 1 种

2011　सुमन राज. बदलें विचार बदलेगा जीवन: *Change Your Thoughts, Change Your Life* का हिंदी रूपान्तरण. नई दिल्ली: हिन्द पॉकेट बुक्स.

(Sumana Raja. *Badaleṃ vicāra badalegā jīvana: Change Your Thoughts, Change Your Life ka Hindī rūpāntaraṇa*. Naī Dillī: Hinda Pôkeṭa Buksa.)

---

① 美国南卡罗来纳大学（University of South Carolina）的丹尼尔·M. 斯图尔特（Daniel M. Stuart）为此语种条目校对人。

[Wayne W. Dyer 的 2007 年 *Change Your Thoughts，Change Your Life* 英语译本的转译]

类型尚未确定的翻译: **7** 种

1973   जगदीश चन्द्र जैन. पथ का प्रभाव. नई दिल्ली: साहित्य अकादेमी.
       (Jagadish Chandra Jain. *Path ka Prabhav*. Naī Dillī: Sahitya Akademi.)

2009   इला कुमार. ताओ तेह चिन्ह. नई दिल्ली: हिन्द पॉकेट बुक्स, 2009, 2019.
       (Ila Kumar. *Tāo Teh Chinh*. Naī Dillī: Hinda Pôkeṭa Buksa, 2009, 2019.)

2009   वन्दना देवेन्द्र. ताओ-ते-छिंग. नई दिल्ली: राजकमल प्रकाशन.
       (Vandana Devendra. *Tāo-te-chiṃg*. Naī Dillī: Rajkamal Prakashan Pvt. Ltd.)

2010   अनुराधा बनर्जी. ताओ ते चिंग: एक चीनी उपनिषद्. वाराणसी: इण्डिका बुक्स, 2010, 2020.
       (Anuradha Banerji. *Tao Te Ching: Ek Chini Upanishad*. Vārāṇasī: Indika Buksa, 2010, 2020.)

2012   खेमचन्द्र चतुर्वेदी. स्वस्थ विचार सुखी जीवन. जयपुर: साहित्यागार.
       (Khemacandra Caturvedī. *Svastha vicāra sukhī jīvana*. Jayapura: Sāhityāgāra.)

2016   आलोक कुमार. लाओ त्सू की ताओ ते चिंग का हिंदी अनुवाद. Charleston, SC: CreateSpace, 2016; Center for Innovative Leadership, 2020.
       (Alok Kumar. *Hindi Translation of Lao-Tsu's Tao Te Ching*. Charleston, SC: CreateSpace, 2016; Center for Innovative Leadership, 2020.)

2022   Taj Bahadar. ताओ ते चिंग हिंदी अनुवाद. Kindle Edition.
       (Taj Bahadar. *Tao Te Ching Hindī anuvād*. Kindle Edition.)

36. Hungarian 匈牙利语: **14** 种
《老子》原文翻译: **4** 种

1943   Lajos Ágner. *A legfőbb lényről és az erényről* (*Lao-ce: Tao te King*).

Budapest: Officina Nyomda és Kiadóvállalat, 1943; Budapest: Fapadoskonyv.hu, 2010; Budapest: Quattrocento, 2013.

1957　Bertalan Hatvany. *Az Út és az Ige könyve: A Tao Të King*. München: Látóhatár, 1957; München: Griff Verlag, 1977.

1958　Tőkei Ferenc, Weöres Sándor. *Az Út és Erény Könyve: Tao Te King*. Budapest: Európa Könyvkiadó, 1958, 1980; Budapest: M. Helikon, 1980, 2015, 2016, 2019, 2021; Budapest: Tercium Kiadó, 1994, 1996, 1997, 1998, 2000, 2001; "Lao-cï: Tao Tö King." *Kínai filozófia, Ókor, Második kötet*. Budapest: Akadémiai Kiadó, 1964.

1997　Dao Ngoc Thang. *Tao Te King: Az út könyve*. Felcsút: Heliosdos.

《老子》转译: 5 种

1998　Kiss Julianna. *Tao: Út a vezetéshez*. Budapest: SHL Hungary Kft., 1998; Budapest: Edge, 2000, 2004.
　　　[John Heider 的 1984 年 *The Tao of Leadership* 英语译本的转译]

2001　János Máté. *A titkos völgy: Tao Te King*. Budapest: Gondverő Kiadó.
　　　[James Legge 的 1891 年英语译本的转译]

2009　György Katalin. *A Tao Hallgat*. Budapest: Typotex.
　　　[Raymond M. Smullyan 的 1977 年英语译本的转译]

2019　Madaras Réka. *Imigyen szóla Laozi: Daodejing; Új fordítás kommentárokkal*. Budapest: Kossuth Kiadó.
　　　[Wu Qianzhi 的 2014 年英语译本的转译]

2004　Rhasoda May. *Tao Te King*. Budapest: Pi-Mezon Bt.
　　　[以不同匈牙利语和英语译本为参考]

类型尚未确定的翻译: 5 种

1907　Iván Stodgiest. *Lao-ce Életbölcselete: Tao-te-king*. Budapest: Athenaeum Kaidó, 1907; Iván Stojist. Budapest: Farkas Lőrinc Imre

Könyvkiadó, 1993, 1996.

1980   Szabó Péter Szentmihályi. *Lao Cse intelmei.*

1990   Karátson Gábor. *Tao Te King.* Budapest: Cseréfalvi, 1990, 1997; Budapest: Q.E.D. Kiadó, 2003.

2001   Kulcsár F. Imre. *Tao Te King: Az Út és az Erény könyve.* Szentendre: Kairosz Kiadó.

2017   Padányi Gulyás Gábor. *Tao Tě Ching: A lényegi középpont és kibontakozásának könyve.* Budapest: Persica.

37. Icelandic 冰岛语：5 种
《老子》原文翻译：1 种
2010   Ragnar Baldursson. *Ferlið og dygðin.* Reykjavík: Hið íslenska bókmenntafélag, 2010, 2011, 2015.

类型尚未确定的翻译：4 种
1921   Jakob Jóhannesson Smára, Yngva Jóhannesson. *Lao Tse: Bókin um veginn.* Reykjavík: JPV, 1921, 1971, 1990, 2016.

1942   Søren Sørensen. *Tao Teh King: Eða, Bókin um dyggðina og veginn.* Reykjavík: Helgiritaútgáfan.

2004   Njörður P. Njarðvík. *Tao Te King: Bókin um veginn og dyggðina.* Reykjavík: JPV.

2016   Björn Vernhardsson. *Tilveran með taó.* CreateSpace, 2016; Reykjavík: Hugfari, 2019.

38. Ido 伊多语：1 种
类型尚未确定的翻译
1925   Max Jackob. *Lao-tse: Sentenci.* Berlin: Ido-Centrale, 1925, 1932.

39. Ilokano 伊洛卡诺语: 1 种
《老子》转译

1990　*Keresés*. New York: Watch Tower Bible and Tract Society of Pennsylvania.
[Gia-fu Feng 和 Jane English 的 1972 年英语译本的转译，包括第 9 章、第 16 章、第 25 章、第 51 章的译文]

40. Indonesian 印度尼西亚语: 22 种
《老子》原文翻译: 9 种

1937　Tan Soe Djwan. *Too Tik King: Kitab Kebatinan Lao Tse Deel Ka I.* Kediri: Tan Khoen Swie.

1938　Kwee Tek Hoaij. *Tao Teh King: Kitab peladjaran philosofie Tionghoa jang paling koeno, menerangkan azas-azas dari Taoisme, atawa Ilmoe boeat mendapet katentreman dan kabebasan hidoep.* Tjitjoeroeg: Moestika.

1940　Tan Soe Djwan. *Too Tik King: Kitab Kebatinan Lao Tse Deel Ka II.* Kediri: Tan Khoen Swie.

1953　Liem Tjie Khay. *Kitab Suci Taoisme: Tao Tee Cing.* 1953; Magelang: Swastika Surakarta, 1960; Lim Tji Kay. *Kitab suci Taoisme: Tao Tee Ching.* Jakarta: Sasana, 1991; Lim Tji Kay. *Kitab Tao Te Cing.* Jakarta: Balai Kitab Tridharma Indonesia (BAKTI), 2007.

1962　Tjoe Som Tjan (曾珠森). *Tao-Te-Tjing: Kitab tentang Djalan dan Saktinja.* Djakarta: Bhratara.

1995　Majelis Rohaniwan Tridharma. *Tao Tee Cing: Kitab Suci Taoisme.* Seluruh Indonesia Komda Jakarta

2007　K. Tjan. *Laozi Daodejing: Kitab Kebijakan dan Kebajikan.* Yogyakarta: Indoensia Tera, 2007, 2008.

2009　　Andri Wang. *Dao De Jing: The Wisdom of Lao Zi*. Jakarta: Gramedia, 2009, 2012, 2014, 2016.
　　　　[马王堆帛书本的翻译]

2012　　I. D. Lika. *Dao De Jing: Kitab Suci Utama Agama Tao*. Elex Media, 2012, 2014, 2015.

《老子》转译：6 种

1994　　Djarot Suseno, Ramelan. *Kepemimpinan Tao*. Jakarta: Pustaka Binaman Pressindo, 1994; *Kepemimpinan Tao Te Ching Ajaran Lao Tzu Yang Diadapiasi Untuk Zaman Baru*. Humanics, 2010.
　　　　[John Heider 的 1984 年 *The Tao of Leadership* 英语译本的转译]

2003　　Arvin Saputra, Lyndon Saputra. *Tao Hubungan Antara Pria Dengan Wanita: Suatu penyeimbangan antara pria dengan wanita*. Batam: Lucky Publishers.
　　　　[Ray Grigg 的 1988 年 *The Tao of Relationships* 英语译本的转译]

2003　　*Tao Kehidupan Yang Bertujuan*. Batam: Lucky Publishers, 2003, 2008.
　　　　[Andre de Zanger 和 Judith Morgan 的 1998 年英语译本的转译]

2003　　*Tao Pembelajaran*. Batam: Lucky Publishers.
　　　　[Pamela K. Metz 的 1994 年 *The Tao of Learning* 英语译本的转译]

2010　　Daniel P. Purba, Dedes Ekarini. *Change Your Thoughts, Change Your Life: Kearifan Tao Dalam hidup anda*. Jakarta: Esensi.
　　　　[Wayne W. Dyer 的 2007 年 *Change Your Thoughts, Change Your Life* 英语译本的转译]

2018　　Rudy Harjanto, Lasiyo. *Filsafat Kehidupan Dalam Perspektif: Tao Te Ching*. Jakarta: Yayasan Pustaka Obor.
　　　　[以 R. B. Blakney 的 1955 年英语译本、Ellen Chen 的 1989 年英语译本、Thomas Cleary 的 1986 年英语译本、Michael LaFargue 的 1992 年英语译本、James Legge 的 1891（2008）年英语译本、Jonathan Star 的 2001 年英语译本等为参考]

类型尚未确定的翻译: **7** 种

1925　Nirwana. *Too Tik King: Kitab warisan dari poedjonggo jang termoelia Loo Tjoe*. Magelang: Sie Wie Tjioe.

1985　*Kitab Falsafah: Too Tik Keng*. Umat Tridharma.

1998　Anand Krishna. *Mengikuti Irama Kehidupan Tao Te Ching bagi Orang Modern*. Jakarta: Gramedia Pustaka Utama.

2002　*Tao Teh Ching: Prinsip Ajaran & Aplikasi Kehidupan*. Yogyakarta: Tarawang.

2010　*Tao Te Ching-81 Filsafat Hidup Tao*. Jogjakarta: New Diglossia Yogyakarta.

2018　*Tao Te Ching: Jalan Menuju Kebajikan dan Kekuasaan*. Jakarta: Elex Media Komputindo.

2019　Irwan Segara. *Lao Tzu: Tao Te Ching*. Yogyakarta: Penerbit Kakatua.

41. Italian　意大利语: **69** 种

《老子》原文翻译: **27** 种

1878　Carlo Puini. *Il Buddha, Confucio e Lao-Tse: Notizie e studii intorno alle religioni dell'Asia orientale*. Firenze: Sansoni.

1926　Giuseppe Tucci. *Saggezza cinese: Scelta di massime, parabole, leggende da Confucio, Mencio, Mo-ti, Lao-tze, Yang-chu, Lieh-tze, Chuang-tze, Wang-Ch'ung*. Torino: G. B. Paravia & C.

1927　Alberto Castellani. *La regola celeste di Lao-Tse: Tao tê ching*. Firenze: Sansoni, 1927, 1954, 1984, 1990.

1930　Luigi Magnani. "Trattato del Principio e della Azione." *Pensiero Missionario* (1930-1932, Roma).

1941　Paolo Siao Sci-Yi (Paul Shih-yi Hsiao，萧师毅). *Il Tao-te-king di*

Laotse. Bari: Laterza & Figli, 1941, 1947, 1982, 1989.

1941　Erwin Rousselle. "Lao Tze: Tao Te King." *Il Marco Polo* 7, 93-98; *Il Marco Polo* 9, 29-34.
<与 Erwin Rousselle 的 1941 年德语译本为配套>

1949　Baldo Peroni. *Lao-Tse e il taoismo*. Milano: Garzanti.

1956　Rosanna Pilone, Chin-Hsiung Wu (John C. H. Wu，吴经熊). *Tao-te-king*. Milano: Istituto Italia-Cina.

1962　Rosanna Pilone. *Lao-Tse: Il libro della norma e della sua azione*. Milano: Rizzoli.

1978　Lionello Lanciotti. "Il Lao-tzu di Ma-wang-tui ovvero il Te-tao-ching." *Cina* 14, 7-26.
[马王堆帛书本的节译本]

1981　Lionello Lanciotti. *Il libro della virtù e della via: Il Te-tao-ching secondo il manoscritto di Ma-wang-tui*. Milano. Edioriale Nuova: Milano,1981; Milano: SE, 1993. Oscar Mondadori: Milano: 1996.
[马王堆帛书本的翻译]

1987　Fausto Tomassini. *Tao: I grandi testi antichi*. Torino: UTET liberia, 1987, 2003; Milano: Monodori, 2009; *Tao Tê Ching: Il libro della Via e della Virtù*. Editori Associati S.p.A., 1994.

1990　Serge d'Urach. *Lao-Tzu: Precetti*. Ginevra: Interart.

1993　Angelo Giorgio Teardo. *Laozi: Tao. Il Libro della Via e della Virtù*. Roma: Stampa Alternativa, 1993, 1998.

1994　Augusto Sabbadini. *La regola celeste: Il segreto della virtu nell'agire senza agire*. Colognola ai Colli: Demetra, 1994, 2001, 2007; Augusto Shantena Sabbadini. *Lao Tzu: Tao Te Ching - Una guida all' interpretazione del libro fondamentale del taoismo*. Milano: Universale Economica Feltrinelli, 2009, 2011, 2013.

<Shantena Augusto Sabbadini 自己 2013 年英语译本以其为参考>

1995 Luciano Parinetto. *Laozi: La via in cammino*. Milano: La Vita Felice, 1995; Milano: Rusconi, 1999.

2004 Attilio Andreini. *Laozi: Genesi del Daodejing*. Torino: Einaudi, 2004.
[郭店楚简本的翻译]

2004 Augusto Vitale. *Tê Tao Ching: Il libro della virtù della via*. Bergamo: Moretti & Vitali.
[马王堆帛书本的翻译]

2005 Leonardo Vittorio Arena. *Tecniche della meditazione: Tao-te-ching, Il maestro dei segreti celesti, Il trattato del sedersi nell'oblio*. Milano: BUR, 2005; *Il Tao della meditazione: Tao-te-ching, Il maestro dei segreti celesti, Il trattato del sedersi nell'oblio*. Milano: BUR, 2007.

2005 Carlo Moiraghi. *Tao Te Ching: Il dettato della perenne saggezza*. Milano: Tecniche nuove.

2011 Peter Otiv Norton. *Tao Tê Ching: La via in cammino*. Milano: La Vita Felice.

2014 Paolo Ferrari. *Laozi: Il Dao De Jing e la letteratura confuciana delle origini*. Kindle Edition.

2015 Paolo Giammarroni. *Daodejing: La preziosa raccolta della via e della qualità*. Torino: Lindau.

2018 M. Biondi, Attilio Andreini. *Daodejing: Il canone della via e della virtù*. Torino: Einaudi.
[郭店楚简本、马王堆帛书本、北大汉简本的翻译]

2021 Luigi Maggio. *Dàodéjīng: Edizione annotata e commentata*. Milano: Bompiani.

2021 R. Xiao, M. Mura. *Tao Te Ching: "La Via dell'Integrità."* Self

Published.

2021　Anatoly Savrukhin. *Il trattato "Tao Te Ching" di Lao Tzu sull'armonia della natura e della società: Traduzione dal cinese antico, analisi e commento*. Chisinau, Moldova: Edizioni Sapienza.

　　　<与 Anatoly Savrukhin 的 2021 年英语译本、2021 年德语译本、2021 年荷兰语译本、2021 年法语译本、2021 年波兰语译本、2021 年葡萄牙语译本为配套>

《老子》注本翻译：1 种

2001　Alfredo Cadonna. *"Quali parole vi aspettate che aggiunga?": Il commentario al Daodejing di Bai Yuchan, maestro taoista del XIII secolo*. Firenze: L. S. Olschki.

　　　[白玉蟾《道德宝章》的翻译]

《老子》转译：21 种

1923　Julius Evola. *Il libro della via e della virtù*. Lanciano: Carabba, 1923, 1947; Milano: Ceschina, 1959; Carmagnola: Arktos, 1982; *Tao Tê Ching di Lao-tze*. Roma: Edizioni Mediterranee, 1992, 1997.

　　　[以 Alexander Ular 的 1902 年法语译本为底本]

1959　Julius Evola. *Libro del Principio e della sua azione*. Milano: Casa Editrice Ceschina, 1959; Roma: Edizioni Mediterranee, 1972, 1987, 1989; *Tao Tê Ching di Lao-tze*. Roma: Edizioni Mediterranee, 1992, 1997.

　　　[Julius Evola 的 1923 年译本修订本]

1973　Anna Devoto. *Tao Tê Ching: Il libro della Via e della Virtù*. Milano: Adelphi, 1973, 1975, 1978, 1981, 1988, 1990, 1994; Milano: Fabbri, 2004.

　　　[J. J. L. Duyvendak 的 1953 年法语译本的转译]

1988　Emanuela Costa. *I Maestri del Tao: Lao-tseu, Lie-tseu, Tchouang-tseu*. Genova: Edizioni culturali Internazionali.

[Henry Normand 的 1985 年法语译本的转译]

1993　F. Berera. *Tao Te King: Il libro della Via e della Virtù*. Milano: Jaca Book, 1993, 1999.
[Claude Larre 的 1977 年法语译本的转译]

1993　Claudio Lamparelli. *Il Libro degli insegnament di Lao-Tzu*. Milano: Monadori, 1993; *L'essenza del Tao: Tao Te Ching e Chuang-tzu*. Milano: Mondadori, 1994, 2003.
[Thomas Clearly 的 1991 年 *The Essential Tao* 英语译本的转译]

1994　Chiara Carminati. *Le opere dei padri del taoismo*. Milano: Luni Editrice, 1994; Milano: Mondadori, 2001.
[Léon Wieger 的 1913 年法语译本的转译]

1995　E. Kampmann. *Il Tao delle relazioni tra uomo e donna*. Milano: Corbaccio, 1995, 1998; Humanics, 2010.
[Ray Grigg 的 1988 年 *The Tao of Relationships* 英语译本的转译]

1998　*Il Tao della leadership: Gestire il potenziale umano in armonia con le leggi universali*. Torino: L'età dell'Acquario, 1998, 2002, 2008.
[John Heider 的 1984 年 *The Tao of Leadership* 英语译本的转译]

2002　G. Fiorentini. *Breviario del Tao*. Roma: Astrolabio Ubaldini.
[Eva Wong 的 1999 年 *The Pocket Tao Reader* 英语译本的转译]

2002　Anna Carbone. *Tao Te Ching: Traduzione e commento di Richard Wilhelm*. Milano: Armenia.
[Richard Wilhelm 的 1911 年德语译本的转译]

2005　Claudio Lamparelli. *Lao Tzu: Tao Te Ching*. Milano: Mondadori, 2005, 2009.
[Brian Browne Walker 的 1996 年英语译本的转译]

2010　Stefania Paganelli. *Tao Te Ching: Ovvero L'arte dell'armonia*. Modena: Logos.

[Chad Hansen 的 2009 年英语译本的转译]

2011　Manuela Mura. *Tao Te Ching: Nova Versione*. Vicenza: Il punto d'icontro.
[Stephen Mitchell 的 1988 年英语译本的转译]

2011　R. Terrone. *Tao Te Ching*. Milano: Armenia.
[John H. McDonald 的 2009 年英语译本的转译]

2013　P. Nutrizio. *Tao Te Ching*. Milano: Luni.
[Léon Wieger 的 1913 年法语译本的转译]

2014　Raffaella Asni. *La saggezza del Tao: Come cambiare modo di pensare per vivere meglio*. Milano: Corbaccio.
[Wayne W. Dyer 的 2007 年 *Change Your Thoughts, Change Your Life* 英语译本的转译]

2015　Sara Rapa. *La via del cielo: Tao Te Ching*. Castelnuovo del Garda: Ed. del Baldo.
[以英语译本为底本]

2018　Rinaldo Pilla. *La Via Maestra: Tao Te Ching*. CreateSpace.
[Stephen Mitchell 的 1996 年英语译本的转译]

2019　Manuera Mura. *Tao Te King di Lao Tzu*. Self Published.
[Dwight Goddard 的 1910 年英语译本的转译]

2019　Peter Fritz Walter. *Dao De Jing*. Sirius-C Media Galaxy.
[Peter Fritz Walter 自己的 2015 年德语译本转译]

《老子》语内转译: **3** 种

2010　Renzo Maggiore. *Odi alle mie reincarnazioni: Versi liberi per Laozi, Virgilio, Gibran, Nietzsche ed altri*. Perugia/Ravenna: SBC.

2011　Paola Giovetti. *Tao Te Ching*. Baiso: Verdechiaro.

2015　Ambra Guerrucci, Federico Bellini. *Il Tao e la meditazione* (*Tao Te*

Ching). Vecchiano: Risveglio.

类型尚未确定的翻译: **17 种**

1905　Guglielmo Evans. *Lao-tse. Il libro della via e della virtù.* Torino: Bocca, 1905, 1924, 1982, 1997.

1938　Adriano Carbone. *Testi taoisti.* Lanciano: Carabba.

1943　Francesco Ferrari. *Libro del calmo pensare.* Milano: Boca, 1943; *Tao: Il libro del calmo pensare.* Torino: CET, 2001.

1976　Virgilio Gracci. *Lao Tzu Tao Te Ching: Il libro della Via e della Virtù.* Monza: Il Sagittario Rosso.

198?　Piero Righetti. *Tao Tê Ching.*
　　　{Gumbert}

1995　Girolamo Mancuso. *Il libro del Tao: Tao-teh-ching.* Roma: Newton Campton, 1995, 2013, 2015.

1995　Carlo Moiraghi. *Colloqui con Lao Tzu: Tao Te Ching e mondo moderno.* Milano: Armenia.

1995　Domenico Sebastianelli. *Il libro della norma: Tao-tê-ching.* Milano: La Spiga.

1995　Franco Spagnoli. *La via della vita secondo Lao Tze: Due versioni parallele del Tao Te Ching.* Firenze: L'autore libri.

2004　Paolo Ruffilli. *La Regola Celeste: Il libro del Tao.* Milano: BUR, 2004; Milano: Rizzoli, 2006; Milano: Baldini Castoldi Dalai, 2009.

2007　Martino Giorgi. *Tao Te Ching.* Pisa: C. Pietrobelli.

2009　*Pensieri belli per anime delicate.* Colognola ai Colli: Edizioni del Baldo, 2009, 2012.

2010　Angiolo Daddi. *Dhammapada, Tao Te Ching, La Grande Opera (Grillot de Givry*). M.I.R, 2010; *Tao Te Ching*. Riola: Hermatena, 2014.

2011　Davide Ziliani. *Dàodéjīng* (*Tao Te Ching*). Self-Published, 2011, 2012, 2017, 2019.
　　　<Davide Ziliani 自己的 2012 年英语译本以其为参考>

2018　Giuseppe Tararà, Massimiliano Greco. *Dao Te Ching: Edizione semantica a cura di Giuseppe Tararà*. Self-Published.

2020　enrico Baccarini. *Tao Te Ching*. Firenze: Enigma Edizioni.

2022　Z. Ferri. *Tao Te Ching: E insegnamenti practici per l'occidente*. Self-Published.

42. Japanese 日语: 90 种①
《老子》原文翻译: 80 种

1646　澤庵宗彭.『老子講話』. 1646; 東京: 東亞堂書房, 1910;「老子講話」.『無求備齋老子集成續編』. 臺北: 藝文印書館, 1970.
　　　(Takuan Sōhō. *Rōshi kōwa*. 1646; Tōkyō: Tōadō Shobō, 1910; "Rōshi kōwa." *Wuqiubei zhai Laozi jicheng xubian*. Taibei: Yee Wen Publishing, 1970.)
　　　<被转译成 Thomas Cleary 的 2010 年英语译本>

1681　山本洞雲.『老子經諺解大成 10 卷』. 大阪: 道德書堂, 1681;「老子諺解」.『漢籍国字解全書: 先哲遺著 9 卷』. 東京: 早稲田大学出版部, 1909-1911, 1926, 1933;「老子林注諺解大成」.『無求備齋老子集成續編』. 臺北: 藝文印書館, 1970.
　　　(Yamamoto Tōun. *Rōshikyō genkai taisei 10-kan*. Ōsaka: Dōtoku Shodō, 1681; "Rōshi genkai." *Kanseki kokujikai zensho: Sentetsu icho 9-kan*. Tōkyō: Waseda Daigaku Shuppanbu, 1909-1911, 1926, 1933; "Rōshikyō Rinchū genkai taisei." *Wuqiubei zhai Laozi jicheng xubian*. Taibei: Yee Wen Publishing, 1970.)

---

① 北京首都师范大学的龚新宇审定日语条目信息。

1761 金蘭齋.『老子經國字解 三卷』.1761; 大阪: 敦賀屋九兵衛, 1809;「老子經國字解」. 関儀一郎.『老子諸註大成』. 東京: 井田書店, 1942.

(Kon Ransai. *Rōshikyō kokujikai 3-kan.* 1761; Ōsaka: Tsurugaya Kyūbei, 1809; "Rōshikyō kokujikai." Seki Giichirō. *Rōshi shochū taisei.* Tōkyō: Ida Shoten, 1942.)

1772 岡崎良梁.『老子兵解 8 巻』. 天野勝英写, 1772;「老子兵解」.『無求備齋老子集成續編』. 臺北: 藝文印書館, 1970.

(Okazaki Ryōryō. *Rōshi heikai 8-kan.* Amano Katsuhide utsushi, 1772; "Rōshi heikai." *Wuqiubei zhai Laozi jicheng xubian.* Taibei: Yee Wen Publishing, 1970.)

1817 海保靑陵.『老子国字解』.1817;「老子国字解」,『靑陵遺編集』. 東京: 国本出版社, 1935;「老子國字解 六巻」. 関儀一郎.『老子諸註大成』. 東京: 井田書店, 1942;「老子国字解」.『無求備齋老子集成續編』. 臺北: 藝文印書館, 1970.

(Kaiho Seiryō. *Rōshi kokujikai,* 1817; "Rōshi kokujikai." *Seiryō ihenshū.* Tōkyō: Kokuhon Shuppansha, 1935; "Rōshi kokujikai 6-kan." Seki Giichirō. *Rōshi shochū taisei.* Tōkyō: Ida Shoten, 1942; "Rōshi kokujikai." *Wuqiubei zhai Laozi jicheng xubian.* Taibei: Yee Wen Publishing, 1970.)

1884 佐藤牧山.『老子講義』. 名古屋: 三輪文次郎.

(Satō Bokuzan. *Rōshi kōgi.* Nagoya: Miwa Bunjirō.)

1910 久保天随.『老子新釋』. 東京: 博文館.

(Kubo Tenzui. *Rōshi shinshaku.* Tōkyō: Hakubunkan.)

1910 田岡嶺雲.『和訳老子・和訳荘子』. 東京: 玄黄社.

(Taoka Reiun. *Wayaku Rōshi, Wayaku Sōshi.* Tōkyō: Genkōsha.)

1911 杉原夷山.『老子詳解新訳』. 東京: 千代田書房, 1911;『新譯老子詳解』. 東京: 石塚卯之助, 1915.

(Sugihara Izan. *Rōshi shōkai shin'yaku.* Tōkyō: Chiyoda Shobō, 1911;

Shin'yaku Rōshi shōkai. Tōkyō: Ishizukaunosuke, 1915.)

[金蘭齋（Kon Ransai）1761 年『老子經國字解』的现代日语翻译]

1914　喰代豹蔵.「老子道徳経講義」.『老子荘子講義』. 東京: 興文社, 1914, 1919.

　　　　(Hōjiro Hyōzō. "Rōshi Dōtokukyō kōgi." *Rōshi, Sōshi kōgi.* Tōkyō: Kōbunsha, 1914, 1919.)

1920　小柳司気太.「国訳老子」.『国訳漢文大成 7 巻 (経子史部)』. 東京: 国民文庫刊行会, 1920-1924, 1935, 1940; 東京: 東洋文化協会, 1956.

　　　　(Oyanagi Shigeta. "Kokuyaku Rōshi." *Kokuyaku kanbun taisei 7-kan* (*Keikoshibu*). Tōkyō: Kokumin Bunko Kankōkai, 1920-1924, 1935, 1940; Tōkyō: Tōyō Bunka Kyōkai, 1956.)

1922　塚本哲三 .『老子·荘子·列子』. 東京: 有朋堂.

　　　　(Tsukamoto Tetsuzō. *Rōshi, Sōshi, Resshi.* Tōkyō: Yūhōdō.)

1923　野村岳陽.『老子·列子: 現代語訳』. 東京: 新光社, 1923; 東京: 支那哲学叢書刊行会, 1926;『老子·列子』. 東京: 金の星社, 1929.

　　　　(Nomura Gakuyō. *Rōshi, Resshi: Gendaigoyaku.* Tōkyō: Shinkosha, 1923; Tōkyō: Shina Tetsugaku Sōsho Kankōkai, 1926; *Rōshi, Resshi.* Tōkyō: Kin no Hoshisha, 1929.)

1924　坂本健一.『老子』. 大久保町 (東京府): 世界文庫刊行会.

　　　　(Sakamoto Ken'ichi. *Rōshi.* Ōkubomachi (Tōkyō-fu): Sekai Bunko Kankōkai.)

1925　山田愛剣.『新訳老子講話』. 東京: 修教社書院, 1925; 東京: 富文館, 1926; 京都: 洛東書院, 1933;『老子新講話』. 東京: 春洋社, 1935.

　　　　(Yamada Aiken. *Shin'yaku Rōshi kōwa.* Tōkyō: Shūkyōsha Shoin, 1925; Tōkyō: Fubunkan, 1926; Kyōto: Rakutō Shoin, 1933; *Rōshi shin kōwa.* Tōkyō: Shunyōsha, 1935.)

1927　西田長左衛門.「老子」.『漢文叢書: 詳解全訳 10 巻』. 東京: 至誠堂書店.

(Nishida Chōzaemon. "Rōshi." *Kanbun sōsho: Shōkai zen'yaku 10-kan.* Tōkyō: Shiseidō Shoten.)

1933　廣瀨又一, 清水起正.『英和雙譯「老子·大學·中庸」全』. 東京: 二三子堂書店.

(Hirose Okimasa, Shimizu Kisei. *Eiwa sōyaku "Rōshi, Daigaku, Chūyō" zen.* Tōkyō: Nisanshidōshoten.)

[包括 James Legge 的 1891 年英语译本]

1933　五十沢二郎.「老子 上之巻」.『支那古典叢函 第 3』. 鎌倉町 (神奈川県): 方円寺書院.

(Izawa Jiro. "Rōshi Jyōnokan." *Shina koten sōkan dai 3.* Kamakura-machi (Kanagawa-ken): Hōenji Shoin.)

1938　西晋一郎.『老子講義』. 兵庫県神崎郡瀬加村: 本間日出男, 1938; 広島市: 渓水社, 1996.

(Nishi Shin'ichirō. *Rōshi kōgi.* Hyōgoken, Kanzakigun, Sekamura: Honma Hideo, 1938; Hiroshimashi: Keisuisha, 1996.)

1938　武内義雄.『老子』. 東京: 岩波書店, 1938, 1943; 東京: 朝日新聞社, 1978.

(Takeuchi Yoshio. *Rōshi.* Tōkyō: Iwanami Shoten, 1938, 1943; Tōkyō: Asahi Shinbunsha, 1978.)

1940　山縣初男.『老子の新研究』. 東京: 大阪屋號書店.

(Yamagata Hatsuo. *Rōshi no shin kenkyū.* Tōkyō, Ōsakayagō Shoten.)

1953　伊福部隆彦.『老子眼蔵』. 藤沢: 池田書店, 1953; 名古屋: 黎明書房, 1964.

(Ifukube Takahiko. *Rōshi genzō.* Fujisawa: Ikeda Shoten, 1953; Nagoya: Reimei Shobō, 1964.)

1954　諸橋轍次.『老子の講義: 掌中』. 東京: 大修館書店, 1954, 1962,

1965; 『老子の講義』. 東京: 大修館書店, 1973, 1989, 1991, 2008.
(Morohashi Tetsuji. *Rōshi no kōgi: Shōchū*. Tōkyō: Taishūkan Shoten, 1954, 1962, 1965; *Rōshi no kōgi*. Tōkyō: Taishūkan Shoten, 1973, 1989, 1991, 2008.)

1955　伊福部隆彦. 『老子道德経研究』. 藤沢: 池田書店.
(Ifukube Takahiko. *Rōshi dōtokukyō kenkyū*. Fujisawa: Ikeda Shoten.)

1957　山鹿泰治. [unknown]. [unknown], 1957; 『老子直解』. 前田幸長 PBK 文庫, 1962; 『老子直解』. 中村吾郎, 1978; 老子直解』. 沼津: 山鹿文庫, 1992.
(Yamaga Taiji. [unknown]. [unknown], 1957; *Rōshi Chokukai*. Maeda Yukinaga PBK bunko, 1962; *Rōshi Chokukai*. Nakamura Gorō, 1978; *Rōshi Chokukai*. Numazu: Yamaga bunko, 1992.)
[世界语和日语双语译本]

1959　木村英一. 『老子の新研究』 東京 : 創文社.
(Kimura Eiichi. *Rōshi no shin kenkyū*. Tōkyō: Sōbunsha.)
<被转译成 Leon Hurvitz 的 1961 年英语译本>

1962　大浜晧. 『老子の哲学』. 東京: 勁草書房.
(Ōhama Akira. *Rōshi no tetsugaku*. Tōkyō: Keisō Shobō.)
<被转译成임헌규（Im Hungyu）的 1992 年韩语译本>

1964　奥平卓. 「老子」. 『中国の思想 6 巻』. 東京: 経営思潮研究会, 1964; 東京: 徳間書店, 1967, 1973, 1996; 『老子・列子』. 東京: 徳間書店, 2008.
(Okudaira Takashi. "Rōshi," *Chūgoku no shisō 6-kan*. Tōkyō: Keiei Shichō Kenkyūkai, 1964; Tōkyō, Tokuma Shoten, 1967, 1973, 1996; *Rōshi, Resshi*. Tōkyō: Tokuma Shoten, 2008.)

1966　阿部吉雄.『新釈漢文大系 第7: 老子 荘子 上』. 東京: 明治書院.
(Abe Yoshio. *Shinshaku kanbun taikei dai 7: Rōshi, Sōshi Jyō*. Tōkyō: Meiji Shoin.)

1966　五井昌久. 『老子講義』. 市川: 白光真宏会出版局, 1966, 1983, 1997.

(Goi Masahisa. *Rōshi kōgi*. Ichikawa: Byakkō Shinkōkai Shuppankyoku, 1966, 1983, 1997.)

<被转译成 Robert Stevenson 的 2001 年英语译本；被回译成张永胜和徐文海与云艳新（Zhang Yongsheng 和 Xu Wenhai 与 Yun Yanxin）的 2000 年汉语译本>

1967　山室三良. 『老子』. 東京: 明德出版社.

(Yamamuro Saburō. *Rōshi*. Tōkyō: Meitoku Shuppansha.)

1968　木村英一, 加地伸行. 「老子」. 『世界の大思想 第 2 期 第 1』. 東京: 河出書房新社, 1968, 1972, 2005.

(Kimura Eiichi, Kaji Nobuyuki. "Rōshi." *Sekai no daishisō dai 2 ki dai 1*. Tōkyō: Kawade Shobō Shinsha, 1968, 1972, 2005.)

1968　小川環樹. 『世界の名著 第 4: 老子・荘子』. 東京: 中央公論社, 1968, 1978; 『老子』. 東京: 中央公論社, 1997, 2005; 『老子』. 长沙: 湖南人民出版社, 2009.

(Ogawa Tamaki. *Sekai no meicho dai 4: Rōshi, Sōshi*. Tōkyō: Chūō Kōronsha, 1968, 1978; *Rōshi*. Tōkyō: Chūō Kōronsha, 1997, 2005; *Rōshi*. Changsha: Hunan renmin chubanshe, 2009.)

1971　経典釈文綜合研究孝経・老子道経班. 『対校孝経・老子道経釈文集成』. 東京: 汲古書院.

(Keiten Shakumon Sōgō Kenkyū Kōkyō—Rōshi Dōkyōhan. *Taikō Kōkyō, Rōshi dōkyō shakumon shūsei*. Tōkyō: Kyūko shoin.)

1971　山田勝美. 「老子」. 加藤常賢. 『中国教育宝典 上』. 町田: 玉川大学出版部.

(Yamada Katsumi. "Rōshi." Katō Jōken. *Chūgoku kyōiku hōten Jyō*. Machida: Tamagawa Daigaku Shuppanbu.)

1973　金谷治. 「老子」. 『中国古典文学大系 4 巻』. 東京: 平凡社.

(Kanaya Osamu. "Rōshi," *Chūgoku koten bungaku taikei 4-kan*. Tōkyō:

Heibonsha.)

1978   福永光司. 『老子』. 東京: 朝日新聞出版, 1978, 1983, 1997; 東京: 筑摩書房, 2004, 2013.
(Fukunaga Mitsuji. *Rōshi*. Tōkyō: Asahi Shinbunsha, 1978, 1983, 1997; Tōkyō: Chikuma Shobō, 2004, 2013.)

1978   森三樹三郎. 『老子・荘子』. 東京: 講談社, 1978, 1994.
(Mori Mikisaburō. *Rōshi, Sōshi*. Tōkyō: Kōdansha, 1978, 1994.)

1983   麦谷邦夫. 「老子・列子」. 『中国の古典 2』. 東京: 学習研究社.
(Mugitani Kunio. "Rōshi resshi." *Chūgoku no koten 2*. Tōkyō: Gakushū Kenkyūsha.)

1983   守屋洋. 『新釈「老子」講義』. 東京: PHP 研究所, 1983; 『新釈老子』 東京: PHP 研究所, 1988, 1990, 1994.
(Moriya Hiroshi. *Shinshaku "Rōshi" kōgi*. Tōkyo: PHP (Peace and Happiness through Prosperity) Kenkyūjo, 1983; *Shinshaku Rōshi*. Tōkyo: PHP Kenkyūjo, 1988, 1990, 1994.)

1984   木村英一. 『老子』. 東京: 講談社.
(Kimura Eiichi. *Rōshi*. Tōkyō: Kōdansha.)

1992   加島祥造. 『タオ―ヒア・ナウ』. 東京: PARCO 出版, 1992, 1993.
(Kajima Shōzō. *Tao: Hia nau*. Tōkyō: PARCO Shuppan, 1992, 1993.)

1994   深津胤房. 『老子細読』. 東京: 深津胤房.
(Fukatsu Tanefusa. *Rōshi saidoku*. Tōkyō: Fukatsu Tanefusa.)

1994   坂出祥伸, 武田秀夫. 『老子訳注』. 東京: 東方書店.
(Sakade Yoshinobu, Takeda Hideo. *Rōshi yakuchū*. Tōkyō: Tōhō Shoten.)
[任继愈 1983 年《老子释译》或者 1987 年《老子新译》的翻译]

1997   金谷治. 『老子: 無知無欲のすすめ』. 東京: 講談社.
(Kanaya Osamu. *Rōshi: Muchi muyoku no susume*. Tōkyō: Kōdansha.)

1998   濁水. 『聖人之門: 老子解釈』. 東京: 翠光出版.
(Dakusui. *Seijin no mon: Rōshi kaishaku*. Tōkyō: Suikō Shuppan)

2002   阿部吉雄, 山本敏夫. 『老子』. 東京: 明治書院.
(Abe Yoshio, Yamamoto Toshio. *Rōshi*. Tōkyō: Meiji Shoin.)

2002   楠山春樹. 『「老子」を読む: 現代に活かす「無為自然」の哲学』.
東京: PHP 研究所.
(Kusuyama Haruki. *"Rōshi" o yomu: Gendai ni ikasu "mui shizen" no tetsugaku*. Tōkyo: PHP Kenkyūjo.)
[郭店竹简本和马王堆帛书本的翻译]

2003   丸山瑛示. 『いのちの道: 聖なる老子の 5000 文字』. 東京: サンマーク出版.
(Eiji Maruyama. *Inochi no michi: Seinaru Rōshi no 5000 monji*. Tōkyō: Sanmāku shuppan.)

2004   野村茂夫. 『鑑賞中国の古典 4 巻: 老子・荘子』. 東京: 角川書店.
(Nomura Shigeo. *Kanshō chūgoku no koten 4-kan: Rōshi, Sōshi*. Tōkyō: Kadokawa Shoten.)

2004   柳谷隆幸. 『新訳「老子」: 古代中国「気」論』. 東京: 新風舎.
(Yanagiya Takayuki. *Shin'yaku "Rōshi": Kodai Chūgoku "ki" ron*. Tōkyō: Shinpūsha.)

2005   王明. 『老子(全): 自在に生きる 81 章』. 東京: 地湧社.
(Ō Mei. *Rōshi (zen): jizai ni ikiru 81 shō*. Tōkyō: Jiyūsha.)

2006   伊藤淳子. 『心が安まる老子』. 東京: PHP 研究所.
(Itō Junko. *Kokoro ga yasumaru rōshi*. Tōkyō: PHP Kenkyūjo.)

2006   加島祥造. 『タオ: 老子』. 東京: 筑摩書房.
(Kajima Shōzō. *Tao: Rōshi*. Tōkyō: Chikuma Shobō.)

2006   蜂屋邦夫. 『図解雑学: 老子』. 東京: ナツメ社.
(Hachiya Kunio. *Zukai zatsugaku: Rōshi*. Tōkyō: Natsumesha.)

2007　新井満. 『老子: 自由訳』. 東京: 朝日新聞社, 2007; 東京: 朝日新聞出版, 2009.

　　　(Arai Man. *Rōshi: Jiyū yaku*. Tōkyō: Asahi Shinbunsha, 2007; Tōkyō: Asahi Shinbun Shuppan, 2009.)

2008　蜂屋邦夫. 『老子』. 東京: 岩波書店, 2008, 2012; 東京: NHK 出版, 2013.

　　　(Hachiya Kunio. *Rōshi*. Tōkyō: Iwanami Shoten, 2008, 2012; Tōkyō: NHK Shuppan, 2013.)

2009　岬龍一郎. 『新訳「老子」: 雲のように、水のように、自由に生きる』. 東京: PHP 研究所.

　　　(Misaki Ryūichirō. *Shin'yaku "Rōshi": Kumo no yō ni, mizu no yō ni, jiyū ni ikiru*. Tōkyō: PHP Kenkyūjo.)

2010　孫俊清. 『明解道徳経』. 東京: 元就出版社.

　　　(Son Shunsei. *Meikai Dōtokukyō*. Tōkyō: Genshū Shuppansha.)

2011　早島天來. 『定本「道徳経」の読み方』. いわき市: 日本道観出版局.

　　　(Hayashima Tenrai. *Teihon Dōtokukyō no yomikata*. Iwaki-shi: Nihon-dōkan Shuppankyoku.)

2011　ドリアン助川. 『バカボンのパパと読む「老子」』. 東京: 角川マガジンズ.

　　　(Dorian Sukegawa. *Bakabon no Papa to yomu "Rōshi."* Tōkyō: Kado-kawa Magajinzu.)

2013　加島祥造. 『「老子」新訳: 名のない領域からの声』. 東京: 地湧社.

　　　(Kajima Shōzō. *"Rōshi" shin'yaku: Na no nai ryōiki kara no koe.* Tōkyō: Jiyūsha.)

2013　谷川太一. 『柔訳老子の言葉』. 東京: 経済界.

　　　(Tanigawa Taichi. *Jūyaku rōshi no kotoba*. Tōkyō: Keizaikai.)
　　　<被转译成 Kaminura Mariko 的 2015 年英语译本>

2013　小池一郎. 『老子訳註: 帛書「老子道徳経」』. 東京: 勉誠出版.

(Koike Ichirō. *Rōshi yakuchū: Hakusho "Rōshi Dōtokukyō."* Tōkyō: Bensei Shuppan.)

2014　田口佳史. 『超訳老子の言葉』. 東京: 三笠書房.
(Taguchi Yoshifumi. *Chōyaku Rōshi no kotoba.* Tōkyō: Mikasa Shobō.)

2016　黒澤一樹. 『ラブ、安堵、ピース: 東洋哲学の原点; 超訳「老子道徳経」』. 東京: アウルズ・エージェンシー.
(Kurosawa Kazuki. *Rabu, ando, pīsu: Tōyō tetsugaku no genten; Chōyaku "Rōshi Dōtokukyō."* Tōkyō: Auruzu Ējenshī.)

2016　岬龍一郎. 『超訳「老子」: 心が安らぐ 150 の言葉』. 東京: PHP 研究所.
(Misaki Ryūichirō. *Chōyaku "Rōshi": Kokoro ga yasuragu 150 no kotoba.* Tōkyō: PHP Kenkyūjo.)

2017　池田知久. 『老子: その思想を読み尽くす』. 東京: 講談社, 2017, 2019.
(Ikeda Tomohisa. *Rōshi: Sono shisō o yomitsukusu.* Tōkyō: Kōdansha, 2017, 2019.)

2017　田口佳史. 『ビジネスリーダーのための老子「道徳経」講義』. 東京: 致知出版社.
(Taguchi Yoshifumi. *Bijinesu rīdā no tame no Rōshi "Dōtokukyō" kōgi.* Tōkyō: Chichi Shuppansha.)

2017　安冨歩. 『老子の教え: あるがままに生きる』. 東京: ディスカヴァー・トゥエンティワン, 2017;『老子: あるがままに生きる; エッセンシャル版』. 東京: ディスカヴァー・トゥエンティワン, 2018.
(Yasutomi Ayumu. *Rōshi no oshie: Aruga mama ni ikiru.* Tōkyō: Disukavā Tuentiwan, 2017; *Rōshi: Aruga mama ni ikiru; Essansharuban.* Tōkyō: Disukavā Tuentiwan, 2018.)
<被转译成김현영（Kim Hyunyung）的 2020 年韩语译本>

2018　刘德润. 《道德经: 汉日对照》. 北京: 新星出版社.

(Liu Derun. *Daodejing: Han-Ri duizhao*. Beijing: New Star Press.)
[汉日双语版本]

2018　保立道久．『現代語訳「老子」』．東京：筑摩書房．
(Hotate Michihisa. *Gendaigoyaku: Rōshi*. Tōkyō: Chikuma Shobō.)

2019　池田知久．『老子：全訳注』．東京：講談社．
(Ikeda Tomohisa. *Rōshi: Zen yakuchū*. Tōkyō: Kōdansha.)

2019　野中根太郎．『全文完全対照版：老子コンプリート』．東京：誠
文堂新光社．
(Nonaka Netarō. *Zenbun kanzen taishōban: Rōshi konpurīto*. Tōkyō:
Seibundō Shinkōsha.)

2019　田中佩刀．『全訳老子』．東京：明徳出版社．
(Tanaka Hakashi. *Zen'yaku Rōshi*. Tōkyō: Meitoku Shuppansha.)

2019　雲黒斎．『マスターからの手紙：超訳「老子道徳経」』．東京：小
学館．
(Un Kokusai. *Masutā kara no tegami: Chōyaku "Rōshi Dōtokukyō."*
Tōkyō: Shōgakkan.)

2020　南部一郎．『まだ読んでいない人のために：超訳老子』．Kindle
Edition．
(Nambu Ichirō. *Mada yon de inai hito no tame ni: Chōyaku Rōshi*.
Kindle Edition.)

2020　山田史生．『哲学として読む老子全訳』．東京：トランスビュー．
(Yamada Fumio. *Tetsugaku to shite yomu Rōshi zen'yaku*. Tōkyō:
Toransubyū.)

2021　青樹謙慈．『老子：現代語現場訳』．Kindle Edition．
(Aoki Kendi. *Rōshi: Gendai-go genba-yaku*. Kindle Edition.)

2022　田中哲也　『老子：自由訳詩集；いのちの詩；道への回帰』．東
京：文芸社．

(Tanaka Tetsuya. *Roshi: Jiyu yakushishu; Inochi no uta; Tao eno kaiki.* Tōkyō: Bungeisha.)

《老子》注本翻译: **1** 种
2000 志贺一朗. 『老子真解』. 東京: 汲古書院.

(Shiga Ichirō. *Rōshi shinkai.* Tōkyō: Kyūko shoin.)

[王弼《老子注》的翻译]

<为查看所有王弼《老子注》译本信息，参考 Václav Cílek 的 2005 年捷克语译本条目>

《老子》转译: **9** 种
1987 上野浩道. 『老子の思想: タオ・新しい思惟への道』. 東京: 講談社.

(Ueno Hiromichi. *Rōshi no shisō: Tao, atarashii shii e no michi.* Tōkyō: Kōdansha.)

[Chung-Yuan Chang 的 1975 年英语译本的转译]

1992 上野圭一. 『タオのリーダー学 : 新時代を生きぬくための 81 の戦略』. 東京: 春秋社, 1992, 1999.

(Ueno Keiichi. *Tao no rīdāgaku: Shin jidai o ikinuku tame no 81 no senryaku.* Tōkyō: Shunjūsha, 1992, 1999.)

[John Heider 的 1984 年 *The Tao of Leadership* 英语译本的转译]

1996 荒俣宏. 『タオの言葉』. 東京: 紀伊国屋書店.

(Aramata Hiroshi. *Tao no kotoba.* Tōkyō: Kinokuniya Shoten.)

[Marc de Smedt 的 1995 年 *Paroles du Tao* 法语译本的转译]

2012 加藤智惠子, 有宗昌子. 『老子: トルストイ版』. 大阪: ドニエプル出版.

(Katō Chieko, Arimune Masako. *Rōshi: Torusutoi ban.* Ōsaka: Doniepuru Shuppan.)

[Д.П. Конисси（D. P. Konissi）和 Л.Н. Толстой（L. N. Tolstoy）的 1913 年俄语译本的转译]

2012   柏倉美穂.『老子が教える: 実践道 (タオ) の哲学; あるがままに
生きる智恵』. 東京: PHP 研究所.
(Kashiwagura Miho. *Roshi ga oshieru: Jissen (Tao) no tetsugaku; Arugamama ni ikiru chie.* Tōkyō: PHP Kenkyūjo, 2012.)
[Wayne W. Dyer 的 2007 年 *Change Your Thoughts，Change Your Life*
英语译本的转译]

2014   中野ゆみ.『老子道徳経』. 東京 グレートラーニングジャパン.
(Nakano Yumi. *Rōshi Dōtokukyō.* Tōkyō: Gurēto Rāningu Japan)
[Yi Wu 的 1989 年英语译本的转译]

2017   古勝隆一.『老子道徳経』. 東京: 慶應義塾大学出版会.
(Kogachi Ryūichi. *Rōshi Dōtokukyō.* Tōkyō: Keiō Gijuku daigaku Shuppankai.)
[Toshihiko Izutsu（井筒俊彦）的 2001 年英语译本的转译]

2019   長谷川晃『老子と日本人の心: 英語で読む老子』. Kindle Edition.
(Hasegawa Akira. *Rōshi to nihonjin no kokoro: Eigo de yomu Rōshi.*
Kindle Edition.)
[Gia-fu Feng 和 Jane English 的 1972 年英语译本的转译]

2020   中本信幸.『老子道徳経: トルストイ・小西増太郎 共露訳』.
Kindle Edition. (Nakamoto Nobuyuki. *Rōshi Dōtokukyō: Torusutoi-Konishi Masutarō kyō Royaku.* Kindle Edition.)
[Д.П. Конисси（D. P. Konissi）和 Л.Н. Толстой（L. N. Tolstoy）的
1913 年俄语译本的转译]

43. Kannada 坎纳达语: 2 种①
类型尚未确定的翻译: 2 种
1994   ಯು. ಆರ್. ಅನಂತಮೂರ್ತಿ. ದಾವ್ ದ ಜಿಂಗ್: ತಾವೂ ತೆ ಚಿಂಗ್ ಕನ್ನಡ. ಹೆಗ್ಗೋಡು:

---

① 印度班加罗尔大学（Bangalore University）的玛姆塔·G. 萨葛（Mamta G. Sagar）提供条目卡
纳达文字的信息。

ಅಕ್ಷರ ಪ್ರಕಾಶನ.

(U. R. Ananthamurthy. *Dav da jing: Tao te ching Kannada*. Heggodu: Akshara Prakashana.)

2020　ಎಸ್. ನಟರಾಜ ಬೂದಾಳು. ದಾವ್ ದ ಜಿಂಗ್: ಸೂತ್ರಗಳು. ಚನ್ನಪಟ್ಟಣ: ಪಲ್ಲವ ಪ್ರಕಾಶನ.

(S. Nataraja Budalu. *Dav da jing: Sutragalu*. Channapatna: Pallava Prakashana.)

[包括译文的著作]

44. Kazakh 哈萨克语: **4** 种①

《老子》原文翻译: **2** 种

2010　قايرات مۇرات ۇلى. لۇزى جانه ‹‹جول يگى دەستىرى››. ‹‹مۇرا›› جۇرنالى، ۇرىمجى، 2010 جىل 3-سان.

(Qayrat Murat ulï. "Lawzï Jäne *Jol Ygi Destiri*." *Mura* Jurnalï, Ürimji, 2010-Jïl 3-san.)

(海拉提·木拉提.《老子与<道德经>》.《木拉》杂志,乌鲁木齐, 2010 年第 3 期.)

2018　قايرات مۇرات ۇلى. ‹‹جول-يگى بايانى››. ۇرىمجى: شينجياڭ مادەنيەت باسپاسى، 2018، 2019.

(Qayrat Murat ulï. *Jol-ygi Bayanï*. Ürimji: Šiynjiaŋ Mädenyet baspasï, 2018, 2019, 2020.)

(海拉提·木拉提.《道德经》.乌鲁木齐: 新疆文化出版社, 2018, 2019, 2020.)

[梁海明 1997 年《老子》的双语翻译]

《老子》转译: **1** 种

2000　С.Ф. Ударцев. «Дао Дэ Цзин». Алматы: Б. И., 2000; Алматы: Жеті жарғы, 2000, 2003, 2004.

---

① 新疆大学的阿热依·邓哈孜审定本语种老文字和新文字的信息。

(S.F. Wdarsev. *Dao De Szın*. Almaty: B. N., 2000; Almaty: Jeti jarǵy, 2003, 2004.)

[Ян Хин-шун（Yang Xingshun）的 1950 年俄语译本的转译]

类型尚未确定的翻译：**1** 种

2007　　Мырзагелдi Кемел. «Ой-қазына Антологиясы». Астана: Аударма.

　　　　(Myrzageldi Kemel. *Oı-qazyna Antologııasy*. Astana: Awdarma.)

45. Khmer　柬埔寨语：**2** 种①

《老子》原文翻译：**1** 种

2017　　លូ យូហ្វ៊. ការបកប្រែសម្រាងវណ្ណកម្មឡៅជឺ. គួយលីន: 广西师范大学出版社.

　　　　(Luŏ Yufê. *Karôbâkâbrê sâmreăng vônnakamm Lauchœ*. Kuŏylin: Guangxi shifan daxue chubanshe.)

　　　　(罗宇菲.《老子选译》.桂林：广西师范大学出版社.)

　　　　[张葆全采选的章节为底本]

类型尚未确定的翻译：**1** 种

2017　　ស្រ៊ុន លាវ. ឡៅជឺ: មាគ៌ាអធ្យាយបុគ្គល. ភ្នំពេញ: សៀវភៅនៃការចែករំលែក.

　　　　(Srun Léav. *Lauchœ: Méakéa 'âchchhârĭy bŏkkôl*. Phnum Pénh: Sièvphŏu ney kar chêkrumlêk.)

46. Kinyarwanda　卢旺达语：**1** 种

《老子》转译

2012　　*Bashakishije Imana*. New York: Watch Tower Bible and Tract Society of Pennsylvania.

　　　　[Gia-fu Feng 和 Jane English 的 1972 年英语译本的转译，包括第 9 章、第 16 章、第 25 章、第 51 章的译文]

---

① 大英图书馆的亚娜·哎干嘛（Jana Igunma）审定本语种的罗马化转写的信息。

47. Klingon 克林贡语: **1 种**

《老子》原文翻译

2008　Agnieszka Solska. *Tao Te Ching: A Klingon Translation* (*pIn'a' qan paQDI'norgh*). Blue Bell, PA: Klingon Language Institute.
　　　[英语和克林贡语双语译本]

48. Korean 韩语: **159 种**①

《老子》原文翻译: **137 种**

1949　秦道天 (진도천). 『高麗文老子之經典』. 서울: 中央印刷社.
　　　(Jin Dochun. *Goryeomun Noja ji gyeongjeon*. Seoul: Jung-ang inswaesa.)

1957　慎弦重 (신현중). 『國譯老子』. 서울: 青羽出版社.
　　　(Shin Hyunjoong. *Guk-yeok Noja*. Seoul: Cheong-u chulpansa.)

1965　金敬琢 (김경탁). 『老子』. 서울: 光文出版社, 1965; 서울: 玄岩社, 1977; 서울: 晨明出版社, 1987, 1988.
　　　(Kim Kyungtak. *Noja*. Seoul: Gwangmun chulpansa, 1965; Seoul: Hyeon-amsa, 1977; Seoul: Sinmyeong chulpansa, 1987, 1988.)

1972　李元燮 (이원섭).『老子, 莊子』. 서울: 大洋書籍, 1972, 1975, 1983.
　　　(Lee Wonsup. *Noja, Jangja*. Seoul: Daeyang seojeok, 1972, 1975, 1983.)

1974　申東浩 (신동호), 許世旭 (허세욱), 李華珍 (이화진). 『道德經, 南華經, 列子』. 서울: 徽文出版社.
　　　(Shin Dongho, Heo Sewook, Lee Hwajin. *Dodeokgyeong, Namhwa gyeong, Lyeolja*. Seoul: Hwimun chulpansa.)

1976　張基槿 (장기근), 李錫浩 (이석호). 『老子 莊子』. 서울: 三省出版社, 1976, 1982, 1984, 1990.
　　　(Jang Kigeun, Lee Seokho. *Noja, Jangja*. Seoul: Samseong chulpansa,

---

① 北京外国语大学的金海月审定本语种罗马化转写。

1976, 1982, 1984, 1990.)

1982　朴一峰 (박일봉). 『老子 道德經』. 서울: 育文社, 1982; 『노자 도덕 경』. 서울: 육문사, 2016.
(Park Ilbong. *Noja Dodeokgyeong*. Seoul: Yukmunsa, 1982; *Noja Dodeok gyeong*. Seoul: Yukmunsa, 2016.)

1982　釋智賢 (석지현). 『언덕의 노래: 老子「道德經」뜻풀이』. 서울: 김영사.
(Seok Jihyun. *Eondeok-ui norae: Noja "Dodeokgyeong" tteuspuri*. Seoul: Gim-yeongsa.)

1983　金呑虛 (김탄허).『縣吐譯註: 道德經』. 서울: 敎林.
(Kim Tanheo. *Hyeonto-yeokju: Dodeokgyeong*. Seoul: Gyorim.)

1984　노태준.『新譯道德經』. 서울: 弘新文化社.
(No Taejun. *Sin-yeok Dodeokgyeong*. Seoul: Hongsin munhwasa.)

1986　황병국.『노자 도덕경』. 서울: 범우사, 1986; 파주: 범우사, 2008, 2011.
(Hwang Byungguk. *Noja Dodeokgyeong*. Seoul: Beomusa, 1986; Paju: Beomusa, 2008, 2011.)

1987　金永律 (김영율). 『老子, 菜根譚』. 서울: 금성출판사, 1987, 1989.
(Kim Youngyul. *Noja, Chaegeundam*. Seoul: Geumseong chulpansa, 1987, 1989.)

1989　崔廉烈 (최염렬). 『道德經』. 천안: 湖西大學校出版部, 1989; 천안: 敎育出版社, 1999.
(Choi Yeomryul. *Dodeokgyeong*. Cheonan: Ho-seo daehakgyo chul panbu, 1989; Cheon-an: Gyoyuk chulpansa, 1999.)

1989　姜仁成 (강인성). 『道德經』. 서울: 大韓書籍.
(Kang Insung. *Dodeokgyeong*. Seoul: Daehan seojeok.)

1989　金容沃 (김용옥).『老子: 길과 얻음』. 서울: 통나무, 1989, 2000.

(Kim Yong-ok. *Noja: Gil-gwa eodeum*. Seoul: Tongnamu, 1989, 2000.)

1990　李民樹 (이민수).『老子』. 서울: 혜원출판사, 1990, 1992.
(Lee Minsoo. *Noja*. Seoul: Hyewon chulpansa, 1990, 1992.)

1990　박영섭.『흐르는 물은 가두지 마라』. 서울: 황제출판사, 1990, 1991.
(Park Youngsup. *Heureuneun mul-eun gaduji mara*. Seoul: Hwangje chulpansa, 1990, 1991.)

1991　조현숙.『노자 도덕경』. 서울: 서광사.
(Cho Hyunsook. *Noja Dodeokgyeong*. Seoul: Seogwangsa.)

1991　이영재.『老子의 철학우화사상: 가랑이를 벌리고 황새걸음으로 걷는자는 오래 걸을 수 없다』. 서울: 박우사.
(Lee Youngjae. *Noja-ui cheorhak uhwa sasang: Garang-i-reul beolligo hwangsae georeum-euro geonneunja-neun orae georeul su eopda*. Seoul: Bagusa.)

1992　류영모, 박영호.『빛으로 쓴 얼의 노래』. 서울: 무애, 1992;『老子: 빛으로 쓴 얼의 노래; 多夕 류영모를 통해 본 노자의 도덕경』. 서울: 두레, 1998.
(Ryu Youngmo, Park Youngho. *Bit-euro sseun eol-ui norae*. Seoul: Muae, 1992; *Noja: Bit-euro sseun eol-ui norae; Daseok Ryu Youngmo-reul tonghae bon Noja-ui Dodeokgyeong*. Seoul: Dure, 1998.)

1993　윤재근.『노자 1: 왜 약한 것이 강한 것을 이기는가』,『노자 2: 세상이 어머니 품처럼 될 수 없는가』,『노자 3: 인간은 버려진 신발짝과 같다』. 파주: 등지출판사, 1993; 서울: 나들목출판사, 2004.
(Yoon Jaegeun. *Noja 1: Wae yakhan geos-i ganghan geos-eul igineunga, Noja 2: Sesang-i eomeoni pumcheoreom doel su eomneunga, Noja 3: Ingan-eun beoryeojin sinbaljjak-gwa gatda*. Paju: Dungji chulpansa, 1993; Seoul: Nadeulmok chulpansa, 2004.)

1994　남만성.『노자 도덕경』. 서울: 을유문화사, 1994, 2015.

(Nam Mansung. *Noja Dodeokgyeong*. Seoul: Eullyu munhwasa, 1994, 2015.)

1994　박은희. 『老子』. 서울: 고려원.
(Park Eunhee. *Noja*. Seoul: Goryeowon.)

1995　오강남. 『도덕경』. 서울: 현암사, 1995, 1996, 2010.
(Oh Gangnam. *Dodeokgyeong*. Seoul: Hyeonamsa, 1995, 1996, 2010.)

1997　이상기. 『원본해설: 노자도덕경』. 서울: 전원문화사.
(Lee Sangki. *Wonbonhaeseol: Noja Dodeokgyeong*. Seoul: Jeonwon munhwasa.)

1998　張應哲 (장응철). 『老子의 世界』. 서울: 동남풍.
(Jang Eungchul. *Noja-ui segye*. Seoul: Dongnampung.)

1999　金仙學會 (금선학회). 『道德經 釋義 (도덕경 석의)』. 서울: 여강출판사, 1999, 2004.
(Geumseon hakhoe. *Dodeokgyeong seogui*. Seoul: Yeogang chulpansa, 1999, 2004.)
[任法融 1988 年《道德经释义》的翻译]

2000　정창영. 『도덕경』. 서울: 시공사.
(Jung Changyoung. *Dodeokgyeong*. Seoul: Sigongsa.)

2000　김학주. 『노자』. 서울: 을유문화사.
(Kim Hakjoo. *Noja*. Seoul: Eullyu munhwasa.)

2000　김용섭. 『노자 철학: 노자의 연대 고증과 텍스트 분석』. 수원시: 청계.
(Kim Yongsub. *Noja cheolhak: Noja-ui yeondae gojeung-gwa tekseuteu bunseok*. Suwon-si: Cheonggye.)
[刘笑敢版本的翻译]

2000　盧在昱 (노해역). 『노자 도덕경: 난세를 쉽게 사는 生存 哲學』. 서울: 자유문고.

(No Haeyeok. *Noja Dodeokgyeong: Nanse-reul swipge sa-neun saeng jon cheolhak.* Seoul: Jayu mungo.)

2001　卞廷煥 (변정환).『道德經』. 경산: 경산대학교 출판부.
(Byun Junghwan. *Dodeokgyeong.* Gyeongsan: Gyeongsan daehakgyo chulpanbu.)

2001　최진석.『노자의 목소리로 듣는 도덕경』. 소나무출판사, 2001, 2006, 2012.
(Choi Jinseok. *Noja-ui moksoriro deunneun Dodeokgyeong.* So-namu chul pansa, 2001, 2006, 2012.)

2001　임수무.『도덕경』. 대구: 계명대학교 출판부.
(Im Soomoo. *Dodeokgyeong.* Daegu: Gyemyeong daehakgyo chulpanbu.)

2001　이기동.『노자』. 서울: 동인서원, 2001, 2007.
(Lee Kidong. *Noja.* Seoul: Dong-in seowon, 2001, 2007.)

2001　윤재근.『편하게 만나는 도덕경 노자』. 서울: 동학사, 2001; 노자 81 장 (1)』, 『노자 81 장 (2)』. 서울: 동학사, 2020.
(Yoon Jaegeun. *Pyunhage mannaneun Dodeokgyeong Noja.* Seoul: Donghaksa, 2001; *Noja 81 jang* (1), *Noja 81 jang* (2). Seoul: Donghaksa, 2020.)

2001　박경희.『老子 道德經』. 상주: 청도관.
(Park Kyunghee. *Noja Dodeokgyeong.* Sangju: Cheongdogwan.)

2002　최태호.『영문 노자도덕경: 나무를 깎다보면 손을 다친다』. 대전: 문경출판사.
(Choi Taeho. *Yeongmun Noja Dodeokgyeong: Namu-reul kkakda-bomyeon son-eul dachinda.* Daejeon: Mun-gyeong chulpansa.)

2003　김하풍.『빈 마음으로 읽는 노자 도덕경』. 서울: 문예출판사.
(Kim Ha Poong. *Bin ma-eum-euro ingneun Noja Dodeokgyeong.* Seoul: Munye chulpansa.)

[以 Ha Poong Kim 的 2002 年英语译本为参考]

2004 최재목, 박종연.『진고응이 풀이한 노자』. 영남 대학교, 경북 경산 시: 영남 대학교.
(Choi Jaemok, Park Jongyeon. *Jin goeung-i purihan Noja.* Yeongnam daehakgyo, Gyeongbuk Gyeongsan-si: Yeongnam daehakgyo.)
[陈鼓应 1970 年《老子今注今译及评介》的翻译]

2004 김형효.『사유하는 도덕경』. 서울: 소나무.
(Kim Hyunghyo. *Sayuhaneun Dodeokgyeong.* Seoul: Sonamu.)

2004 김재봉.『이촌 김재봉의 노자 도덕경』. 서울: 서예문인화.
(Kim Jaebong. *Ichon Kim Jaebong-ui Noja Dodeokgyeong.* Seoul: Seoyemuninhwa.)

2004 이경숙.『완역 이경숙 도덕경』. 서울: 명상.
(Lee Kyungsook. *Wan-yeok Lee Kyungsook Dodeokgyeong.* Seoul: Myeongsang.)

2005 최진.『노자와 똥막대기: 노자의 「도덕경」 전문 번역 및 해설』. 서울: 유원.
(Choi Jin. *Noja-wa ttongmakdaegi: Noja-ui "Dodeokgyeong" jeonmun beonyeok mit haeseol.* Seoul: Yuwon.)

2005 호승희.『노자』. 파주: 타임기획.
(Ho Seunghee. *Noja.* Paju: Taim gihoek.)

2005 임헌규.『노자: 동양 형이상학의 보고』. 서울: 책세상.
(Im Heonkyu. *Noja: Dong-yang hyeong-isanghak-ui bogo.* Seoul: Chaeksesang.)

2005 김석진, 신성수.『주역으로 보는 도덕경』. 서울: 대학서림.
(Kim Sukjin, Shin Sungsoo. *Juyeok-euro bo-neun Dodeokgyeong.* Seoul: Daehak Seorim.)

2005 소요.『노자의 길』. 서울: 우리출판사.

(So Yo. *Noja-ui gil*. Seoul: Uri chulpansa.)

2006　최재목. 『노자』. 서울: 을유문화사.
(Choi Jaemok. *Noja*. Seoul: Eullyu munhwasa.)

2007　김득순. 『중한대역: 노자』. 정저우: 호남인민출판사.
(Kim Deuksoon. *Jung-Han daeyeok: Noja*. Jeongjeou: Honam inmin chulpansa.)
(金得顺.《汉韩对照：老子》. 郑州：河南人民出版社.)
[陈鼓应 2003 年《老子今注今译》的翻译]

2007　이강수. 『노자』. 서울: 길.
(Lee Kangsoo. *Noja*. Seoul: Gil.)

2007　류영근. 『삶의 지혜: 노자 도덕경』. 군포: S&PM 출판사.
(Ryu Younggeun. *Salm-ui jihye: Noja Dodeokgyeong*. Gunpo: S&PM chulpansa.)

2008　이태영. 『노자』. 용인: 여래.
(Lee Taeyoung. *Noja*. Yongin: Yeorae.)

2009　금장태, 안유경. 『임계유의 노자 풀어 읽기 (老子繹讀)』. 서울: 제이앤씨.
(Geum Jangtae, Ahn Yukyung. *Im Kyeyu-ui Noja pureo ilgi (Noja yeokdok)*. Seoul: Je-i-enssi.)
[任继愈 2006 年《老子绎读》的翻译]

2009　정달현. 『노자』. 대구: 중문출판사.
(Jung Dalhyun. *Noja*. Daegu: Jungmun chulpansa.)

2009　姜鈗熙 (강연희). 『새로운 번역 새로운 해설: 노자도덕경』. 전주: 신아출판사.
(Kang Yeonhee. *Saero-un beon-yeok saero-un haeseol: Noja Dodeokgyeong*. Jeonju: Sina chulpansa.)

2009　김경수 (金京秀). 『노자역주』. 서울: 문사철.

(Kim Kyungsoo. *Noja yeokju*. Seoul: Munsacheol.)

2010 김현덕.『노자, 도덕경을 해설하다』. 서울: 청정사.
(Kim Hyundeok. *Noja, Dodeokgyeong-eul haeseolhada*. Seoul: Cheong jeongsa.)

2010 김상우.『老子, 새로운 탐색』. 서울: 부광.
(Kim Sangwoo. *Noja, Saero-un tamsaek*. Seoul: Bugwang.)

2010 심재원.『노자 도덕경, 그 禪의 향기』. 서울: 정우서적.
(Shim Jaewon. *Noja Dodeokgyeong, geu seon-ui hyanggi*. Seoul: Jeong-u seojeok.)

2010 유정현.『노자가 쓴 우파니샤드』. 서울: 에세이퍼블리싱, 2010, 2012.
(Yoo Junghyun. *Noja-ga sseun Upanisyadeu*. Seoul: Esei peobeullising, 2010, 2012.)

2011 김학주.『노자: 자연과 더불어 세계와 소통하다』. 고양시: 연암서가.
(Kim Hakjoo. *Noja: Jayeon-gwa deobul-eo segye-wa sotonghada*. Goyang-si: Yeonam seoga.)

2011 이성희.『알기 쉽게 풀어쓴 유쾌한 노자, 현대인과 소통하다』. 서울: 베이직북스.
(Lee Sunghee. *Algi swipge pureosseun yukwaehan Noja, hyeondaein-gwa sotonghada*. Seoul: Beijik-bukseu.)
[汪涌豪 2007 年《老子一百句》的翻译]

2011 朴鍾赫 (박종혁).『(新譯) 老子讀本』. 서울: 學古房.
(Park Jonghyuk. *(Sinyeok) Noja dokbon*. Seoul: Hakgobang.)
[余培林 1975 年《新译老子读本》的翻译]

2011 설희순 (金學主).『노자 웃으시다: 道德經』. 서울: 디에스이트레이드.
(Seol Heesoon (Kim Hakju). *Noja useusida: Dodeokgyeong*. Seoul:

Dieseu-i-teureideu.)

2012　최태웅.『노자의 도덕경』. 서울: 북마당.
(Choi Taewoong. *Noja-ui Dodeokgyeong*. Seoul: Bungmadang.)

2012　동양고전연구회.『한눈에 익히는 노자도덕경』. 서울: 나무의꿈.
(Dongyang gojeon yeonguhoe. *Hannun-e ikhi-neun Noja Dodeok gyeong*. Seoul: Namu-ui kkum.)

2012　장도연.『도덕경: 간략하고 쉽게 깨우치는 노자의 철학』. 서울: 한솜미디어.
(Jang Doyeon. *Dodeokgyeong: Gallyakhago swipge kkaeuchi-neun Noja-ui cheolhak*. Seoul: Hansom-midieo.)

2012　김영석.『새로운 한국 도덕경』. CreatSpace, 2012, 2017.
(Kim Yungsuk. *Saero-un Han-guk Dodeokgyeong*. CreatSpace, 2012, 2017.)
(Yung Suk Kim. *A New Korean Translation of the Dao De Jing*. CreatSpace, 2012, 2017.)

2012　송항룡.『노자를 이렇게 읽었다』. 서울: 사람의 무늬.
(Song Hangryong. *Noja-reul ireoke ilgeotda*. Seoul: Saram-ui munui.)

2013　조수형.『도덕경: 자연과 인간이 상생하는 무위의 길』. 서울: 풀빛출판사.
(Cho Soohyung. *Dodeokgyeong: Jayeon-gwa ingan-i sangsaengha-neun muwi-ui gil*. Seoul: Pulbit chulpansa.)

2013　정대철.『노자 독법: 노자의 마음으로 읽는 도덕경』. 서울: 안티쿠스.
(Jeong Daecheol. *Noja dokbeop: Noja-ui ma-eum-euro ingneun Dodeok gyeong*. Seoul: Antikuseu.)

2013　김가원.『도덕경과 선: 비움과 통합의 미학』. 서울: 운주사.
(Kim Gawon. *Dodeokgyeong-gwa seon: Bium-gwa tonghab-ui mihak*. Seoul: Unjusa.)

2013　김원중.『노자: 버려서 얻고 비워서 채우다』. 파주: 글항아리,
　　　 2013;『노자 도덕경:버려서 얻고 비워서 채우는 무위의 고전』.
　　　 서울: 휴머니스트, 2018.
　　　 (Kim Wonjoong. *Noja: Beoryeoseo eotgo biwoseo chae-uda*. Paju: Geul
　　　 hang-ali, 2013; *Noja Dodeokgyeong: Beoryeoseo eotgo biwoseo chae-*
　　　 uda muwi-ui gojeon. Seoul: Hyumeoniseuteu, 2018.)

2013　이관옥.『노자 소감』. 서울: 삼인.
　　　 (Lee Gwanok. *Noja sogam*. Seoul: Sam-in.)

2013　류영모, 박영호.『노자와 다석: 다석 사상으로 다시 읽는 도덕경』.
　　　 서울: 교양인.
　　　 (Ryu Youngmo, Park Youngho. *Noja-wa daseok: Daseok sasang-euo*
　　　 dasi ingneun Dodeokgyeong. Seoul: Gyoyang-in.)

2013　설희순.『노자와 어머니 그리고 별』. 서울: 디에스이트레이드.
　　　 (Seol Heesoon. *Noja-wa eomeoni geurigo byeol*. Seoul: Dieseu-i-
　　　 teuleideu.)

2014　정창영.『도덕경: 오천자로 세상 모든 비밀을 풀다』. 서울: 물병
　　　 자리.
　　　 (Jung Changyoung. *Dodeokgyeong: Ocheonja-ro sesang modeun bimil-*
　　　 eul pulda. Seoul: Mulbyeongjari.)

2014　이석명.『도덕경』. 서울: 올재클래식스, 2014, 2015.
　　　 (Lee Sukmyung. *Dodeokgyeong*. Seoul: Oljae keullaesikseu, 2014,
　　　 2015.)

2014　문성재.『처음부터 새로 읽는 노자 도덕경』. 서울: 책미래.
　　　 (Moon Sungjae. *Cheoeumbuteo saero ingneun Noja Dodeokgyeong*.
　　　 Seoul: Chaekmirae.)

2014　박기훈, 박판현.『도덕경』. 서울: 홍문관.
　　　 (Park Kihoon, Park Panhyun. *Dodeokgyeong*. Seoul: Hongmungwan.)

2014　박성복.『삶의 지혜: 노자도덕경』. 경산: 대구대학교 출판부.

(Park Sungbok. *Salm-ui jihye: Noja Dodeokgyeong*. Gyeongsan: Daegu daehakgyo chulpanbu.)

2015　이명재.『도덕경: 이 책을 읽고 도덕경을 논하라』. 고양시: 자연과 사람들.

(Lee Myungjae. *Dodeokgyeong: I chaek-eul ilggo Dodeokgyeong-eul nonhara*. Goyang-si: Jayeon-gwa saramdeul.)

2015　남만성.『노자 도덕경』. 서울: 을유문화사.

(Nam Mansung. *Noja Dodeokgyeong*. Seoul: Eulyu munhwasa.)

2015　손영달.『낭송 도덕경』. 서울: 북드라망, 2015, 2021.

(Son Yungdal. *Nangsong Dodeokgyeong*. Seoul: Bukdeuramang, 2015, 2021.)

2016　전재동.『도덕경: 도는 늘 무위이지만 하지 못할 일이 없다』. 서울: 북허브.

(Jeon Jaedong. *Dodeokgyeong: Do-neun neul muwi-ijiman haji moshal il-i eopda*. Seoul: Buk heobeu.)

2016　김용일. 노자 도덕경 재해석: 부드러운 것이 강하다. 서울: 다비 앤존.

(Kim Yongil. *Noja Dodeokgyeong jaehaeseok: Budeureoun geosi ganghada*. Seoul: Tabi aen Chon.)

2016　권영조.『노자 도덕경: 동서양의 만남』. 산호세: 북산책.

(Kwon Youngjo. *Noja Dodeokgyeong: Dongseoyang-ui mannam. Sanhose: buksanchaek*.)

(Kwan Young Jo. *Lao Tzu's Tao Te Ching: East and West Meet*. San Jose: Sanchawk Publishing.)

2016　박삼수.『쉽고 바르게 읽는: 노자』. 울산: 지혜의 바다.

(Park Samsoo. *Swipgo bareuge ilgneun: Noja*. Ulsan: Jihye-ui bada.)

2016　신흥식.『도덕경 (老子道德經)』. 서울: 글로벌콘텐츠.

(Shin Heungsik. *Dodeokgyeong (Noja Dodeokgyeong)*. Seoul: Geurro beol kontencheu.)

2016　양방웅.『노자 왜 초간본인가』. 서울: 이서원.
(Yang Bangwoong. *Noja wae choganbon-inga*. Seoul: Iseowon.)
[郭店楚简本的翻译]

2017　장석만.『도덕경』. 서울: 돋을새김, 2017, 2021.
(Jang Sukman. *Dodeokgyeong*. Seoul: Dodeulsaegim, 2017, 2021.)

2017　정세근.『노자 도덕경: 길을 얻은 삶』. 서울: 문예출판사.
(Jung Segeun. *Noja Dodeokgyeong: Gireul eodeun salm*. Seoul: Munye
chulpansa.)

2017　김영일.『영어세대를 위한 노자 도덕경』. 서울: 선학사.
(Kim Yeongil. *Yeong-eo sedaereul wihan Noja Dodeokgyeong*. Seoul:
Seonhaksa.)

2017　이창성.『노자의 도덕경』. 서울: 나무의 꿈.
(Lee Changsung. *Noja-ui Dodeokgyeong*. Seoul: Namu-ui kkum.)

2018　안기섭 (安奇燮).『노자: 언어 그 자체, 배경, 문맥, 비유』. 서울:
학민사.
(Ahn Kisup. *Noja: Eon-eo geu jache, baegyeong, munmaek, biyu*.
Seoul: Hangminsa.)

2018　강상원 (姜相源).『王何必曰利，亦有仁義: 老子道德經新解釋』. 서울:
돈황문명 출판사.
(Kang Sangwon. *Wang ha pil wal li, yeok yu in ui: Noja Dodeokgyeong
sin haeseok*. Seoul: Donhwang munmyeong chulpansa.)

2018　무공 (無空).『노자 도덕경』. 서울: 좋은땅.
(Mugong. *Noja Dodeokgyeong*. Seoul: Joh-eunttang.)

2018　남충희. 바른 풀이 노자도덕경. 서울: 렛츠북.
(Nam Chunghui. *Bareun pul-i Noja Dodeokgyeong*. Seoul: Letcheu
buk.)

2018　신광철.『완벽 에 가까운 개인주의자, 노자』. 고양시: 당신의 서재.
(Shin Kwangcheol. *Wanbyeok e gakkaun gaeinjuuija, Noja*. Goyang-si: Tangsin-ui Seojae.)

2018　심규호.『노자와 인생이라는 바둑을 두다』. 서울: 라의눈.
(Shim Kyuho. *Noja-wa insaeng iraneun baduk-eul duda*. Seoul: Rauinun.)

2018　양회석. 文으로 읽는 노자 도덕경. 광주: 전남대학교출판문화원.
(Yang Hoeseok. *Mun euro ingneun Noja Dodeokgyeong*. Gwangju: Jeonnam Daehakgyo Chulpan Munhwawon.)

2019　在然 (재연).『참된 삶의 길, 노자 도덕경: 고운 우리말로 노래하고 원문으로 익힌다』. 서울: 허원북스.
(Jaeyeon. *Chamdoen salm-ui gil, Noja Dodeokgyeong: Go-un uri-mal-ro noraehago wonmun-euro ikhinda*. Seoul: Heowon bukseu.)

2019　이경.『초나라 노자』. 남양주: 인.
(Lee Kyung. *Chonara Noja*. Namyangju: In.)

2019　김준곤.『쉽고 정확한 노자 도덕경』. 서울: 아우룸.
(Kim Jun-gon. *Swipgo jeonghwak-han Noja Dodeokgyeong*. Seoul: Aurum.)

2019　성대현. 道: 노자 도덕경. 서울: 북랩.
(Sung Dae-hyun. *Do: Noja Dodeokgyeong*. Seoul: Buklaeb.)

2019　김윤세.『노자 건강학 道德經: 自然 치유에 몸을 맡겨라』. 서울: 조선뉴스프레스.
(Kim Yoonse. *Noja geon-ganghak Dodeokgyeong: Jayeon chiyu-e mom-eul matgyeora*. Seoul: Joseon nyuseu peureseu.)

2020　차경남.『노자 1: 진리는 말하여질 수 없다』,『노자 2: 문 밖에 나가지 않고도 천』,『노자 3: 학문이 끝나는 곳에 도가』. 고양시: 글라이더.

(Cha Gyungnam. *Noja 1: Jinlineun mal-hayeojil su eobsda, Noja 2: Mun bakk-e nagaji anhgodo cheon, Noja 3: Hagmun-i kkeutnaneun gos-e doga.* Goyang-si: Geullaideo.)

2020　정대철.『초간 노자와 그 밖의 노자』. 광주: 하움출판사.
(Jeong Daecheol. *Chogan Noja-wa geu bakk-ui Noja.* Gwangju: Haum chulpansa.)
[郭店楚简本的翻译]

2020　김용범.『老子: 보통사람-내가 읽는』. 서울: 좋은땅.
(Kim Yongbum. *Noja: Botongsalam-naega ilgneun.* Seoul: Joh-eunttang.)

2020　김시성.『도덕경은 도덕을 말하지 않는다』. 서울: 필맥.
(Kim Siseong. *Dodeokgyeong-eun dodeok-eul mal-haji anneunda.* Seoul: Pilmaek.)

2020　김용옥 (金容沃).『노자가: 옳았다』. 서울: 통나무, 1989, 2000.
(Kim Yong-ok. *Nojaga: Orassda.* Seoul: Tongnamu, 1989, 2000.)

2020　이규석.『노자 도덕경의 공(상)』, 『노자 도덕경의 공(하)』. 고양시: 맑은샘.
(Lee Kyuseok. *Noja Dodeokgyeong-ui gong* (sang), *Noja Dodeok gyeong-ui gong* (ha). Goyang-si: Malg-eunsaem.)

2020　이승훈.『道德經: 노자는 최고의 수련가이고 도덕경은 최고의 수련서이다』. 서울: 지혜의나무.
(Lee Seunghun. *Dodeokgyeong: Noja-neun choego-ui suryeongaigo, Dodeok gyeong-eun choego-ui suryeonseoida.* Seoul: Jihye-ui Namu.)

2020　이수정.『노자는 이렇게 말했다: 「도덕경」의 새 번역, 새 해설』. 서울: 철학과현실사.
(Lee Soojeong. *Noja-neun ileohge mal-haessda: "Dodeokgyeong"-ui sae beon-yeok, sae haeseol.* Seoul: Cheorhak-gwa hyeonsilsa.)

2020　이석명.『노자』. 서울: 민음사.
(Lee Sukmyung. *Noja.* Seoul: Minumsa.)

[郭店楚简本、马王堆帛书本和王弼本的翻译]

2020 무호, 현강, 현정.『노자 도덕경』. 서울: 밝은빛.
(Muho, Hyeongang, Hyeonjeong. *Noja Dodeokgyeong*. Seoul: Bal geunbit.)

2020 소준섭.『도덕경(큰글자책)』.파주: 현대지성.
(So Joonseop. *Dodeokgyeong* (*keungeulja-chaek*). Paju: Hyeondae jiseong.)

2021 바이즈.『나를 잃어버려도 괜찮아: 명상, 치유 그리고 도덕경』. 서울: 바른북스.
(Baijeu. *Nareul ireobeoryeo-do gwaenchana: Myeongsang, chiyu geurigo Dodeokgyeong*. Seoul: Bareun bukseu.)

2021 최진석.『나 홀로 읽는 도덕경』. 서울: 시공사.
(Choi Jinseok. *Na holro ingneun Dodeokgyeong*. Seoul: Sigongsa.)

2021 이봉희.『공학도의 논리로 읽은 노자: 백서본 해설』. 서울: 북랩.
(Lee Bonghee. *Gonghakdo-ui nonriro ilgeun Noja: Baekseobon haeseol*. Seoul: Buklaeb.)
[马王堆帛书本的翻译]

2021 이정호.『노자의 생각을 읽다 - 도덕경 핵심을 서예 작품으로』. 광주: 하움출판사.
(Lee Jeongho. *Noja-ui saenggak-eul ikda - Dodeokgyeong haeksim-eul seoye jakpum-euro*. Gwangju: Haum chulpansa.)

2021 이종식.『시스템 관점으로 읽는 노자 도덕경』. 서울: 북랩.
(Lee Jongsik. *Siseutem gwanjeom-euro ingneun Noja Dodeokgyeong*. Seoul: Buklaeb.)

2021 임헌규.『노자 도덕경: 유학자가 풀이한』. 서울: 학아재.
(Lim Heongyu. *Noja Dodeokgyeong: Yuhakjaga purihan*. Seoul: Hagajae.)

2021   문개성. 『나를 성장시킨 노자 도덕경』. 서울: 부크크.
(Moon Gaeseong. *Nareul seongjangsikin Noja Dodeokgyeong*. Seoul:
Bukeukeu.)

2021   박영재. 『만화 노자』. 고양: 가갸날.
(Park Yeongjae. *Manhwa Noja*. Goyang: Gagyanal.)
[漫画与翻译]

2021   가현정. 『명옥헌에 올라 도덕경을 읽다』. 광주: 가현정북스.
(Ga Hyeonjeong. *Myeong-okheon-e olra Dodeokgyeong-eul ikda*.
Gwang ju: Ga Hyeonjeong bukseu.)

2021   김정탁. 『노자 도덕경: 장자와 함께 하는』. 서울: 성균관대학
교출판부.
(Kim Jeongtak. *Noja Dodeokgyeong: Jangjawa hamkke haneun*. Seoul:
Seonggyun gwan daehak gyochulpanbu.)

2021   기영창. 『노자 도덕경 이제는 노자다』. 서울: 퍼플.
(Ki Youngchang. *Noja Dodeokgyeong, ijeneun nojada*. Seoul: Peopeul.)

2021   계명. 『디지털시대의 도덕경: 21 세기에 부활한 노자』. 서울:
좋은땅.
(Gye Myung. *Dijiteolsidae-ui Dodeokgyeong: 21 segie buhwalhan
Noja*. Seoul: Joeunttang.)

2021   석한남. 『지금, 노자를 만날 시간 숨 고르기가 필요한 당신에게』.
서울: 가디언.
(Seok Hannam. *Jigeum, Noja-reul mannal sigan sum goreugiga pilyohan
dangsinege*. Seoul: Gadieon.)

2021   손기원. 『한글본 노자강의』. 서울: 부크크.
(Son Kiwon. *Hangeulbon Noja-gang-ui*. Seoul: Bukeukeu.)

2022   김영. 『생태 위기 시대에 노자 읽기』. 서울: 청아출판사.
(Kim Young. *Saengtae wigi sidaee Noja ilgi*. Seoul: Chunga chulpansa.)

2022　이종상, 이동아.『논증으로 풀이한 도덕경』. 서울: 북랩.
(Lee Jongsang, Lee Donga. *Nonjeung-euro purihan Dodeokgyeong*. Seoul: Buklaeb.)

2022　성기옥.『도덕경의 빗장을 풀다』. 서울: 북랩.
(Sung Kiok. *Dodeokgyeong-ui bitjang-eul pulda*. Seoul: Buklaeb.)

2022　양회석.『노자 도덕경 아름다운 말 성스러운 길』. 파주시: 마로니에 북스.
(Yang Haiseok. *Noja Dodeokgyeong areumdaun mal seongseureoun gil*. Paju-si: Maroni bukseu.)

2022　윤지산 (尹芝山).『노자 도덕경』. 서울: 지식여행.
(Yoon Jisan. *Noja Dodeokgyeong*. Seoul: Jisik yeohaeng.)

《老子》注本翻译: 17 种

1997　임채우.『왕필의 노자』. 서울: 예문서원.
(Im Chaewoo. *Wang Pil-ui Noja*. Seoul: Yemun seowon.)
[王弼《老子注》的翻译]
<为查看所有王弼《老子注》译本信息，参考 Václav Cílek 的 2005 年捷克语译本条目>

1999　김학목 (金學睦).『박세당의 노자: 어느 유학자의 노자 읽기』. 서울: 예문서원, 1999, 2006.
(Kim Hakmok. *Park Sedang-ui Noja: Eoneu yuhakja-ui Noja ilgi*. Seoul: Yemun seowon, 1999, 2006.)
[朴世堂（Park Sedang）『新註道德經』的翻译]

2000　김학목 (金學睦).『노자 도덕경과 왕필의 주』. 서울: 홍익출판사, 2000, 2012.
(Kim Hakmok. *Noja Dodeokgyeong-gwa Wang Pil-ui ju*. Seoul: Hongik chulpansa, 2000, 2012.)
[王弼《老子注》的翻译]
<为查看所有王弼《老子注》译本信息，参考 Václav Cílek 的 2005 年捷克语译本条目>

2001　김학목 (金學睦).『율곡 이이의 노자: <醇言>, 정통주자학자의 노자읽기』. 서울: 예문서원.

(Kim Hakmok. *Yulgok Yi I-ui Noja: "Sun-eon," jeongtongjuja hakja-ui Noja ilgi.* Seoul: Yemun seowon.)

[栗谷李珥（Yulgok Yi I）『醇言』的翻译]

<Yulgok Yi I 栗谷李珥『醇言』的其他翻译包括 조기영（Cho Kiyoung）的 2022 年韩语译本>

2001　김학목(金學睦).『홍석주의 노자: <訂老>, 기호주자학자의 노자읽기』. 서울: 예문서원.

(Kim Hakmok. *Hong Sukjoo-ui Noja: "Jeong No," gihojuja hakja-ui Noja ilgi.* Seoul: Yemun seowon.)

[洪奭周（Hong Suk-joo）『訂老』的翻译]

2004　圓照覺性 (원조각성).『道德經과 감山解 上, 下』. 서울: 玄音社.

(Wonjogakseong. *Dodeokgyeong-gwa Gamsan-hae sang, ha.* Seoul: Hyeoneumsa.)

[憨山德清《老子道德经解》的翻译]

<为查看所有憨山德清《老子道德经解》译本信息，参考 Henrik Jäger 的 1999 年德语译本条目>

2005　이석명.『노자 도덕경 하상공 장구』. 서울: 소명출판, 2005, 2012.

(Lee Sukmyung. *Noja Dodeokgyeong Hasanggong janggu.* Seoul: Somyeong chulpan, 2005, 2012.)

[《老子河上公章句》的翻译]

<为查看所有《老子河上公章句》译本信息，参考 B. J. Mansvelt Beck 的 2002 年荷兰语译本条目>

2005　임채우.『왕필의 노자주』. 파주: 한길사.

(Im Chaewoo. *Wang Pil-ui Noja-ju.* Paju: Han-gilsa.)

[王弼《老子注》的翻译]

<为查看所有王弼《老子注》译本信息，参考 Václav Cílek 的 2005 年捷克语译本条目>

2013　김윤경. 초원담노 양명학자 이충익의 노자 읽기. 서울: 예문서원.

(Kim Yunkyung. *Chowon damno Yangmyeong hakja Yi Chung-ik-ui Noja ilgi*. Seoul: Yemun seowon.)

[李忠翊 (Yi Chung-ik) 『椒園談老』的翻译]

<Yi Chung-ik 李忠翊『椒園談老』的其他翻译包括 김학목（Kim Hakmok）的 2014 年韩语译本、서만억（Seo Maneok）的 2019 年韩语译本>

2014 김학목 (金學睦).『초원 이충익의 「談老」 역주: 조선을 다시 보게 만드는 한 철인의 혁명적 「노자」 풀이』. 서울: 통나무.

(Kim Hakmok. *Chowon Yi Chung-ik-ui "Damno" yeokju: Joseon-eul dasi boge mandeu-neun han cheorin-ui hyeogmyeongjeok "Noja" puri*. Seoul: Tongnamu.)

[李忠翊 (Yi Chung-ik) 『椒園談老』的翻译]

<为查看所有李忠翊『椒園談老』译本信息，参考김윤경（Kim Yunkyung）的 2013 年韩语译本条目>

2017 김범석, 정일화.『노자 이야기: 하상공 장구 81 화; 도상 도덕경』. 서울: 바이칼타이하우스.

(金範錫, 鄭日華.《老子이야기：河上公章句八十一化；圖像道德經》.首尔：Baikaltai House.)

(Kim Beomseok, Jeong Ilhwa. *Noja iyagi: Hasanggong janggu 81 hwa: Dosang Dodeokgyeong*. Seoul: Baikaltai Hauseu.)

[《老子河上公章句》的翻译，包括老子 81 化图]

<为查看所有《老子河上公章句》译本信息，参考 B. J. Mansvelt Beck 的 2002 年荷兰语译本条目>

2017 김시천.『노자도덕경주』. 서울: 전통문화연구회, 2017; 『노자도덕경: 왕필의 풀이로 읽는』. 서울: 전통문화연구회, 2020.

(Kim Sicheon. *Noja Dodeokgyeong ju*. Seoul: Jeontong munhwa yeonguhoe, 2017; *Noja Dodeokgyeong: Wang Pil-ui pul-ilo ilgneun*. Seoul: Jeontong munhwa yeonguhoe, 2020.)

[王弼《老子注》的翻译]

<为查看所有王弼《老子注》译本信息，参考 Václav Cílek 的 2005 年捷克语译本条目>

2018　김정봉.『치자(治者)와 현대인을 위한 노자의 도덕경: 하상공본과 왕필본의 주해를 겸한 도덕경 완역본』. 장수군: 내일을여는책.

(Kim Jeongbong. *Chija-wa hyeondaein-eul wihan Noja-ui Dodeok gyeong: Hasanggongbon-gwa Wang Pilbon-ui juhaereul gyeomhan Dodeokgyeong wan-yeokbon*. Jangsu-gun: Naeil-eul-yeoneunchaek.)

[《老子河上公章句》和王弼《老子注》的翻译]

<为查看所有《老子河上公章句》译本信息，参考 B. J. Mansvelt Beck 的 2002 年荷兰语译本条目>

<为查看所有王弼《老子注》译本信息，参考 Václav Cílek 的 2005 年捷克语译本条目>

2018　서만억.『道德經 王弼註: 이대로 살아도 괜찮은 걸까』. 남원시: 무간.

(Seo Maneok. *Dodeokgyeong Wang Pil-ju: Idaero sal-ado gwaen chaneun geolkka*. Namwan-si: Mugong.)

[王弼《老子注》的翻译]

<为查看所有王弼《老子注》译本信息，参考 Václav Cílek 的 2005 年捷克语译本条目>

2019　서만억.『道德經 椒園註: 이대로 살아도 괜찮은 걸까』. 남원시: 무간.

(Seo Maneok. *Dodeokgyeong Chowon-ju: Idaero sal-ado gwaen chaneun geolkka*. Namweon-si: Mugong.)

[李忠翊 (Yi Chung-ik)『椒園談老』的翻译]

<为查看所有李忠翊『椒園談老』译本信息，参考김윤경（Kim Yunkyung）的 2013 年韩语译本条目>

2019　서만억.『道德經 憨山註 분별을 분별하라』. 남원시: 무간.

(Seo Maneok. *Dodeokgyeong Gamsan-ju bunbyeol-eul bunbyeol-hara*. Namweon-si: Mugong.)

[憨山德清《老子道德经解》的翻译]

<为查看所有憨山德清《老子道德经解》译本信息，参考 Henrik Jäger 的 1999 年德语译本条目>

2022　조기영. 『醇言(순언)』. 서울: 지식 을 만드는.
(Cho Kiyoung. *Sun-eon*. Seoul: Jisik-eul mandeu-neun.)
[栗谷李珥（Yulgok Yi I）『醇言』的翻译]
<为查看所有栗谷李珥『醇言』译本信息，参考김학목（Kim Hakmok）
的 2001 年韩语译本条目>

《老子》转译: **5 种**

1992　임헌규.『老子의 哲學』. 서울: 인간사랑.
(Im Hungyu. *Noja-ui cheolhak*. Seoul: Ingan sarang.)
[大浜晧（Ōhama Akira）的 1962 年日语译本的转译]

1998　장순용. 『장자가 노자를 이야기하다』. 서울: 자작나무.
(Jang Soonyong. *Jangja-ga Noja-reul iyagihada*. Seoul: Jajangnamu.)
[Lin Yutang 的 1942 年英语译本的转译]

2010　신종윤, 구본형.『서양이 동양에게 삶을 묻다: 웨인 다이어의 노자
읽기』. 서울: 나무 생각, 2010, 2021.
(Shin Jongyoon, Koo Bonhyung. *Seoyang-i dong-yang-ege salm-eul
mutda: Wein Daieo-ui Noja ilgi*. Seoul: Namu saenggak, 2010, 2021.)
[Wayne W. Dyer 的 2007 年 *Change Your Thoughts，Change Your Life*
英语译本的转译]

2020　김현영.『超譯 노자의 말 도덕경』. 서울: 삼호미디어.
(Kim Hyunyung. *Choyeok Noja-ui mal Dodeokgyeong*. Seoul: Samho
Midieo.)
[安冨步（Yasutomi Ayumu）的 2017 年日语译本的转译]

2021　최재목.『톨스토이가 번역한 노자 도덕경: 러시아 최초의 완역본』.
서울: 21 세기문화원.
(Choi Jaemok. *Tolseutoi-ga beonyeoghan Noja Dodeokgyeong: Reosia
choecho-ui wan-yeokbon*. Seoul: 21 Segimunhwawon.)
[Д.П. Конисси（D. P. Konissi），Л.Н. Толстой（L. N. Tolstoy）的 1913
年俄语译本的转译]

49. Kurdish 库尔德语：**1** 种
《老子》转译

2003　　Ebdulrehman Efîf (Abdulrahman Afif). "Tao Te Ching (Taw Te çîng) ya zanyar û hişmendê çînî yê kevnar Laotse." *Kovara Mehname* 42(July 2003), https://www.angelfire.com/journal2/mehname/hejmar42/diyari2.html. [德语译本的库尔德语方言库曼吉语转译]

50. Kyrgyz 吉尔吉斯语：**1** 种①
类型尚未确定的翻译

2015　　Олжобай Шакир. «Алтын сырга». Бишкек: Бийиктик плюс. (Oljobai Shakir. *Altın sırga*. Bişkek: Biyiktik plyus, 2015.)

51. Lao 老挝语：**1** 种
《老子》原文翻译

2017　　罗芳玲. ຄໍາພີເຫຼົ້າຈື້ ສະບັບຄັດຈ້ອນ. ເມືອງກຸ້ຍຫຼືນ: 广西师范大学出版社. (Luo Fangling. *Khamphī Laochǔ sabab khadchǭn*. Mŭang Kunylīn: Guangxi shifan daxue chubanshe.) (罗芳玲.《老子选译》.桂林：广西师范大学出版社.) [张葆全采选的章节为底本]

52. Latin 拉丁语：**10** 种
《老子》原文翻译：**9** 种

1658　　Martino Martini. *Sinicae historiae decas prima*, 117. Monachii: Wagner und Straub. [包括 25 章的几句话的翻译]

1687　　Philippe Couplet. "Proëmialis declaratio." In *Confucius sinarum philo-sophus, sive Scientia sinensis,* xxvi. Parisiis: Danielem Horthemels.

---

① 南开大学的吕润生提供了这条信息的主要线索。

[包括第 42 章的前几句的拼音和翻译]

1725　Joseph de Prémare. "Selecta quaedam vestigia proecipuorum christ-
　　　ianae religionis dogmatum ex antiquis sinarum libris eruta," 40, 45. MSS,
　　　CHINOIS-9248, département Manuscrits, Bibliothèque nationale de France.
　　　[包括第 42 章和第 14 章的译文]
　　　<被转译成 Augustine Bonnetty，Paul Perny 的 1878 年法语译本>

1729　[Jean-François Noëlas]. "Liber Sinicus Táo Tĕ Kīm inscriptus, in
　　　Latinum idioma Versus." MSS Chin.H.20, India Office Library. British
　　　Library.
　　　[1788 年一月十日，Matthew Raper 和 Esq. F. R. S. 捐给英国皇家学
　　　会，而且原来来自耶稣会的 Jean-Baptiste-Joseph Grammont。Claudia
　　　von Collani 与 John W. Witek 认为是 Jean-François Noëlas 的译本，最
　　　晚是 1729 写的]
　　　Claudia von Collani, Harold Holz, Konrad Wegmann. *Uroffenbarung
　　　und Daoismus: Jesuitische Missionshermeneutik des Daoismus.* Berlin:
　　　European University Press.
　　　[原文的前 23 页和其德语转译，包括第 1 章的翻译和解释]
　　　Harold Holz. "Text: Uroffenbarung und Daoismus." *Ost-westliche
　　　Begegnungen in zwei Teilen,* 514-579. Berlin: Westdeutscher Univer-
　　　sitätsverlag, 2018.
　　　[原文的前 48 页和其德语转译，包括第 1 章、第 14 章、第 4 章、
　　　第 42 章的翻译]
　　　<被转译成 Claudia von Collani 和 Harold Holz 与 Konrad Wegmann
　　　的 2008 年德语译本、Harold Holz 的 2018 年德语译本>

1733　[Jean-François Noëlas]. "Textus quidam ex libro antiquissimo *Tao Te
　　　Kim* quibus probatur SS.ᵐᵃᵉ Trinitatis Mysterium Sinicæ genti olim
　　　notum fuisse," 201-207. Add. MSS 26 818, British Library.
　　　[包括第 1 章、第 14 章、第 4 章、第 42 章的翻译]

1733　[Jean-François Noëlas]. "Textus quidam ex antiquissimo libro *Tao* 道
　　　Te 德 *Kim* 經 deprompti, quibus probatur Dei Incarnati mysterium

Sinis olim notum fuisse," 208-223. Add. MSS 26 818, British Library.
[包括第 10 章、第 28 章、第 27 章、第 15 章、第 20 章、第 21 章、
第 25 章、第 35 章的前几句的翻译]

???? MSS, BNC VE II, FG 1256/44. Biblioteca Nazionale Centrale—Vittorio
Emanuele II in Rome.
[包括第 1 章、第 14 章、第 4 章、第 42 章的翻译]

???? [Jean-Alexis de Gollet]. MSS, BNC VE II, FG 1257/11, 75-93.
Biblioteca Nazionale Centrale—Vittorio Emanuele II in Rome.
[包括第 1 章、第 14 章、第 4 章、第 42 章的原文，拼音，翻译，
旁注，笔记。Claudia von Collani 认为译者是 Jean-Alexis de Gollet
（1664—1741）]

1838 G. Pauthier. *Le Tao Tao Te King: Ou le livre révéré de la raison suprême
et de la virtue, par Lao-Tseu.* Paris: Imprimerie de Dondey-Dupré.
[法语和拉丁语双语节译本，包括第 1 章至第 9 章的翻译]

《老子》转译：**1** 种
1661 Antonio de Santa Maria Caballero. "Responsio brevis super contro-
versias de Xamti, hoc est de altissimo Domino, de Tien-chin, id est de
spiritibus coelestibus, de Lim-hoên, id est de anima rationali (1661),"
179v. Archive of Pontifical Urban University, MSS, SC Indie Orientali
e Cina, vol. 1.
[Niccolò Longobardo 的 1623 年葡萄牙语译本的转译，包括第 42 章
的前几句的翻译]

53. Latvian 拉脱维亚语：**3** 种
《老子》原文翻译：**1** 种
2009 Jeļena Staburova. *Dao un De kanons.* Riga: Neputns.

《老子》转译：**1** 种
1986 Vilnis Zariņš. *Laodzi sacerējums par Dao un De* (*Daodedzin*). Rīga:

Zvaigzne ABC, 1986, 2000, 2001, 2007.

[Richard Wilhelm 的 1911 年德语译本的转译]

类型尚未确定的翻译：**1** 种

2014　　Ralfs Berzinski. *Dao De Džin*. Self published.

54. Lithuanian　立陶宛语：**1** 种

《老子》原文翻译

1997　　Dalia Švambarytė. *Lao Zi*. Vilnius: Vaga, 1997, 2002, 2005, 2016, 2021.

[张忆的 1992 年《老子白话今译》的翻译]

55. Luxembourgish　卢森堡语：**1** 种

类型尚未确定的翻译

2019　　Serge Tonnar. *Tao Te King: Buch vum Wee*. Luxembourg: Éditions Guy Binsfeld.

56. Macedonian　马其顿语：**3** 种

《老子》转译：**3** 种

1978　　Мето Јовановски. „Тао-Те Кинг: Патот на Лао Це." Скопје: Современост, 1978; „Кинга за животот и смртта: Патот на Лао Це, И Чинг, Тибетанската кинга за мртвите." Скопје: Македонска Книга, 1981.

(Meto Jovanovski. *Tao-Te King: Patot na Lao Ce*. Skopje: Sovremenost, 1978; *Kinga za životot i smrtta: Patot na Lao Ce, I Čing, Tibetanskata kinga za mrtvite*. Skopje: Makedonska Kniga, 1981.)

[以 Wing-tsit Chan 的 1963 年英语译本、D. C. Lau 的 1963 年英语译本为参考]

2011　　Ленче Тошева. „Тао Те Кинг." Скопје: Македоника литера, 2011, 2013; „Дзвезди на светската книжевност: Тао Те Кинг, Безгрижно говорење, Лун Ји." Скопје: Арс Ламина, 2013.

(Lenče Toševa. *Tao Te King*. Skopje: Makedonika litera, 2011, 2013; *Dzvezdi na svetskata kniževnost: Tao Te King, Bezgrižno govorenje, Lun Ji*. Skopje: Ars Lamina, 2013.)

[Ян Хин-шун（Yang Xingshun）的 1950 年俄语译本的转译]

2020   Сибел Ајдинова. „Така Зборуваше Лао Це: Тао Те Кинг; Нов превод со коментари." Скопје: Македоника литера.

(Sibel Ajdinova. *Takazboruvaše Lao Ce: Tao Te King; Nov prevod so komentari*. Skopje: Makedonika litera.)

[Wu Qianzhi 的 2014 年英语译本的转译]

[马其顿语、英语和汉语三种语言版本]

57. Malay 马来语: 5 种
《老子》原文翻译: 3 种

1994   Yap Sin Tian. *Kitab Falsafah dan Moral Taoism*. Kuala Lumpur: Yap Sin Tian.

2009   Tee Boon Chuan. *Dao De Jing*. Kuala Lumpur: The Mentor.

2017   Zhao Dan. *Terjemahan Pilihan Lao Zi*. Guilin: Guangxi shifan daxue chubanshe.

(赵丹.《老子选译》.桂林：广西师范大学出版社.)

[张葆全采选的章节为底本]

类型尚未确定的翻译: 2 种

2007   Latiff Mohidin. *Tao Te Ching*. Kuala Lumpur, Malaysi: Galeri Petronas.

2021   Hazman Baharom. *Tao Te Ching: Risalah perihal Tao dan keunggulannya*. Petaling Jaya: The Biblio Press Enterprise.

58. Malayalam 马拉雅拉姆语：2 种

类型尚未确定的翻译：2 种

1962　എ. പി. വാസു നമ്പിസം. തന്നോ റെ ചിങ്. ന്യൂ ഡെൽഹി: സാഹിത്യ അക്കാദമി.

(A. P. Vasu Nambisan. *Tao-Te-Ching*. Nyu Delhi: Sahitya Akademi.)

2014　ഷൗക്കത്ത്. താഴ്‌വരയുടെ സംഗീതം. കോഴിക്കോട്: മാതൃഭൂമി ബുക്സ്, 2014, 2016.

(Ṣaukkatt. *Tāḻvarayuṭe saṅgītaṃ*. Kozhikode, Keralam: Mātṛbhumi Buks, 2014, 2016.)

59. Maltese 马耳他语：1 种

《老子》原文翻译

2010　Clifford Borg-Marks. *Lao Zi: Dao De Jing*. Malta: Pubblikazzjonijiet Indipendenza.

[以 Clifford Borg-Marks 自己的 2001 年英语译本为参考]

60. Manchu 满语：3 种①

《老子》原文翻译：3 种

1887　满汉道德经. Manchu MS A 4. Saint Petersburg: The Institute of Oriental Manuscripts of the Russian Academy of Sciences.

("Man-Han Daodejing." Manchu MS A 4. Saint Petersburg: The Institute of Oriental Manuscripts of the Russian Academy of Sciences.)

[满汉合璧的河上公本，是 A.O. Ivanovsky 捐赠的。他也在 1887 年论文提到了，因此这本不能晚于那一年]

Giovanni Stary. "Some Preliminary Considerations on the Manchu Version of the *Daodejing*." *Studi in onore di Lionello Lanciotti,* vol. 3, 1343-1364, S. M. Carletti, M. Sacchetti, P. Santangelo. Napoli: Istituto

---

① 俄罗斯科学院东方文献研究所的阿拉·西佐娃（Alla Sizova）对确认第一条目信息有帮助。中央民族大学的王硕提供第二条目的满语文字信息。

Universitario Orientale, Dipartimento di Studi Asiatici, 1996.

[原文的罗马字化]

???? 　ᡖᡖᡳᡳ ᡤᡝᡝ ᠠᡳ᠌ ᡳᡳᠠ᠊ ᠮᡝ᠊ ᠪᡳᡳᡳᡳ. 122, B222•13, 1291. 北京：国家图书馆.

("Loozi Doo de ging ji ju bithe." 122, B222•13, 1291. Beijing: National Library of China.)

(《老子道德经集注》（满汉合璧）.122, B222•13, 1291. 北京：国家图书馆.)

[满汉合璧，包括汉语集注]

1901　ᡖᡖᡳᡳᡳ ᠶ ᡥᠠᡳᠠᡳ ᠶ ᠢᡳ᠊ᠠᠠᡳ ᠶ ᡳᠠᡖᠠᡳᠠᡳ.

Looze i Araha Doro Erdemu i Nomun.

[佚书，不能晚于 1901 年];

E. Von Zach, ed. "Manchurian Translation of Lao-Tzu's Tao-Tê-Ching — Romanized Text." *The China Review* 25(4), 157-162; *The China Review* 25(5), 228-234.

[原文的罗马字化]

<被转译成 Julius Grill 的 1911 年德语译本>

61. Marathi 马拉地语: 1 种①

类型尚未确定的翻译

2006　बी. जी. वाघ. ओळख ताओवादाची. पुणे: सुगावा प्रकाशन, 2006; ताओ एक नैसर्गिक जीवनप्रवाह. पुणे: मनोविकास प्रकाशन, 2011.

(B. G. Wagh. *Oḷakh Taovādācī*. Puṇe: Sugāvā Prakāśan, 2006; *Tao Ēk Naisargik Jīvanpravāh*. Puṇe: Manōvikās Prakāśan, 2011.)

[道家哲学入门，包括《老子》译文]

---

① 美国南卡罗来纳大学（University of South Carolina）的丹尼尔·斯图尔特（Daniel Stuart）为此语种条目校对人。

62. Mongolian 蒙古语：7 种①

《老子》原文翻译：3 种

2004　Д. Наранжаргал. "Орчлонг танихуйн гэгээн шастир." Улаанбаатар.
　　　(D. Naranjargal. *Orchlong tanikhuin gegeen shastir*. Ulaanbaatar.)

2010　ᠴᠣᠶᠢᠷᠤᠭ . 《ᠮᠥᠷ ᠦᠨ ᠶᠣᠰᠤᠨ ᠦ ᠰᠤᠳᠤᠷ》. ᠬᠥᠬᠡᠬᠣᠲᠠ: ᠥᠪᠥᠷ ᠮᠣᠩᠭᠣᠯ ᠤᠨ ᠠᠷᠠᠳ ᠤᠨ ᠬᠡᠪᠯᠡᠯ ᠦᠨ ᠬᠣᠷᠢᠶ᠎ᠠ.
　　　(Čoyirug. *Mör-ün yosun-u sudur*. Höhehote: Öbör monggol-un arad-un heblel-ün horiy-a.)
　　　(薛日高.《道德经：蒙古文》.呼和浩特：内蒙古人民出版社.)

2012　ᠳᠠᠯᠠᠨᠲᠠᠢ : 《ᠴᠣᠬᠤᠯᠠᠵᠤ ᠣᠷᠴᠢᠭᠤᠯᠤᠭᠰᠠᠨ ᠯᠠᠸᠽᠢ ᠪᠢᠴᠢᠭ》 · ᠥᠪᠥᠷ ᠮᠣᠩᠭᠣᠯ ᠤᠨ ᠪᠥᠯᠥᠭᠯᠡᠯ ᠥᠪᠥᠷ ᠮᠣᠩᠭᠣᠯ ᠤᠨ ᠰᠤᠷᠭᠠᠨ ᠬᠥᠮᠥᠵᠢᠭᠦᠯᠬᠦ ᠬᠡᠪᠯᠡᠯ ᠦᠨ ᠭᠠᠵᠠᠷ ..
　　　(Dalantai. *Čohulaju orčigulugsan Lawzi bicig*. Öbör monggol-un heblel-ün bölüglel öbör monggol-un surgan hömüjigülhu heblel-ün gajar.)

《老子》转译：2 种

2013　"Жинхэнэ хүч." Улаанбаатар: Мөнхийн үсэг.
　　　(*Jinkhene khüch*. Ulaanbaatar: Mökhiin üseg.)
　　　[James A. Autry, Stephen Mitchell 的 1999 年 *Real Power: Lessons for Business from the Tao Te Ching* 英语译本的转译]

2014　Б. Даш-Ёндон. "Лаоз-ын гүн ухаан." Улаанбаатар: Сэлэнгэ пресс ХХК, 2014.
　　　(B. Dash-Yondon. *Laoz-yn gün ukhaan*. Ulaanbaatar: Selenge pryess КНКНК, 2014.)
　　　[以 Д.П. Конисси（D. P. Konissi）和 Л.Н. Толстой（L. N. Tolstoy）的 1913 年俄语译本、Ян Хин-шун（Yang Xingshun）的 1950 年俄语译本、А.А. Маслов（Maslov）的 1997 年俄语译本为参考]

---

① 蒙古国立大学（National University of Mongolia）的巴特玛（Batmaa V.）提供了几个条目。内蒙古大学的辽穆宗提供两个条目蒙古文字信息。内蒙古大学的苏日娜提供两条有回鹘式蒙古文信息条目的罗马化转写。

类型尚未确定的翻译：**2** 种

2002　Г. Аюурзана. "Дао: Амьдралыг танихуй." Улаанбаатар: T & U Print.
　　　(G. Ayuurzana. *Dao: Amidralyg tanikhui*. Ulaanbaatar: T & U Print.)

2005　Ж. Ванчинхүү. "Дао Дө Чин: Жам мөрийн тухай сургаал оршивой."
　　　Улаанбаатар: МУИС-ийн хэвлэх уйлдвэрт хэвлэв.
　　　(J. Vanchinkhüü. *Dao Dö Chin: Jam möriin tukhai surgaal orshivoi.*
　　　Ulaanbaatar: MUIS-iin khevlekh uildvert khevlev.)

63. Norwegian 挪威语：**6** 种
《老子》原文翻译：**3** 种

1948　Karl Ludvig Reichelt. *Laotse*. Oslo: Gyldendal, 1948; *Tao Te Ching*.
　　　Oslo: Gyldendal Norsk Forlag, 1982; *Tao Te Ching: Utvalgte taoistiske
　　　skrifter*. Oslo: De norske bokklubbene, 2006.
　　　[布克莫尔语译本]
　　　<Karl Ludvig Reichelt 自己的 1982 年丹麦语译本以其为参考>

1989　Sverre Holth. *Taoismens klassikere: Tao Te Ching, Chuang Tzu, Lieh
　　　Tzu*. Oslo: Aschehoug.
　　　[布克莫尔语译本]

2006　Ole Bjørn Rongen. *Boka om Vegen og Dygda Laozis Daodejing*. Oslo:
　　　Solum forlag.
　　　[新挪威语译本]
　　　{Gumbert}

《老子》转译：**2** 种
1995　Åse-Marie Nesse. *Tao Te Ching*. Oslo: Grøndahl Dreyer, 1995; Oslo:
　　　Cappelen Damm, 2010.
　　　[Man-Ho Kwok，Martin Palmer，Jay Ramsay 的 1993 年英语译本的
　　　转译]
　　　[布克莫尔语译本]

2014 Geir Uthaug. *Tao: Å Ha Visdom Og Ikke Vite*. Oslo: J.W. Cappelens forlag.

[Timothy Hugh Barrett 的 1993 年英语译本的转译]

[布克莫尔语译本]

《老子》语内转译: 1 种

2001 Rune Svarverud. *Tao Te Ching: Utvalgte taoistiske skrifter*. Oslo: De norske Bokklubbene, 2001, 2006.

[Karl Ludvig Reichelt 的 1948 年挪威语译本的转译]

[布克莫尔语译本]

64. Persian 波斯语: **42** 种①

《老子》原文翻译: **5** 种

سید حسین نصر، توشیهیکو ایزوتسو. کتاب طریق و فضائل آن. 1977

(Sayyid Ḥusayn Naṣr, Tūshīhīkū Āyzūtsū. "Kitāb-i Ṭarīq va Faḍā'il-i Ān.")

[Seyyed Hossein Nasr 和 Izutsu Toshihiko 的波斯语及英语抄本, 查看 Toshihiko Izutsu 的 2001 年英语译本]

سلیمان بای جی سو. دائو ده جینگ. 银川: 宁夏人民出版社. 2011

(Salīmān Bāy Jay Sū. *Dā'ū Dih Jīng*. Yinchuan: Ningxia renmin chubanshe.)

(白志所.《道德经》. 银川：宁夏人民出版社.)

سلیمان بای جی سو. دائو ده جینگ. تهران: شرکت انتشارات علمی و فرهنگی. 2016

(Sulaymān Bāy Jay Sū. *Dā'ū Dih Jīng*. Tihrān: Shirkat-i Intishārāt-i 'Ilmī va Farhangī.)

اسماعیل رادپور. دائو ده جینگ. تهران: زندگی روزانه. 2017

(Ismā'īl Rādpūr (Esmaeil Radpour). *Dā'ū Dih Jīng*. Tihrān: Zindagī Rūznah.)

---

① 中山大学珠海校区的穆凯（Mohammad Kadkhodaei）提供了 6 种译本的信息。洛杉矶艺术博物馆（LACMA）的格温多林·寇拉绸（Gwendolyn Collaço）提供罗马化的信息。

سید حسین نصر، توشی هیکو ایزوتسو. تائوته چینگ: طریق و فضائل آن. تهران: اطلاعات.　　　2021

(Sayyid Ḥusayn Naṣr, Tūshīhīkū Āyzūtsū. *Tā'ū Tih Chīng: Ṭarīq va Faḍā'il-i Ān*. Tihrān: Iṭala‘āt.)

[Seyyed Hossein Nasr 和 Izutsu Toshihiko 的波斯语印刷版，包括 Toshihiko Izutsu 的 2001 年英语译本]

《老子》转译: 26 种

هرمز ریاحی، بهزاد برکت. دائو د جینگ. تهران: نشر نو.　　　1984

(Hurmuz Riyāḥī, Bihzād Barakat. *Dā'ū Di Jīng*. Tihrān: Nashr-i Nū.)

[英语译本的转译]

شهرنوش پارسیپور. لانوتزه و آیین دائو. تهران: بهنگار.　　　1990

(Shahrnūsh Pārsī'pūr. *Lā'utzuh va Āyīn-i Dā'ū*. Tihrān: Beh-nigār.)

[Max Kaltenmark 的 1965 年法语译本的转译]

عسکری پاشایی. دائوِ رابطهها: تعادلی میان زن و مرد. سوئد: انتشارات آرش، 1992؛　　　1992
تهران: انتشارات فراروان، 2001، 2019.

('Askerī Pāshāyī. *Dā'ū-yi Rābiṭahhā: Ta‘ādalī mayān-i Zan va Mard*. Sūiden: Intishārāt-i Ārash, 1992; Tihrān: Intishārāt-i Farāvān, 2001, 2019.)

[Ray Grigg 的 1988 年 *The Tao of Relationships* 英语译本的转译]

عسکری پاشای. دائو: راهي براي تفکر. تهران: نشر چشم.　　　1998

('Askerī Pāshāyī. *Dā'ū: Rāhī barā-yi Tafakkur*. Tihrān: Nashr-i Chashm.)

[Chung-Yuan Chang 的 1975 年英语译本的转译]

امیرحسن قائمی. تائو ته چینگ. ایوب کوشان.　　　2000

(Amīr Hassan Qā'imī. *Tā'ū Tih Chīng*. Ayyūb Kūshān.)

[Stephen Mitchell 的 1988 年英语译本的转译]

فرشید قهرمانی. تائو ت چینگ. سیاه مشق، 2003؛ تهران: مثلث، 2006، 2007، 2008،　　　2003
2009، 2010، 2011، 2013، 2018.

(Farshīd Qahramānī. *Tā'ū Ti Chīng*. Siyāh Mashq, 2003; Tihrān:

Muṣallas̱, 2006, 2007, 2008, 2009, 2010, 2011, 2013, 2018.)

[Stephen Mitchell 的 1988 年英语译本的转译]

2005 سودابه فضایلی. دائو د جینگ: کتاب طریقت و فضیلت. تهران: علم، 2005؛ قم: نشر ادیان، 2012.

(Sūdābah Faẕāylī. *Dā'ū Di Jīng: Kitāb-ī Tarīqat va Faẕīlat.* Tihrān: 'Ilm, 2005; Qum: Nashr-i Adyān, 2012.)

[Marc Haven 和 Daniel Nazir 的 1951 年法语译本的转译]

2006 عسکری پاشایی. دائو ده جینگ: کتابی درباره راه و نیروی راه. تهران: نگاه معاصر.

('Askerī Pāshāyī. *Dā'ū Dih Jīng: Kitābī Darbārahi Rāh va Nīrū-yi Rāh.* Tihrān: Nigāh-i Mu'āṣir.)

[Ursula K. Le Guin 的 1997 年英语译本的转译]

2009 مجید آصفی. دائودجینگ لائوتسه. رشت: انتشارات دهسرا.

(Majīd Āṣafī. *Dā'ūdijīng-i Lā'ūtsuh.* Rasht: Intishārāt-i Dahsarā.)

[Ellen Chen 的 1989 年英语译本的转译]

2009 الگا کیایی. زندگی با حکمت تائو. هیرمند، 2009، 2010.

(Algā Kiyāyī. *Zindagī bā Ḥikmat-i Tā'ū.* Hīrmand, 2009, 2010.)

[Wayne W. Dyer 的 2007 年 *Change Your Thoughts, Change Your Life* 英语译本的转译]

2010 گلی افجهای. زندگی با خرد تائو: تائوته چینگ کامل و جمله های تاکیدی. تهران.

(Gulī Afjahāy. *Zindagī bā Khirad-i Tā'ū: Tā'ūtih Chīng Kāmil va Jumlahhā-yi Tākīdī.* Tihrān.)

[Wayne W. Dyer 的 2007 年 *Change Your Thoughts，Change Your Life* 英语译本的转译]

2010 آزیتا عظیمی. زندگی بر اساس حکمت تائو: شامل متن کامل تائوته چینگ و جملات تاکید دکتر وین دای. تهران: عطایی.

(Āzītā 'Aẕīmī. *Zindagī bar Asās-i Ḥikmat-i Tā'ū: Shāmil-i Matn-i Kāmil Tā'ūtih Chīng va Jumlāt-i Tākīd-i Duktur Vayn Dāy.* Tihrān: 'Aṭāyī.)

[Wayne W. Dyer 的 2007 年 *Change Your Thoughts，Change Your Life*

英语译本的转译]

محمدرضا چنگیز. فرزانگی کهن برای زندگی امروز. تهران: اشراقیه: بابازاده.　　2010

(Muḥammad Riżā Chingīz. *Farzānagī Kuhn barā-yi Zindagī Imrūz.*
Tihrān: Ishrāqiyyah: Bāzārzādah.)

[Wayne W. Dyer 的 2008 年 *Living the Wisdom of the Tao* 英语译本
的转译，查看 Wayne W. Dyer 的 2007 年 *Change Your Thoughts，*
Change Your Life 英语译本]

لادن جهانسوز. دائو د جینگ. تهران: بهجت.　　2010

(Lādan Jahānsūz. *Dā'ū Di Jīng.* Tihrān: Bahjat.)

[Stephen Mitchell 的 1988 年英语译本的转译]

شمس الدین حسینی. الهام آرامنیا، زندگی خردمندانه: به کمک خرد الهی زندگیتان را　　2011
دگرگون کنید. تهران: مهر.

(Shamsaddīn Hussaynī. *Ilhām-i Ārāmniyā, Zindagī Khiradmandāne:*
Beh Kumak-i Khirad-i Ilāhi Zindagītān-rā Degargūn Kunīd. Tihrān:
Mihr.)

[Wayne W. Dyer 的 2007 年 *Change Your Thoughts，Change Your Life*
英语译本的转译]

مریم اسکندرانی. فکرت را عوض کن، زندگیت عوض می شود. تهران: نسل آفتاب.　　2011

(Maryam Iskandarānī. *Fikrat-ra 'Auż Kun, Zindagīyat 'Auż Mi-Shavad.*
Tihrān: Nasl-i Āftāb.)

[Wayne W. Dyer 的 2007 年 *Change Your Thoughts，Change Your Life*
英语译本的转译]

سودابه فضایلی. دائو د جینگ: کتاب طریقت و فضیلت. قم: ادیان.　　2012

(Sūdābah Fażāylī. *Dā'ū Di Jīng: Kitāb-i Ṭarīqat va Fażīlat.* Qum:
Adyān.)

[英语译本的转译]

وجیهه آیت اللهی. زندگی بر اساس تعالیم خردمندانه دائو. بنگاه ترجمه و نشر کتاب پارسه.　　2015

(Vajīha Āyatallāhī. *Zindagī Bar Asās-i Ta'ālīm-i Khiradmandānah-i*
Dā'ū. Bungāh-i Tarjumah va Nashr-i Kitāb-i Pārsah.)

[Wayne W. Dyer 的 2007 年 *Change Your Thoughts，Change Your Life*
英语译本的转译]

2015　محمد طباطبایی. فلسفه‌ی دائودجینگ. تبریز: فروزش.

(Muḥammad Ṭabāṭabāyī. *Falsafahī Dā'ūdijīng*. Tabrīz: Furūzish.)

[Hans-Georg Moeller 的 2015 年英语著作 The Philosophy of the
Daodejing 的翻译，包括《老子》译文的转译]

2016　محمدرضا طبیب‌زاده. زندگی بر اساس حکمت تائو: متن کامل تائوته چینگ و جملات
تاکیدی دکتر وین دایر.

(Muḥammad Riżā Ṭabībzādah. *Zindagī bar Asās-I Ḥikmat-I Tā'ū:
Matn-I Kāmil-I Tā'ūtih Chīng va Jumlāt-I Tākīdī Duktur Vayn Daīr*.)

[Wayne W. Dyer 的 2007 年 *Change Your Thoughts，Change Your Life*
英语译本的转译]

2017　نیما سلیمی. تائو تیچینگ برای والدین. تهران: مثلث.

(Nīmā Salīmī. *Tā'ū Tīchīng barā-yi Validayn*. Tihrān: Muṣallas̱.)

[William Martin 的 1999 年 *The Parent's Tao Te Ching* 英语译本的
转译]

2018　حدیث دهقان. افکارتان را تغییر دهید تا زندگیتان تغییر کند. گرگان: هفت سنگ.

(Ḥadis̱ Dihqān. *Afkārtān-rā Taghyīr Dahīd tā Zindagītān Taghyīr
Kunad*. Gurgān: Haft Sang.)

[Wayne W. Dyer 的 2007 年 *Change Your Thoughts，Change Your Life*
英语译本的转译]

2019　مریم قنبری عدیوی. تائو ت چینگ: کتاب فرزانگی. شهرکرد: نیوشه.

(Maryam Qanbarī 'Adīvī. *Tā'ū Ti Chīng: Kitāb-i Farzānagī*. Shahr-i
Kurd: Niyūshah.)

[Ellen Chen 的 1989 年英语译本的转译]

2019　احسان عباسلو. دائو د جینگ. تهران: ثالث.

(Iḥsān 'Abbāslū. *Dā'ū Di Jīng*. Tihrān: S̱ālis̱.)

[英语译本的转译]

محمد صادق عاطفی. طریقت: فلسفه عرفانی چین راهنمای رهبری، نفوذ و تعالی. نگارستان ادب. 2019

(Muḥammad Ṣādiq ‘Āṭifī. *Ṭarīqat: Falsafahī ‘Irfānī Chīn Rāhnumā-yi Rahbari, Nafūz va Ta‘ālā*. Nigāristān-i Adab.)

[R. L. Wing 的 1986 年英语译本的转译]

علی زارعی سلمانی. تعالیم محرمانه تائو ته چینگ. تبریز: آناس. 2019

(‘Alī Zāri‘ī Sulamānī. *Ta‘ālīm-i Muḥarramānahī Tā’ū Tih Chīng*. Tabrīz: Ānās.)

[Mantak Chia 和 Tao Huang 的 2004（2001）年 *The Secret Teachings of the Tao Te Ching* 英语译本的转译]

类型尚未确定的翻译：**11** 种

سمانه جعفرپور. فلسفه تایو ت چینگ: سخنان حکیمانه. تهران: روزگار نو. 1992

(Samānah Ja‘ferpūr. *Falsafah-i Tayū Ti Chīng: Sukhanān-i Ḥakīmāna*. Tihrān: Rūzgār-i Nū.)

عسکری پاشائی. شنیدن از دائو د جینگ متن کهن فلسفی چینی. تهران: نشر چشمه، 1992، 2005؛ اردبیل: انتشارات عنوان، 2016. 1992

(‘Askerī Pāshā’ī. *Shanīdan az Dā’ū Di Jīng Matn-i Kohan-i Falsafī Chīnī*. Tihrān: Nashr-i Chashmah, 1992, 2005; Ardabīl: Intishārāt-i ‘Unvān, 2016.)

سید مهدی ثریا. استاد پیر: تائوته چینگ، یا، کتاب پیروی مستقیم از راه و روش هستی و حیات به راهنمایی درک درونی (دل). تهران: جوانه رشد، 1994، 2003، 2018. 1994

(Sayyid Mahdī S̲arya. *Ustād-i Pīr: Tā’ūtih Chīng, ya, Kitāb-i Payravī Mustaqīm az Rāh va Ravish-i Hasti va Ḥayāt ba Rāhnumā-yi Dark Darūnī (Dil)*. Tihrān: Javānah-i Rushd, 1994, 2003, 2018.)

مجید آصفی. دائو د جینگ. تهران: کلام شیدا. 2005

(Majīd Āṣafī. *Dā’ū Di Jīng*. Tihrān: Kallam-i Shaydā.)

فریده مهدوی دامغانی. گزیده ای از زیباترین سروده های معنوی و روحانی چین باستان در آیین ذن و تائو. تیر. 2007

(Farīdah Mahdavī Dāmghānī. *Gazīdah-i Ay az Zībātarīn Sarvadahhā-yi Maʿnavī va Rauḥānī Chīn-i Bāstān dar Āyīn-i Zan va Taʾū*. Tīr.)
[包括禅诗和《老子》译文]

اردلان عطارپور. تائو ته چینگ: فیلسوفی که با دو گاو سیاهش گم شد. تهران: انتشارات همه.

2014

(Ardalān ʿAṭṭārpūr. *Tāʾū Tih Chīng: Fīlasūfī ki bā Dū Gāv-i Siyāhash Gum Shud*. Tihrān: Intishārāt-i Hamah.)

عسکری پاشایی. دائو: راهی برای تفکر، برگردان و تحقیق دائو ده جینگ. تهران: چشمه، 2015، 2018.

2015

(ʿAskerī Pāshāyī. *Dāʾū: Rāhī barā-yi Tafakkur, Bar Gardān va Taḥqīq-i Dāʾū Dih Jīng*. Tihrān: Chashmah, 2015, 2018.)

علی زاهد. مفهوم تائو: خوانشی مدرن یا شاید هم پستمدرن از تائو ته چینگ. تهران: نگاه معاصر.

2015

(ʿAlī Zahid. *Mafhūm-i Tāʾū: Khwānishī Mudarn ya Shāyad ham Pust-Mudarn az Tāʾū Tih Chīng*. Tihrān: Nigāh-i Muʿāṣir.)

فرشید قهرمانی. تائو ت چینگ: راهنمای هنر زندگی و خرد ناب. تهران: مثلث.

2016

(Farshīd Qahremānī. *Tāʾū Ti Chīng: Rāh-numā-yi Hunar-i Zindagī va Khirad-i Nāb*. Tihrān: Muṯallaṯ.)

محمد جواد گوهری. تایو ت چینگ. تهران: روزنه.

2017

(Muḥammad Javād Gauharī. *Tāʾū Ti Chīng*. Tihrān: Rūznah.)

حمید ناصری. پر سیمرغ: ترجمه و تطبیق حکمت لاتزو و ادب پارسی. چراغ دیده.

2019

(Ḥamid Naṣerī. *Par Sīmurgh: Tarjumah va taṭbīq ḥikmat Lātzū va abad Pārsī*. Cherāgh Dīdah.)

65. Polish 波兰语: 29 种
《老子》原文翻译: 6 种

1910　Józef Jankowski. *Tao czyli Droga niebios czyli Doktryna najwyższego rozumu: Lao-Tse i jego nauka*. Warszawa: Orgelbranda Synów.

1956　Janusz Chmielewski. "Tao-te-king." *Antologii literatury chińskiej*. Warszawa: PWN.

1960　Franciszek Tokarz. "Tao têh king: Księga o Drodze i Cnocie." 1960-69. Lubin: Zakładu Historii Filozofii Katolickiego Uniwersytetu Lubelskiego.

1987　Tadeusz Żbikowski. "Tao-Te-King, czyli Księga Drogi i Cnoty." *Literaturze na Świecie* 186(1), 3-72.

1992　Jarosław Zawadzki. *Wielka Księga Tao*. Szczecin: My Book, 1992, 2004; Warszawa: Hachette, 2009.

2021　Anatoly Savrukhin. *Traktat Lao Tzu Tao Te Ching o harmonii natury i spoleczeństwa*. Chisinau, Moldova: Wydawnictwo Nasza Wiedza.
　　　<与 Anatoly Savrukhin 的 2021 年英语译本、2021 年荷兰语译本、2021 年德语译本、2021 年意大利语译本、2021 年法语译本、2021 年葡萄牙语译本为配套>

《老子》注本翻译: **1** 种
2005　Anna I. Wójcik. *Księga Dao i De*. Kraków: Wydawnictwo Uniwersytetu Jagiellońskiego, 2005, 2006.
　　　[王弼《老子注》的翻译]
　　　<为查看所有王弼《老子注》译本信息，参考 Václav Cílek 的 2005 年捷克语译本条目>

《老子》转译: **15** 种
1921　Jan Lemański. *Tao*. Warszawa: Towarzystwo Wydawnicze IGNIS.
　　　[以 Albert de Pouvourville 的 1907 年法语译本、Lionel Giles 的 1904 年英语译本为参考]

1977　Leon Zawadzki. *Tao-Te-King: Drogi i Cnoty Księga*. Moskwa: Akademii Nauk ZSRR.
　　　[Ян Хин-шун（Yang Xingshun）的 1950 年俄语译本的转译]

1984　Michał Fostowicz-Zahorski. *Droga*. Kłodzko, 1984, Wrocław, 1992; Wrocław: Rękodzielnia Arhat, 2001.
[R. B. Blakney 的 1955 年英语译本的转译]

1995　Ewa Hornowska. *Tao jest milczeniem*. Poznań: Rebis.
[Raymond M. Smullyan 的 1977 年英语译本的转译]

2000　Sebastian Musielak, Roman Bąk, Krzysztof Fordoński. *Istota Tao: Wprowadzenie w podstawy taoizmu na podstawie oryginału Tao Te Ching oraz nauk wewnętrznych Chuang-tzu*. Poznań: Rebis.
[Thomas Cleary 的 1991 年英语译本的转译]

2002　Beata Moderska, Jerzy Moderski. *Tao zwiazkow milosnych*. Poznań: Rebis, 2002; Green Dragon Publishing, 2010.
[Ray Grigg 的 1988 年 *The Tao of Relationships* 英语译本的转译]

2007　Krzysztofa Azarewicza. *Tao Te Cing*. Gdynia: Lashtal Press, 2007, 2018.
[Aleister Crowley 的 1975 年英语译本的转译]

2010　Barbara Jarząbska-Ziewiec. *Tao te king czyli Księga Drogi*. Warszawa: Sic!.
[Ursula K. Le Guin 的 1997 年英语译本的转译]

2010　Michał Lipa. *Tao mocy: Księga nieprzemijającej mądrości*. Gliwice: Wydawnictwo Helion; Sensus, 2010, 2016.
[R. L. Wing 的 1986 年英语译本的转译]

2010　Michał Lipa. *Tao Te Ching: W poszukiwaniu równowagi*. Gliwice: Wydawnictwo Helion, 2010, 2016.
[John C. H. Wu 的 1961 年英语译本的转译]

2010　Piotr Madej. *Tao Te King*. Kraków: Wydawnictwo Miniatura.
[Stephen Mitchell 的 1988 年英语译本的转译]

2010　Aleksandra Wolnicka. *Odmień swój umysł, odmień swoje życie: Żyj*

zgodnie z mądrością tao. Warszawa: Wydawnictwo Czarna Owca.
[Wayne W. Dyer 的 2007 年 *Change Your Thoughts，Change Your Life*
英语译本的转译]

2012   *Chińska gnoza: Komentarz do Tao Te King Lao Tse.* Wieluń: Instytut
        Wydawniczy Rozekruis Pers, 2012, 2014, 2017.
        [Jan van Rijckenborgh，Catharose de Petri 的 1987 年荷兰语译本的
        转译]

2016   Agna Onysymow. *Taoteking: Księga Sensu i Życia.* Warszawa: Wydaw-
        nictwo Aletheia.
        [Richard Wilhlem 的 1911 年德语译本的转译]

2021   Justyny Bargielskiej, Jerzego Jarniewicza. *Księga Drogi i Dobra.* War-
        szawa: Prószyński i S-Ka.
        [Ursula K. Le Guin 的 1997 年英语译本的转译]

《老子》注本转译：1 种
2009   Zdzisław Płoski. *Tao wojny.* Wrocław: Helion.
        [Ralph D. Sawyer 的 2000 年王真《道德经论兵要义述》英语译本的
        转译]

类型尚未确定的翻译：6 种
1988   Elżbieta Wolicka. "Tao-Te-Ching." *Zwrot* 2(1), 58-68; *Zwrot* 3(2), 57-
        65.

1993   Bernard Antochewicz. *Przesłanie: Tao-Te-King.* Wrocław: Wydaw-
        nictwo Silesia.

2009   Wojciech P. P. Zieliński. *Tao Te Ching.* Sandomierz: Wydawnictwo
        Armoryka.

2017   Krzysztof Janczukowicz. *Tao Te Ching.* Gdańsk: Zbigniew Janczu-
        kowicz.

2018　Karol Bajorowicz. *Tao Te Ching, Nag Hammadi, Złota Księga: Fragmenty nauczania, poetyckie interpretacje.* Bielsko-Biała: ZeKaBa.

2020　Abaren. *Tao Te Ching.* Sandomierz: Armoryka.

66. Portuguese 葡萄牙语: **53** 种
《老子》原文翻译: **19** 种

1623　Niccolò Longobardo. "Resposta breve sobre as Controversias do Xámti, Tienxin, Limhoên, e outros nomes e termos sinicos: per se determinar quaes delles podem ou nao podem usarse nesta Xrandade. Dirigida aos Padres das Residencias da China, pera a verem, a depois emviare com ou seu parecer sobre ella ao Nosso Padre Visitador em Macao," 153v. Archive of Pontifical Urban University, MSS, SC Indie Orientali e Cina, vol. 1.
[包括第 42 章的前几句的翻译]
<被转译成 Antonio de Santa Maria Caballero 的 1661 年拉丁语译本、Domingo Fernández Navarrete 的 1676 年西班牙语译本、Louis Champion de Cicé 的 1701 年法语译本、Christian Kortholt 的 1735 年法语译本>

1908　Manuel da Silva Mendes. *Lao-tze: Tao-te-king.* Macau: Imprensa Nacional, 1908; *Excerptos de Filosofia Taoista: Segundo o "Tao Teh King" de Lao Tze o "Nan Hua King" de Chuang Tze.* Macau: Escola de Artes e Oficios, 1930; *Coletânea de Artigos*, vol. I. Macau: Notícias de Macau, 1963.

1952　Luís G. Gomes. *O livro da Via e da Virtude.* Macau: Fundação Macau, 1952, 1995.

1966　Tomio Kikuchi. *Moral Universal de Lao Tsé e Essência do Oriente.* Belo Horizonte.

1973　Murillo Nunes de Azevedo. *O Livro do Caminho Perfeito: O Tao Te Ching.* Rio de Janero: Civilizaçao Brasileire, 1973; São Paulo: Pensamento, 1992, 1997.

<Rafael Arrais 的 2013 年葡萄牙语译本以其为参考>

1987 Joaquim Angélico de Jesus Guerra. *Prática da Perfeição: Daow-Tc Keq Vertido do Chinés*. Macau: Jesuitas Portuguesas, 1987; Macau: Associação de Educação de Adultos de Macau Tiragem, 2012.

1996 Jyh Cherng Wu (武志成). *Tao Te Ching: O Livro do Caminho e da Virtude*. Rio de Janeiro: Mauad, 1996, 1998, 2011.

1997 João C. Reis, Maria Helena O. Reis. *O livro de Tao: Tao Te Ching*. Macau: Mar-Oceano, 1997, 1998.
{Walf}

1997 Mário Bruno Sproviero. *Escritos do Curso e sua Virtude*: *Tao Te Ching*. São Paulo: Mandruvá, 1997, 2000; *Dao De Jing*. São Paulo: Hedra, 2002, 2007, 2014.

2005 Maria Lúcia Acaccio. *Tao Te Ching: O Livro da Vida e da Virtude*. Editora Isis, 2005, 2016.

2009 Paulo Alexandre Moreira, Maria Margarida. *Tao Te Ching: Viver A Sabedoria do Tao no século XXI*. Lisboa: Planeta.

2003 Christian Haensell. *O Caminho do Tao*. Brasília: L.G.E.
{Walf}

2004 Cláudia Ribeiro. *Dao De Jing: O Livro da Via e do Poder*. Mem Martins, Portugal: Europa-América.

2010 António Miguel de Campos. *Tao Te King: Livro do Caminho e do Bom Caminhar*. Lisboa: Relógio d'Água.

2013 António Graça de Abreu. *Tao Te Ching: Livro da Via e da Virtude*. Lisboa: Vega, 2013; Lisboa: Nova Vega, 2014, 2017, 2019.

2014 Rosana Lai (Lai Hsin Yung). *Dao De Jing*. São Paulo.

2014　Fabricio Possebon. "道德經 Dào Dè Jīng Clássico da virtude e do curso Capítulos I-IV." *Cultura Oriental* 1(2) (jul.-dez. 2014), 53-58.

2019　Aristein Woo. *Tao Te Ching*. Mercês: Artera Editorial.

2021　Anatoly Savrukhin. *O tratado de Lao Tzu "Tao Te Ching" sobre a harmonia da natureza e da sociedade: Tradução do chinês antigo, análise e comentário.* Chisinau, Moldova: Edições Nosso Conheci-mento.
　　　<与 Anatoly Savrukhin 的 2021 年英语译本、2021 年荷兰语译本、2021 年德语译本、2021 年意大利语译本、2021 年法语译本、2021 年波兰语译本为配套>

《老子》注本翻译: **1** 种

2015　Giorgio Sinedino. *Dao De Jing: Escritura do Caminho e Escritura da Virtude com os comentários do Senhor às Margens do Rio.* São Paulo: Editora Unesp, 2015, 2016; *Dao de Jing: O Livro do Tao.* São Paulo: Mantra, 2017.
　　　[《老子河上公章句》的翻译]
　　　<为查看所有《老子河上公章句》译本信息，参考 B. J. Mansvelt Beck 的 2002 年荷兰语译本条目>

《老子》转译: **16** 种

1945　Ary de Mesquita, Beata Vettori, Bezerra de Freitas. *Sabedoria de Índia e China.* Rio de Janeiro: Ponguetti, 1945, 1955, 1961.
　　　[Lin Yutang 的 1942 年英语译本的转译]

1978　Margit Martincic. *Tao-Te King: O livro do Sentido e da Vida.* São Paulo: Pensamento, 1978, 1984, 1995, 1997, 2006.
　　　[Richard Wilhelm 的 1911 年德语译本的转译]

1982　Huberto Rohden. *Tao Te Ching: O livro que Revela Deus.* São Paulo: Alorada, 1982; Alvorada, 1987; Martin Claret, 2003, 2005, 2013.
　　　[英语译本的翻译]

1985   *O Tao e a realização pessoal: O Tao Te Ching de Lao-Tse adaptado para a época atual*. São Paulo: Editora Cultrix.
[John Heider 的 1984 年 *The Tao of Leadership* 英语译本的转译]

1988   Maria Stela Gonçalves. *Os Mestres do Tao: Lao-tzu, Lie Tzu, Chuang-tzu*. São Paulo: Pensamento.
[Henry Normand 的 1985 年法语译本的转译]

1991   Luiz Roberto Mendes Gonçalves. *O Essencial do Tao*. São Paulo: Best Seller.
[Thomas Cleary 的 1991 年 *The Essential Tao* 英语译本的转译]

1997   *O Tao da Aprendizagem: O Tao Te Ching de Lao Tzu, Adaptado a uma Nova Prática da Educação Através da Espiritualidade*. Mem Martins, Portugal: Lyon Edicoes, 1997; Eastern Dragon, 2010.
[Pamela Metz 的 1994 年 *The Tao of Learning* 英语译本的转译]

1998   *Sabedoria Tao Te Ching*. Lisboa: Texto Editora.
[John R. Mabry 的 1994 年英语译本的转译]

2000   Melania Scoss, Merle Scoss. *O Verdadeiro Poder: Como Gerenciar Empresas Aplicando os Princípios do Tao Te King*. São Paulo: Cultrix.
[James A. Autry 和 Stephen Mitchell 的 1999 年 *Real Power: Lessons for Business from the Tao Te Ching* 英语译本的转译]

2001   Henrique Amat Rêgo Monteiro, Ely A De Britto. *Porta Para Todas as Maravilhas: Uma Aplicação do Tao Te King*. São Paulo: Editora Cultrix.
[Mantak Chia 和 Tao Huang 的 2001 年 *Door to All Wonders: Application of the Tao Te Ching* 英语译本的转译]

2002   Waldéa Barcellos. *Tao Te Ching*. São Paulo: Martins Fontes.
[Stephen Addiss 和 Stanley Lombardo 的 1993 年英语译本的转译]

2004   Luís Serrão. *O Livro do Poder: Um Guia Clássico de Liderança, Eficácia e Excelência*. Queluz: Coisas de Ler.
[R. L. Wing 的 1986 年英语译本的转译]

2006   *A Gnosis Chinesa: Comentários sobre o Tao Te King de Lao Tsé.* Bom Retiro, Brazil: Pentagama, 2006, 2011, 2016.
[Jan van Rijckenborgh 和 Catharose de Petri 的 1987 年荷兰语译本的转译]

2013   Rafael Arrais. *Tao Te Ching: O Livro do Caminho e da Virtude.* Textos para Reflexão.
[以 James Legge 的 1891 英语译本为底本，Murillo Nunes de Azevedo 的 1973 年葡萄牙语译本为参考]

2019   Claudia Gerpe Duarte, Eduardo Gerpe Duarte. *Tao-Te King: Uma Jornada para o Caminho Perfeito.* São Paulo: Pensamento.
[Solala Towler 的 2016 年英语译本的转译]

2020   Calixto López. *Tao Te Ching: "O Livro do Caminho e da Virtude."* Self-Published.
[Arthur Waley 的 1934 英语译本的转译]

类型尚未确定的翻译: **17** 种

1921   Alp. Sair. *A Filosofia de Lao-tse e as suas Relações com Orientalismo Hermético.* Lisboa: Livraria Clássica.

1968   Haydée Nicolussi. *El libro del Tao.* Porto Alegre: Ed. Asociación Macrobiótica de Porto Alegre.
{Walf}

1973   António Melo. *Tao Te King.* Lisboa: Estampa, 1973, 1977, 1989, 1996, 2000, 2011.

1983   David Jardim Júnior. *Lao Tze e Chuang Tze: A Essência do Taoísmo.* Editora Tecnoprinte, 1983, 1985.
{Walf}

1983   Norberto de Paula Lima, *Tao Te King: O livro do Sentido e da Vida.* São Paulo: Hemus, 1983, 1989, 1995, 2004.

1989   Sérgio B. de Sousa. *Tao Te King—I Ching: O Caminho do Sábio*. Ibrisa: Gnose.

1997   Maria Paula Fernandes. *Tao Te King: O Caminho da Virtude*. Mem Martins, Portugal: Livros de Vida Editores.
{Gumbert}

1998   Paulo Condini. *Tao Te King*. Franca: Lemos.

2001   Marcos Martinho dos Santos. *Tao Te King*. São Paulo: Attar Editorial, 2001, 2015.

2001   Ivo Storniolo. *Tao Te King*. São Paulo: Paulus.

2010   Joaquim Palma. *Tao Te Ching: O livro do Caminho e da sabedoria*. Lisboa: Presença.

2011   Daniel Machado, Ingrid Nerves. *Tao Te King*. Brasília: Editora Kiron, 2011, 2014.

2013   Agostinho da Silva. *Ideia de Tao Te King ou Guia da Estrada Real para o Viandante Ajuizado*. Lisboa: Large Books.

2015   Vidal Galter. *Palavras de Luz: Lao Tsé*. Amazon Digital Service.

2020   Flavia Borelli. *O Tao Te Ching: Em Versos*. Kindle Edition.

2021   Erika Patrícia Moreira, João Pedro Nodari. *Tao Te Ching: O livro do caminho e da virtude*. São Paulo: Pé da Letra.

2022   Carlota Papuda. *O Verdadeiro Tao Te Ching Brasileiro*. Self-Published.
[精选的 53 章译本]

67. Punjabi 旁遮普语: **1** 种①

类型尚未确定的翻译

2009　ਪਰਮਿੰਦਰ ਸੋਢੀ. ਚੀਨੀ ਦਰਸ਼ਨ ਤਾਓਵਾਦ. ਲੁਧਿਆਣਾ: ਚੇਤਨ ਪ੍ਰਕਾਸ਼ਨ, 2009, 2013, 2020.

　　　(Paramindara Soḍhī. *Cheeni Darshan Taovad*. Ludhiana: Chetna Prakashan, 2009, 2013, 2020.)

68. Romanian 罗马尼亚语: **18** 种

《老子》原文翻译: **6** 种

1992　Florin Clement Brătila, Dan Mirahorian, Tao Jian Wen. *Cartea Caii si Virtutii: Tao Te King*. Bucuresti: Ioana.

1993　Dinu Luca. *Cartea despre Dao şi Putere* (*cu ilustrări din Zhuang Zi*). Bucureşti: Humanitas.

2005　Su Yan. *Dao De Jing: Cartea despre Cale şi Virtutea*. Bucureşti: Editura Herald, 2005, 2016.

2008　Mihai E. Şerban. *Tao Te King*. Cluj-Napoca: Napoca Star.

2014　Marioara Butucea, Wang Oian. *Lao Zi: Aforisme filosofice*. Bucureşti: Pro Universitaria.

2016　Xu Wende. *Cartea despre Dao şi Virtute*. Beijing: China International Broadcasting Press.

　　　(徐文德.《老子道德经》.北京：中国国际广播出版社.)

《老子》注本翻译: **1** 种

1999　Şerban Toader. *Cartea despre Tao şi virtuţile sale*. Bucureşti: Editura Ştiinţifică, 1999; Bucureşti: Editura Meteor, 2003; Asociaţia Română pentru Studii Daoiste, 2012, 2015.

---

① 印度旁遮普大学（Punjabi University）的乔佳·辛革（Joga Singh）提供旁遮普文字信息。

[以任法融 1991 年的《道德经释义》为底本，也为《老子河上公章句》的翻译]

<为查看所有《老子河上公章句》译本信息，参考 B. J. Mansvelt Beck 的 2002 年荷兰语译本条目>

《老子》转译：4 种

1953　*Filosoful antic chinez Lao-Ţzî şi învăţătura sa.* Bucureşti: Editura de Stat Pentru Literatură Ştiinţifică.

[Ян Хин-шун（Yang Xingshun）的 1950 年俄语译本的转译]

1992　Nicolae Constantinescu. *Daodejing: Cartea căii şi virtuţii.* Bucureşti: Cîmp Fundamental, 1992; Bucureşti: Editura Nicol, 2012.

[Stanislas Julien 的 1842 年法语译本的转译]

2012　Eduard Bucescu. *Eşti ceea ce gândeşti!: Principii taoiste pentru zilele noastre.* Bucureşti: Curtea Veche.

[Wayne W. Dyer 的 2007 年 *Change Your Thoughts, Change Your Life* 英语译本的转译]

2012　Carmen Ştefania Neacşu. *Tao Te Ching.* Bucureşti: Elena Francisc Publishing.

[Stephen Mitchell 的 1988 年俄语译本的转译]

类型尚未确定的翻译：7 种

1932　Elie Dulcu. *Tao Te King: Cărarea şi virtutea.* Aninoasa-Gorj: Ram.

2004　Dan Constantinescu (Dan Nicoară). *Tao-Te-King: Cartea despre Cale si Virtute.* Bucuresti: Mondero.

2005　Octavian Sarbatoare. *Din Înţelepciunea Chineză: Tao-Te Ching Cartea Căii şi Puterii; Text şi Comentarii.* Riverwood, New South Wales: Sarbatoare Publications.

2012　*Lao Zi: Învăţăturile secrete.* Bucureşti: Sapientia.

2012　Marius Petre. *Tao Te Ching comentata de Sri Atmananda.* RAM.

2013　Ion Vasilescu. *Tao Te Ching: Calea şi Puterea.* Bucureşti: Antet XX Press.

2017　Lucian Pricop. *Tao Te Ching: Cartea despre Tao si calitatile sale.* Bucureşti: Editura Cartex, 2017, 2018, 2019.
　　　[序言引用 Max Weber，后序引用 René Guénon]

69. Russian　俄语: 63 种①
《老子》原文翻译: 38 种

1828　Архимандри́т Дании́л (Дми́трий Петро́вич Сиви́ллов). «Философия Лаодзия». под № 4478. Научная библиотека им. Н.И. Лобачевского. Казанский федеральный университет.

　　　(Arhimandrít Daniíl (Dmítrij Petróvič Sivíllov). "Filosofiâ Laodziâ." (MSS) pod No. 4478. Naučnaâ biblioteka im. N.I. Lobačevskogo. Kazanskij federal′nyj universitet.)

1837　Архимандрит Даниил (Даниил Сивиллов) «Перевод с китайского языка из книги под заглавием: Драгоценное зеркало для просвещения ума». «Ученые записки ИКУ», Книга II, 139-158. Императорским Казанским университетом.

　　　(Arhimandrit Daniil (Daniil Sivillov). "Perevod s kitajskogo âzyka iz knigi pod zaglaviem: Dragocennoe zerkalo dlâ prosveŝeniâ uma." *Učenye zapiski IKU,* Kniga II, 139-158. Imperatorskim Kazanskim universitetom.)

　　　[范立本 1393 年《明心宝鉴》的节译本，包括《老子》第 27 章、第 78 章、第 8 章的译文]

184?　Даниил Сивиллов. «Нравственная философия Лао-цзы». ф. 273, №

---

① 俄罗斯国家研究型高等经济大学（Higher School of Economics）的马斯洛夫（A.A. Maslov）提供了几个条目信息。

2894, Картон № 19, № 3. Отдел рукописей Российской государ-
ственной библиотеки.

(Daniil Sivillov. "Nravstvennaâ Filosofiâ Lao-czy." F. 273, No. 2894,
Karton No. 19, No. 3. Otdel rukopisej, Rossijskoj gosudarstvennoj
biblioteki.)

184?　Даниил Сивиллов. «Нравственная философия Лао-цзы». ф. 273, №
2894, Картон № 19, № 4. Отдел рукописей Российской государ-
ственной библиотеки.

(Daniil Sivillov. "Nravstvennaâ Filosofiâ Lao-czy." F. 273, No. 2894,
Karton No. 19, No. 4. Otdel rukopisej, Rossijskoj gosudarstvennoj
biblio-teki.)

[184? «Нравственная философия Лао-цзы» ф. 273, № 2894, 3 的修
订本]

1855　Даниил Сивиллов. «Минь-синь-бао-цзянь, или драгоценное зер-
кало, в котором можно видеть свое сердце, или Собрание из
отличнейших писателей Китая». ф. 152, оп. 505, № 84. Архив
внешней политики Российской Федерации.

(Daniil Sivillov. "Min′-sin′-bao-czân′, ili dragocennoe zerkalo, v kotorom
možno videt′ svoe serdce, ili Sobranie iz otličnejših pisatelej Kitaâ." F.
152, op. 505, No. 84. Arhiv vnešnej politiki Rossijskoj Federacii.)

[范立本 1393 年《明心宝鉴》的全译本，包括《老子》第 27 章、第
78 章、第 73 章、第 24 章、第 28 章的译文]

1894　Д.П. Конисси (小西增太郎). «Тао те кинг». «Вопросы философии и
психологии» 5.3(23), 380-408.

(D.P. Konissi (Konishi Mosutarō). "Tao te king." *Voprosy filosofii i
psihologii* 5.3(23), 380-408.)

[Л.Н. Толстой（L.N. Tolstoy）编辑]

1906　Л.Н. Толстой. «На каждый день: Учение о жизни, изложенное в
изречениях Часть 1», 39, 101, 107-108, 109-110, 224, 238, 285, 310,
339. «Л.Н. Толстой: Полное собрание сочинений», Том 43. Москва:

Государственное издательство, [1906-1910] 1929.

(L.N. Tolstoy. "Na každyj den′: Učenie o žizni, izložennoe v izrečeniâh Čast′ 1," 39, 101, 107-108, 109-110, 224, 238, 285, 310, 339. *L.N. Tolstoj: Polnoe sobranie sočinenij*, Tom 43. Moscow: Gosudarstvennoe izdatel′stvo, [1906-1910] 1929)

[包括第 81 章、第 78 章、第 64 章、第 38 章、第 7 章、第 78 章、第 16 章、第 24 章、第 1 章、第 41 章的译文]

1908　К. Д. Бальмонтъ. «Книга Пути и Благого Чарованія», 135-140. «Гимны, пѣсни и замыслы древнихъ». Санкт-Петербург: Пантеонъ.

(K. D. Bal′mont″. "Kinga Puti i Blagogo Čarovanìâ," 135-140. *Gimny, pěsni i zamysly drevnih″*. Sankt-Peterburg: Panteon″.)

1910　Л.Н. Толстой. «Изречения китайского мудреца Лао-Тзе». Москва: Посредник, 1910, 1911; «Китайский мудрец Лао-Тзе». Москва: т-во И.Д. Сытина, 1911.

(L.N Tolstoy. *Izrečeniâ kitajskogo mudreca Lao-Tze*. Moskva: Posrednik, 1910, 1911; *Kitajskij mudrec Lao-Tze*. Moskva: t-vo I.D. Sytina, 1911.)

<被转译成 1912 年 *The Sayings of Lao-tze* 的英语译本>

1913　Д.П. Конисси. «Тао-Те-Кингъ или Писаніе о Нравственности». Москва: Печатное дело, 1913；東京：日本古書通信社, 1968; Ростов н/Д: Пегас, 1994; «Дао дэ Цзин: Книга пути и благодати». Москва: Русский раритет, 2011; «Дао дэ цзин: Книга пути и достоинства». Москва: Центрполиграф, 2012, 2013, 2014, 2016, 2019; «Лао-Цзы: Дао дэ Цзин». Москва: Издательство АСТ.

(D.P. Konissi. *Tao-Te-King″ ili Pisanìe o Nravstvennosti*. Moskva: Pečatnoe delo, 1913; Tōkyō: Nihon kosho tsūshinsha, 1968; Rostov n/D: Pegas, 1994; *Dao dè Czin: Kniga puti i blagodati*. Moskva: Russkij Raritet, 2011; *Dao dè czin: Kniga piti i dostoinstva*. Moskva: Centrpoligraf, 2012, 2013, 2014, 2016, 2019; *Lao-Czy: Dao Dè Czin*. Moskva: IZdatel′stvo AST, 2019.)

[Л.Н. Толстой（L.N. Tolstoy）编辑]

<被转译成加藤智惠子（Katō Chieko），有宗昌子（Arimune Masako）的 2012 年日语译本、中本信幸（Nakamoto Nobuyuki）的 2020 年日语译本、최재목（Choi Jaemok）的 2021 年韩语译本；Б. Даш-Ёндон（B. Dash-Yondon）的 2014 年蒙古语译本以其为参考>

1915　Архимандрит Даниил (Сивиллов), И. Замотайло. «Тао-Те-Кингъ или Писаніе Саніе о Нравственности». «Известия Одесского библио-графического общества» 4(5-6), 209-245.

　　　(Arhimandrit Daniil (Sivillov), I. Zamotajlo. "Tao-Te King″ ili Pisanìe Sanìe o Nravstvennosti." *Izvestiâ Odesskogo bibliografičeskogo obŝestva* 4(5-6), 209-245.)

　　　[Архимандрит Даниил（Arhimandrít Daniíl）的 1828 年俄语抄本 "Filosofiâ Laodziâ," 包括第 1 章至第 46 章]

1916　И. Замотайло. «Перевод Дао-дэ-цзина Архимандрита Даниила Сивиллова 1828 г. Со вступительной статьей о даосизме и конфу-цианства.» Одесса: Н.Л. Ламберга.

　　　(I. Zamotajlo. *Perevod Dao-de-czina Arhimandrita Daniila Sivillova 1828 g. So vstupitel'noj stat'ej o daosizme i konfucianstva.* Odessa: N.L. Lamberga.)

　　　[Архимандрит Даниил（Arhimandrít Daniíl）的 1828 年俄语抄本 "Filosofiâ Laodziâ"]

1950　Ян Хин-шун (杨兴顺). «Древнекитайский философ Лао-Цзы и его учение». Москва/Ленинград: Изд-ва Акад. наук СССР в Л., 1950; Санкт-Петербург: Азбука, 1999; Москва: АСТ, 2016.

　　　(Ân Hin-šun (Yang Xingshun). *Drevnekitajskij filosof Lao-Czy i ego učenie.* Moskva/Leningrad: Izd-va Akad. nauk SSSR v L., 1950; Sankt-Peterburg: Azduka, 1999; Moskva: AST, 2016.)

　　　<被转译成 1953 年 *Filosoful antic chinez Lao-Țzî și învățătura sa* 罗马尼亚语译本、Květoslav Minařík 的 1954 年捷克语译本、Gerhard Kahlenbach 的 1955 年德语译本、Leon Zawadzki 的 1977 年波兰语译本、Ж. Ліньов（ZH. Linov）的 1998 年乌克兰语译本、С.Ф. Ударцев

（S.F. Wdarsev）的 2000 年哈萨克语译本、Ленче Тошева（Lenče Toševa）的 2011 年马其顿语译本；Б. Даш-Ёндон（B. Dash-Yondon）的 2014 年蒙古语译本以其为参考；被回译成杨超（Yang Chao）的 1957 年汉语译本>

1971　В. Перелешин (В.Ф. Салатко-Петрищев). «Дао дэ цзин». Рио де Жанейро, 1971; Москва: Конёк, 1994; «Дао дэ цзин: Поэма». Москва: Время, 2000.

　　　(V. Perelešin (V.F. Salatko-Petriŝev). *Dao dè czin.* Rio de Žanejro, 1971; Moskva: Konëk, 1994; *Dao dè czin: Poèma.* Moskva: Vremâ, 2000.)

1987　А.П.Саврухин. «Дао Дэ Цзин: Книга о Естественных Основах Нравственности». 1987; Москва: МГУЛ, 2005.

　　　(A.P. Savruhin. *Dao Dè Czin: Kniga o Estestvennyh Osnovah Nravstvennosti.* 1987; Moskva: MGUL, 2005.)

1987　В. Сухоруков. «Лао-Цзы: Книга Пути и Благодати». Игорь Самойлович Лисевич. «Из книг мудрецов: Проза древнего Китая». Москва: Художественная литература.

　　　(V. Suhorukov. "Lao-Czy: Kniga Puti i Blagodati." Igor′ Samojlovič Lisevič. *Iz knig mudrecov: Proza drevnego Kitaâ.* Moskva: Hudožestvennaâ literatura.)

　　　[节译本]

1991　А.Е. Лукьянов. «Лаоцзы: Философия раннего даосизма». Москва: Изд-во Ун-та дружбы народов, 1991; «Начало древнекитайской философии: И цзин - Дао дэ цзин - Лунь юй». Москва: Радикс, 1994; Москва: Восточная Литература, 2000; «Дао Дэ Цзин» Москва: Стилсервис, Институт Дальнего Востока РАН, Исследовательское общество «Тайцзи», 2008.

　　　(A.E. Luk′ânov. *Laoczy: Filosofiâ rannego daosizma.* Moskva: Izd-vo Un-ta družby narodov, 1991; *Načalo drevnekitajskoj filosofii: I czin, Dao dè czin, Lun′ ûj.* Moskva: Radiks, 1994; Moskva: Vostočnaâ

Literatura, 2000; *Dao Dè Czin*. Moskva: Stilservis, Institut Dal′nego Vostoka RAN, Issledovatel′skoe obŝestvo "Tajcèi," 2008.)

1992　Хуай Наньцзи. «Дао-Дэ-Цзин». Котлас: Скрижали, 1992.
(Huaj Nancèi.*Dao Dè Czin*. Kotlas: Skrižli, 1992.)

1992　А.В. Кувшинов. «Книга о пути и силе». Новосибирск: Вико, 1992; «Книга о пути и силе: Перевод и комментарий». Москва: Профит стайл, 2001, 2002, 2015; «Дао Дэ Цзин: Книга о пути и силе; Перевод и комментарий». Санкт-Петербург, 2008, 2010.
(A.V. Kuvšinov. *Kniga o puti i sile*. Novosibirck: Viko, 1992; *Kniga o puti i sile: Perevod i kommentarij*. Moskva: Profit stajl, 2001, 2002, 2015; *Dao Dè Czin: Kniga o puti i sile; Perevod i kommentarij*. Sankt-Peterburg, 2008, 2010.)

1992　И.С. Лисевич. «Лао-Цзы: Книга Пути и Благодати». «Иностранная литература» (1): 231-250.
(I.S. Lisevič. "Lao-Czy: Kniga Puti i Plogodati." *Inostrannaâ literatura*. (1): 231-250.)
[第 1 章、第 2 章、第 4 章、第 5 章、第 6 章、第 7 章、第 9 章、第 10 章、第 11 章、第 13 章、第 14 章、第 15 章、第 16 章的节译]

1994　И.С. Лисевич. «Книга пути и благодати: Дао дэ цзин». Москва, 1994; Москва: АиФ-принт, 2002.
(I.S. Lisevič. *Kniga puti i blogodati: Dao dè czin*. Moskva: 1994; Moskva: AnF-print, 2002.)

1996　Олег Матвеевич Борушко. «Дао дэ цзин: Поэт. перелож». Москва: Вагриус, 1996, 2001, 2006.
(Oleg Matveevič Boruško. *Dao dè czin: Poèt. perelož*. Moskva: Vagrius, 1996, 2001, 2006.)

1999　Е.А. Торчинов. «Дао-дэ цзин». Санкт-Петербург: Петербургское Востоковедение, 1999, 2004.
(E.A. Torčinov. *Dao-dè czin*. Sankt-Peterburg: Peterburgskoe Vosto-

kovedenie, 1999, 2004.)

1999　И.И. Семененко. «Лао-цзы: Обрести себя в Дао». Москва: Респу-
блика, 1999, 2000; «Книга о пути и добродетели: Даодэцзин».
Москва: Терра-Книжный клуб, 2008; «Лао-Цзы Даодэцзин».
Москва: Бизнеском, 2009.

　　(I.I. Semenenko. *Lao-czy: Obresti sebâ v Dao*. Moskva: Respublika.,
1999, 2000; *Kniga o puti i dobrodeteli: Daodèczin*. Moskva: Terra-
Knižnyj klub, 2008; *Lao-Czy Daodèczin*. Moskva: Bizneskom, 2009.)

2000　А.Е. Лукьянов. «Лао-цзы и Конфуций: Философия Дао». Москва:
Восточная Литература, 2000, 2001.

　　(A.E. Puk'ânov. *Lao-czy i Konfucij: Filosofiâ Dao*. Moskva: Vostočnaâ
Literatura, 2000, 2001.)

2001　Г.А. Ткаченко. «Люйши Чуньцю: Весны и осени господина Люя -
Дао дэ цзин: Трактат о пути и доблести». Москва: Мысль.

　　(G.A. Tkačenko. *Lûjši Čun'cû: Vesny i oseni gospodina Lûâ—Dao dè
czin: Traktat o puti i doblesti*. Moskva: Mysl'.)

2002　В.В. Малявин. «Дао дэ цзин, Ле-цзы, Гуань-цзы: Даосские
каноны». Москва: АСТ, 2002, 2003; В.В. Малявин, Ли Иннань.
«Лао-цзы». Пеки́н: Вайюй цзяосюэ юй яньцзю чубаньшэ, 2009.

　　(V.V. Malâvin. *Dao dè czin, Le-czy, Guan'-czy: Daosskie kanony*. Moskva:
AST, 2002, 2003; V.V. Malâvin, Li Yingnan. *Lao-czy*. Beijing: Waiyu
jiaoxue yu yanjiu chubanshe, 2009.)

　　(马良文, 李英男.《老子》.北京：外语教学与研究出版社, 2009.)

2003　Л.И. Кондрашова. «Дао дэ цзин: Или Трактат о Пути и Морали».
Москва: РИПОЛ Классик.

　　(L.I. Kondrašova. *Dao dè czin: Ili Traktat o Puti i Morali*. Moskva:
RIPOL Klassik.)

2003　Б.Б. Виногродский. «Дао Дэ Цзин: Поэтическая матрица». Москва:
София.

(B.B Vinogrodskij. *Dao Dè Czin: Poètičeskaâ matrica.* Moskva: Sofiâ.)

2005　А.А. Маслов. «Загадки, тайны и коды «Дао дэ цзина»». Ростов-на-Дону: Феникс.

(A.A. Maslov. *Zagadki, tajny i kody "Dao dè czina."* Rostov-na-Donu: Feniks.)

2005　А.А. Маслов. «Тайный смысл и разгадка кодов Лао-цзы». Ростов-на-Дону: Феникс.

(A.A. Maslov. *Tajnyj smysl i razgadka kodov Lao-czy.* Rostov-na-Donu: Feniks.)

2006　С. Ходж. «Дао Дэ Цзин». Москва: Омега-пресс.

(S. Hodž. *Dao Dè Czin.* Moskva: Omega-press.)

[郭店楚简本的翻译]

2007　Владимир Антонов. «Дао-дэ-цзин». Lakefield, Ontario: New Atlanteans.

(Vladimir Antonov. *Dao-dè-czin.* Lakefield, Ontario: New Atlanteans.)

<与 Vladimir Antonov 的 2007 年英语译本为配套>

2011　Анатолий Саврухин. «Трактат "Лао Цзы Дао дэ Цзин" о Гармонии Природы и Общества». Lambert Academic Publishing.

(Anatolij Savruhin. *Traktat "Lao Czy Dao dè czin" o Garmonii Prirody i Obŝestva.* Lambert Academic Publishing.)

2013　В.В. Скороходов. «Лао-цзы (трактат о Дао и Дэ): Новый перевод и комментарий - Чжуан-цзы: Новый перевод и комментарий». Воронеж: Воронежский ЦНТИ - филиал ФГБУ "РЭА" Минэнерго России.

(V.V. Skorohodov. *Lao-czy (traktat o Dao i Dè): Novyj perevod i kommentarij — Čžuan-czy: Novyj perevod i kommentarij.* Voronež: Voro-nežskij CNTI-filial FGBU "PÈA" Minènergo Rossii.)

2014　Б.Б. Виногродский. «Лао Цзы:Книга об истине и силе». Москва: Эксмо, 2014, 2019.

(B.B. Vinogrodskij. *Lao-Czy: Kniga ob istine i sile*. Moskva: Èksmo, 2014, 2019.)

2018　Л.И. Кондрашова. «Дао-Дэ Цзин: Один в лодке, читая Лаоцзы». Москва: Живой диалог культур.

(L.I. Kondrašova. *Dao Dè Czin: Odin v lodke, čitaâ Laoczy*. Moskva: Živoj dialog kul'tur.)

2020　Ирина Костанда. «Дао дэ цзин: Книга пути и достоинства». Vachendorf Strelbytskyy Multimedia Publishing.

(Irina Kostanda. *Dao Dè Czin: Kniga puti i dostoinstva*. Vachendorf Strelbytskyy Multimedia Publishing.)

<与 Ірина Костанда（Irina Kostanda）的 2020 年乌克兰语译本为配套>

《老子》注本翻译: 3 种

1997　А.А. Маслов. «Мистерия Дао: Мир «Дао дэ цзина»». Москва: Издательство «Сфера» Российского Теософского Общества.

(A.A. Maslov. *Misteriâ Dao: Mir "Dao dè czina."* Moskva: Izdatel'stvo "Sfera" Rossijskogo Teosofskogo Obŝestva.)

[包括王弼《老子注》的翻译]

<为查看所有王弼《老子注》译本信息，参考 Václav Cílek 的 2005 年捷克语译本条目>

<Б. Даш-Ёндон（B. Dash-Yondon）的 2014 年蒙古语译本以其为参考>

2010　В.В. Малявин. «Дао-Дэ цзин: Книга о Пути жизни». Москва: Феория, 2010, 2013; Москва: АСТ, 2017, 2019, 2020, 2021.

(V.V. Malâvin. *Dao-Dè czin: Kniga o Puti žizni*. Moskva: Feoriâ, 2010, 2013; Москва: AST, 2017, 2019, 2020, 2021.)

[包括郭店楚简本、马王堆帛书本、《老子河上公章句》和王弼《老子注》的翻译]

<为查看所有《老子河上公章句》译本信息，参考 B.J. Mansvelt Beck

的 2002 年荷兰语译本条目>

<为查看所有王弼《老子注》译本信息，参考 Václav Cílek 的 2005
年捷克语译本条目>

2019　A. Гольштейн. «Лао-цзы Дао Дэ Цзин в изложении Люй Дун-биня».
　　　　Иваново: Роща.

　　　　(A. Gol'štejn. *Lao-czy Dao Dè Czin v izlozhenii Lyuj Dun-binâ.* Ivanovo:
　　　　Roŝa.)

　　　　[吕洞宾注释的翻译]

《老子》转译: **10** 种

1842　«Лао-цзы и его учение». «Сын отечества» 11(5): 16-34.

　　　　("Lao-czy i ego učenie." *Syn otečestva* 11(5): 16-34.)

　　　　[Stanislas Julien 的 1842 年法语译本的转译，包括第 70 章、第 11
　　　　章、第 20 章、第 5 章、第 7 章、第 13 章、第 46 章、第 47 章、第
　　　　16 章、第 52 章、第 76 章、第 78 章、第 3 章、第 8 章、第 22 章、
　　　　第 31 章的译文]

1884　Л.Н. Толстой. «Китайская Мудрость: Книга Пути и Истины, написа-
　　　　нная Китайскимъ Мудрецомъ Лаоцы», 534-535. «Л.Н. Толстой:
　　　　Полное собрание сочинений», Том 25. Москва: Государственное
　　　　издательство, [1884] 1937.

　　　　(L.N. Tolstoy. "Kitajskaâ Mudrost': Kniga Puti i Istiny, napisannaâ
　　　　Kitajskim″ Mudrecom″ Laocy," 534-535. *L.N. Tolstoj: Polnoe sobranie
　　　　sočinenij*, Tom 25. Moskova: Gosudarstvennoe izdatel'stvo, [1884]
　　　　1937.)

　　　　[以 Stanislas Julien 的 1842 年法语译本为底本，包括第 1 章、第 25
　　　　章、第 2 章、第 3 章]

1998　С.Н. Батонов. «Дао дэ цзин: Учение о Пути и Благой Силе с
　　　　параллелями из Библии и Бхагавад Гиты». Санкт-Петербург: Сере-
　　　　бряные нити, 1998, 1999; Москва: КСП+, 2003; Москва: Медков
　　　　С.Б., 2008, 2013.

(S.N. Batonov. *Dao dè czin: Učenie o Puti i Blogoj Sile s parallelâmi iz Biblii i Bhagavad Gity.* Sankt-Peterburg: Serebrânye niti, 1998, 1999; Moskva: KSP+, 2003; Moskva: Medkov S.B., 2008, 2013.)

[Raimond B. Blakney 的 1955 年英语译本的转译]

2004　«Дао лидера». Москва: Медков С.Б., 2004, 2007, 2012.

(*Dao lidera.* Moskva: Medkov S.B., 2004, 2007, 2012.)

[John Heider 的 1984 年 *The Tao of Leadership* 英语译本的转译]

2007　«Секреты «Даодэ-цзина»: Живая мудрость древнего учения» Москва: Феория.

(*Sekrety "Daodè-czina": Živaâ mudrost' drovnego učeniâ.* Moskva: Feorij.)

[Mantak Chia 和 Tao Huang 的 2004（2001）年 *The Secret Teachings of the Tao Te Ching* 英语译本的转译]

2008　Э. Мельник. «Открыть разум: Дао Дэ Дзин на каждый день - способ изменить мышление». Москва: Эксмо, 2008, 2011.

(È. Mel'nik. *Otkryt' razum: Dao Dè Dzin na každyj den'—sposob izmenit' myšlenie.* Moskva: Èksmo, 2008, 2011.)

[Wayne W. Dyer 的 2007 年 *Change Your Thoughts，Change Your Life* 英语译本的转译]

2009　А.В. Солдатов. «Изречения древнекитайских мудрецов». Москва: Дом печати ВЯТКА.

(A.V. Soldatov. *Izrečeniâ drevnekitajskih mudrecov.* Moskva: Dom pečati VÂTKA.)

[Robert Van de Weyer 的 2000 年英语译本的转译]

2012　Виталий Целищев. «Молчаливое Дао». Москва: Канон+РООИ Реабилитация.

(Vitalij Celiŝev. *Molčalivoe Dao.* Moskva: Kanon+ROOI Reabilitaciâ.)

[Raymond M. Smullyan 的 1977 年英语译本的转译]

2012　А. Костенко. «Дао-Дэ цзин: Книга о Пути и его силе». Москва:

София, 2012, 2021.

(A. Kostenko. Dao-Dè czin: Kniga o Puti i ego sile. Moskva: Sofiâ, 2012, 2021.)

[John H. McDonald 的 2009 年英语译本的转译]

2020　　«Дао дэ дзин с комментариями: Устная традиция Дао». Москва: Амрита русь.

　　　　(Dao Dè Czin s kommentariâmi: Ustnaâ tradiciâ. Moskva: Amrita rus.)

　　　　[John Bright-Fey 的 2006 年 *The Whole Heart of Tao* 英语译本的转译]

《老子》语内转译：**2** 种

2001　　Феано. «Дао-Дэ-Цзин». «Грани эпохи» (7), 2001.

　　　　(Feano. "Dao Dè Czin." Grani Èpohi 7, 2001.)

　　　　[以 Хуай Наньцзи（Huaj Nancèi）的 1992 年俄语译本为底本]

2002　　Мариной Соловьева. «Завет Пути Силы: Современное прочтение Дао-Дэ Цзин». Москва: Амрита-Русь, 2002, 2008.

　　　　(Marinoj Solov′eva. Zavet Puti Sily: Sovremennoe pročtenie Dao-Dè Czin. Moskva: Amrita-Rus′, 2002, 2008.)

类型尚未确定的翻译：**10** 种

1994　　Н. Доброхотова, Т. Доброхотова. «Лао Цзы: Дао дэ Цзин». Дубна: Свента.

　　　　(N. Dobrohotov, T. Dobrohotov. Lao-Czy: Dao dè Czin. Dubna: Sventa.)

2000　　Ю.М. Сливинский. «Дао-Дэ Цзин: Следом за Лао-цзы в поисках смыслов». Москва: Лаборатория Инфотех.

　　　　(Û.M. Slivinskij. Dao-Dè Czin: Sledom za Lao-czy v poiskah smyslov. Moskva: Laboratoriâ Infoteh.)

2001　　А.Л. Семенов. «Дао дэ Цзин». Москва: Амонашвили.

　　　　(A.L Semenov. Dao dè Czin. Moskva: Amonašvili.)

2003　A. Гольштейн. «Дао Дэ Цзин: Два Вектора на Графике Первое-
динства». Орел: ИНБИ.

(A. Gol′štejn. *Dao Dè Czin: Dva Vektora na Grafike Pervoedinstva.*
Orel: INBI.)

2004　Виктор Юрчук. «Лао-цзы». Минск: Современное слово, 2004, 2005.
(Viktor Ûrčuk. *Lao-czy.* Minsk: Covremenneo slovo, 2004, 2005.)
{Walf}

2008　В.В. Косова. «Лао-Цзы: Книга о Пути и Силе». Москва: Букос.
(V.V. Kosova. *Lao-Czy: Kniga o Puti i Sile.* Moskva: Bukos.)

2009　А. Подводный. «Книга пути и добродетели». Москва: Аквамарин.
(A. Podvodnyj. *Kniga puti i dobrodeteli.* Moskva: Akvamarin.)

2017　Маринэ Бриге. «Лао-Цзы: Дао Дэ цзин». Москва: Грифон.
(Marinè Brige. *Lao-Czy: Dao Dè Czin.* Moskva: Grifon.)

2019　К. Петросяна. «Дао дэ цзин: Опыт русского перевода». Рига:
Рижское общество китайских исследований, 2019, 2020.

(K. Petrosâna. *Dao Dè Czin: Opyt russkogo perevoda.* Riga: Rižskoe
obŝestvo kitayskih issledovanij, 2019, 2020.)

2021　Александр Веретин. «Дао Дэ Цзин: Книга о Пути Дао и Праве-
дности Дэ». ЛитРес.

(Aleksandr Veretin. *Dao De Czin: Kniga o Puti Dao i Pravednosti De.*
LitRes.)

70. Sanskrit 梵语: 1 种
《老子》原文翻译

664　《大正藏》第 52 册，《集古今佛道论衡》丙卷，《文帝诏令奘法师
翻〈老子〉为梵文事》.

(Taishō Tripiṭaka, vol.52. *Ji gujin Fo Dao lunheng*, fasc. 3, *Wendi
zhaoling Zang fashi fan "Laozi" wei Fanwen shi.*)

[includes earliest record of a single translated word of *Laozi* (Mārga
मार्ग)]

71. Serbian 塞尔维亚语: **8** 种

《老子》原文翻译: **1** 种

2014　Миомир Аранђеловић. «Тао Те Ђинг. Дијалектика континуитета
старог бесмртника». Филип Вишњић.

(Miomir Aranđelović. *Tao Te Đing. Dijalektika kontinuiteta starog
besmrtnika*. Filip Višnjić.)

<与 Imios Archangelis（Miomir Arandjelovic）的 2014 年英语译本为
配套>

《老子》转译: **4** 种

1991　Ana Bešlić, Dragan Paripović. *Tao moći: Prevod Tao Te Đinga - Lao
Cea*. Beograd: Karganović.

[R. L. Wing 的 1986 年英语译本的转译]

2005　Ana Bešlić, Dragan Paripović. *Tao Te Đing: Knjiga smisla i života*.
Beograd: Babun, 2005, 2009; *Tao Te Djing*. Beograd: Babun, 2015.

[Richard Wilhelm 的 1911 年德语译本的转译]

2015　Milica Simić. *Promenite misli promenite život: Živeti mudrost Taoa*.
Beograd: Leo commerce Beograd.

[Wayne W. Dyer 的 2007 年 *Change Your Thoughts, Change Your Life*
英语译本的转译]

2019　Flavio Rigonat. *Knjiga Tao Te*. Beograd: L.O.M.

[以 Stanislas Julien 的 1842 法语译本、Arthur Waley 的 1934 英语译
本、Ursula K. Le Guin 的 1997 英语译本为参考]

类型尚未确定的翻译: **3** 种

1964　Svetozar Brkić. *Izabrani spisi: Laoce, Konfucije, Čuangce*. Beograd:

Prosveta, 1964, 1983, 2006.

1981　Nina Živančević. *Knjiga o putu i njegovoj vrlini*. Beograd: Grafos, 1981, 1984; Beograd: Moderna, 1990.
{Gumbert}

2005　Милош Вучковић. «Тао Те Кинг: Књига о Животном Путу и Исправ-ности». Београд: Досије, 2005, 2010.
(Miloš Vučković. *Tao Te King: Knjiga o Životnom Putu i Ispravnosti*. Beograd: Dosije, 2005, 2010.)
{Gumbert}

72. Sesotho　索托语: 1 种
《老子》转译

1990　*Moloko*. New York: Watch Tower Bible and Tract Society of Penn-sylvania.
[Gia-fu Feng 和 Jane English 的 1972 年英语译本的转译，包括第 9 章、第 16 章、第 25 章、第 51 章的译文]

73. Shona　修纳语: 1 种
《老子》转译

1994　*Kutsvaka Mwari*. New York: Watch Tower Bible and Tract Society of Pennsylvania.
[Gia-fu Feng 和 Jane English 的 1972 年英语译本的转译，包括第 9 章、第 16 章、第 25 章、第 51 章的译文]

74. Sinhala　僧伽罗语: 1 种
《老子》转译

2014　එස්. නිමාලි ප්‍රියංගිකා. චීනයේ තාඕ දහම හා කොන්ෆියුසියස් දහම පිළිබඳ : විග්‍රහාත්මක අධ්‍යයනයක්. 'ප්‍රභා' ශාස්ත්‍රීය සංග්‍රහය, තුන් වැනි

කලාපය - 2013/2014. මානවශාස්ත්‍ර පීඨය, කැලණිය විශ්වවිද්‍යාලය.
(Es. Nimāli Priyaṁikā (S.N. Priyangika). Cīnayē Tāō dahama hā Konfiyusiyas dahama piḷibaňda: Vigrahātmaka adhyayanayak. *"Prabhā" śāstrīya saṁgrahaya*, tun væni kalāpaya - 2013/2014. Mānavaśāstra Pīṭhaya, Kælaṇiya Viśvavidyālaya.)
[以英语译本为底本的译文]

75. Slovak 斯洛伐克语: **2** 种
《老子》原文翻译: **2** 种

1993　Marina Čarnogurská, Egon Bondy. *Lao-c': O cestě Tao a Jej tvorivej energii Te*. Bratislava: Hevi, 1993; *Lao-c': Tao Te ťing*. Bratislava: Nestor, 1996; *Lao c': Tao Te ťing; Kánon o Tao a Te*. Bratislava: Agentúra Fischer & Formát, 2005.
　　　　[王弼本的翻译]

2021　Marina Čarnogurská. *Lao-c': Tao Te Ťing*. Ducové: Ursa Minor.
　　　　[河上公本的翻译]

76. Slovenian 斯洛文尼亚语: **6** 种
《老子》原文翻译: **1** 种

1992　Maja Milčinski. *Klasiki daoizma*. Ljubljana: Slovenska matica, 1992; Ljubljana: Mladinska knjiga, 2009, 2011; *Dao de jing*. Ljubljana: Mladinska knjiga, 2013.

《老子》转译: **2** 种

1998　Žiga Valetič. *Tao vodenja: Veščine vodenja za današnji čas*. Ljubljana: Alpha Center.
　　　　[John Heider 的 1984 年 *The Tao of Leadership* 英语译本的转译]

2011　Janez Trobentar. *Tao Teh King*. Maribor: Ibis, 2011, 2013.
　　　　[Aleister Crowley 的 1975 年英语译本的转译]

类型尚未确定的翻译: **3** 种

1953　Milan Grahek. *Tao Te King: Knjiga starega mojstra modrosti o resnici in življenju*. Ljubljana.

2007　Bernard Svete. *Dao De Jing: Življenje življenjske sile skozi izžarevanje notranje moči*. Ljubljana: Amalietti & Amalietti.

2021　Tomaž Guzelj. *Dao de jing: Dao de jing v ogledalu krščanstva*. Bled: samozal. T. Guzelj.

77. Spanish　西班牙语: **121** 种①
《老子》原文翻译: **35** 种

1590　Juan Cobo. "Libro chino intitulado *Beng Sim Po Cam*, que quiere decir Espejo rico del claro corazón o Riquezas y espejo con que se enriquezca y donde se mire el claro y límpido corazón," 13, 17, 39, 40, 50, 116. MS No. 6040, Biblioteca Nacional de España, 1590; *Libro chino intitulado Beng Sim Po Cam o Espejo rico del claro coraçón*. Madrid: Imprenta del Asilo de Huérfanso del S. C. de Jesús, 1924; *Beng Sim Po Cam: Espejo Rico del Claro Corazon*. Madrid: Libería General Victoriano Suárez, 1959; *Beng Sim Po Cam o Rico espejo del buen corazón: El Mingxin Baojian de Fan Liben*. Barcelona: Península, 1998.
[范立本 1393 年《明心宝鉴》的翻译，包括《老子》第 27 章、第 73 章、第 24 章、第 45 章、第 28 章、第 18 章的译文]

1676　Domingo Fernández Navarrete. *Tratados historicos, politicos, ethicos y religiosos de la monarchia de China*, 180, 188, 207, 213, 262. Madrid: Imprenta Real.
[范立本 1393 年《明心宝鉴》的翻译，包括《老子》第 27 章、第 78 章、第 73 章、第 24 章、第 28 章，也包括 Niccolò Longobardo 的 1623 年葡萄牙语 42 章的前几句的翻译]
<被转译成 Awnsham Churchill, John Churchill 的 1704 年英语译本>

---

① 中山大学珠海校区的黄垚馨提供了几个条目的信息。

1889　Fr. Salvador Masot. "Tao-Te-King de Yan-Tsu." *El Correo Sino-Annamita* 23, 100-158. Manila: Imp. del colegio de Sto.Tomás.

1952　C. (Cristóbal) Serra. *Tao-The-King: El libro del camino recto*. Palma de Mallorca: Editorial Clumba, 1952; *Tao Te King: El libro del medio*. Palma de Mallorca: Cort, 2007.

1961　Carmelo Elorduy. *La gnosis taoísta del Tao Te Ching*. Oña: Facultad Teológica de Oña, 1961; *Tao Te Ching*. Barcelona: Orbis, 1983, 1984, 1985; Madrid: Tecnos, 1996, 2007, 2012.

1972　Onorio Ferrero. *Tao Te Ching de Lao Tzu*. Lima and Barcelona: Editorial Azul, 1972, 1999.

1976　Juan Fernández Oviedo. *Tao Te King*. Buenos Aires: Andrómeda, 1976, 1979, 1989, 1990; Buenos Aires: Pluma y Papel Ediciones, 2004, 2017, 2020.

1977　Carmelo Elorduy. *Dos grandes maestros del Taoísmo*. Madrid: Nacional, 1977, 1984.

1978　Iñaki Preciado Ydoeta. *Tao Te Ching: Los libros del Tao*. Madrid: Alfaguara, 1978, 1979; *Lao Zi: El Libro del Tao*. Madrid: Alfaguara, 1990, 1993, 1996; Círculo de Lectores, 2000; Barcelona: RBA, 2002. [马王堆帛书本的翻译]

1980　Samuel Wolpin. *Lao tse y Su tratado sobre la virtud del Tao: Tao Te Ching*. Buenos Aires: Editorial Kier, 1980, 1985, 1990, 1993, 2003, 2013.

1985　Miguel Shiao. *Tao Te King*. Madrid: Colección Extremo Oriente (Miguel Shiao), 1985, 1995.

1987　José Luis Padilla Corral. *Taotejing: En el camino de lo siempre posible*. Madrid: Escuela Neijing D.L.
　　　<被转译成 Janne Moilanen 的 2015 年芬兰语译本>

1992　José Ramón Álvarez. *China caos vital: Los raíces taoístas del pueblo chino*. Taipei: Universidad Fujen Ediciones, 1992; *Tao Te Ching*. Buenos Aires: Almagesto, 1994; México: Ediciones Saga, 2004.

1998　Anne-Hélène Suárez. *Libro del curso y de la virtud: Dao de jing*. Madrid: Ediciones Siruela, 1998, 2003; Anne-Hélène Suárez Girard. *Tao te king: Libro del curso y de la virtud*. Madrid: Ediciones Siruela, 2007, 2011, 2015; *Laozi: Daodejing*. Barcelona: Random House Mondadori, 2007.

2002　Alfonso Colodrón. *Tao Te King al alcance de todos: El libro del equilibrio*. Madrid: Edaf, 2002, 2008.
　　　{Gumbert}

2003　Hoa Nhàn. *Tao Te King: El libro del recto camino*. Buenos Aires: Editorial Quadrata.

2003　Tseng Juo Ching, Angel Fernandez de Castro. *El Tao Te Ching de Lao-Tze: El Libro del Tao, y la Virtud Comenta Do*. Romanones, Guada-lajara: Tao, 2003, 2013.

2004　Ning Zeng. *Tao Te Ching: La teoría de la génesis natural del universo; El principio básico del Yi-Tao y el método analítico del Bagua*. Buenos Aires: Dunken.

2005　Samuel Lapaz. *Dào Dé Jing*. Barcelona: Shinden Ediciones, 2005, 2006, 2009.

2006　Iñaki Preciado. *Tao Te Ching: Los libros del Tao*. Madrid: Trotta, Pleigos de Oriente, 2006, 2010, 2012.
　　　[郭店楚简本、马王堆帛书本、王弼本的翻译]

2007　Gabriel García-Noblejas Sánchez Cendal. *Tao Te Ching*. Madrid: Alianza.

2007　Marcos Chang. *Tao Te Ching*. Buenos Aires: Gradifco.

2009　Tang Mingxin, Li Jianzhong, Mao Pin. *Lao Zi*. Beijing: Waiyu jiaoxue yu yanjiu chubanshe.

(汤铭新，李建忠，毛频.《老子》.北京：外语教学与研究出版社.)

2010　Xu Yuanxiang, Yin Yongjian. *Lao Zi: El Tao Te Ching Eterno*. Beijing: China Intercontinental Press.

(徐远翔，印永健，努丽娅.《中国智慧：老子；千年道德经（西）》. 北京：五洲传播出版社.)

2013　Inés M. Martín. *Tao Te Ching: El Poder Interior*. CreateSpace.

2013　Shanjian Dashi. *De Dao Jing*. CreateSpace.

2013　Sun Junqing. *Tao, El Alimento Del Alma*. Barcelona: Obelisco.

2014　Andrés Guijarro Araque. *Tao Te Ching*. Madrid: Kailas.

2014　Alejandro Bárcenas. *Tao Te Ching: El Libro del Tao y la Virtud*. Charleston: Anamnesis Editorial, 2014; New York: Vintage Español, 2019.

2015　José Adrián Vitier. *Tao Te Ching: Tratado del Camino y su Virtud*. Madrid: Bagua.

2015　Naoto Matsumoto. *Aplicación a la vida: Tao Te King de Lao Tse; Taoísmo en Español*. Amazon Digital Service.

2016　José Ramón Álvarez. *Tao Te Ching: Un nuevo texto del Reconstrucción Yen Lingfong*. Taipei: Ediciones Catay, 2016, 2021.

[严灵峰 1954 年《老子章句新编》的翻译]

2017　Gabriel García-Noblejas Sánchez Cendal. *Tao Te Ching*. Madrid: Alianza, 2017, 2019.

[Gabriel García-Noblejas Sánchez Cendal 的 2007 年译本修订本]

2019　Stuart Alve Olson, Suzanne J. Nosko Verastegui. *The Scripture on Tao and Virtue: Escritura sobre Tao y Virtud*. Phoenix: Valley Spirit Arts (Self-Published).

[英语和西班牙语双语译本]

<与 Stuart Alve Olson, Suzanne J. Nosko Verastegui 的 2019 年英语译本为配套>

2020　Javier Cruz. *Tao Te Ching: Anotado, comentado e ilustrado*. Pampia Grupo Editor.

《老子》转译: **49** 种

1845　Una sociedad literaria. *China: Ó descripcion histórica, jeográfica y literaria de este vasto imperio, segun documentos chinos* (*parte primera*). Barcelona: Imprenta del Imparcial.
　　　[G. Pauthier 的 1837 年英语译本的转译, 包括第 16 章、第 21 章、第 25 章、第 30 章、第 33 章、第 42 章、第 49 章、第 55 章]
　　　{Gumbert}

1951　Floreal Mazía. *La Sabiduría de Laotsé*. Buenos Aires: Editorial Sudamericana, 1951, 1953, 1959.
　　　[Lin Yutang 的 1942 年英语译本的转译]

1916　Edmundo Montagne. *El libro del sendero y la línea recta*. Buenos Aires: Ediciones Minimas, 1916; Buenos Aires: Minerva, 1924; Buenos Aires: Editorial Kier, 1947, 1955, 1962, 1979, 1985, 1990, 2020.
　　　[Alexander Ular 的 1902 年法语译本的转译]
　　　{Gumbert}

1961　Caridad Díaz-Faes. *Tao Teh King: El libro del recto camino*. Madrid: Morata, 1961, 1975, 1980, 1983, 1993.
　　　[Ch'u Ta-Kao 的 1937 年英语译本的转译]

1963　Eduardo Vivancos. *El Libro del Camino y de la Virtud*. México: El grupo libertario Tierra y Libertad, 1963; Alexandria, VA: Chadwyck-Healy Inc., 1987.
　　　[Yamaga Taiji 的 1957 年世界语译本的转译]

1972　María de Sellarés. *Lámparas de fuego*. México: Diana.

[Joan Mascaró 的 1958 年英语译本的转译]

1979   Héctor V. Morel. *El camino y su poder: El Tao Tê Ching y su lugar en el pensamiento chino*. Buenos Aires: Editorial Kier.
[Arthur Waley 的 1934 年英语译本的转译]

1983   Jorge A. Sánchez Rottner. *Los místicos taoístas*. Barcelona: Teorema.
[D. Howard Smith 的 1980 年英语译本的转译]

1985   Martín Benigno. *El Tao de los líderes: El Tao Te-King de Lao Tse adaptado a una nueva era*. Buenos Aires: Nuevo Extremo, 1985, 1999, 2019; Madrid: RBA, 2008; *Tao del liderazgo*. Monterrey: Ediciones Castillo, 2002.
[John Heider 的 1984 年 *The Tao of Leadership* 英语译本的转译]

1986   Gloria Peradejordi. *Tao-te-king*. Barcelona: Obelisco, 1986, 1995.
[Léon Wieger 的 1913 年法语译本的转译]

1988   Pedro Lozano Mitter. *Tao Te King*. Barcelona: Traducción, 1988; *Maestros Orientales: Tao Te King*. Ediocomunicación, 1999; Barcelona: Brontes, 2009.
[Richard Wilhelm 的 1911 年德语译本的转译]

1989   Marie Wohlfeil, Manuel P. Esteban. *Tao Te King*. Málaga: Editorial Sirio, 1989, 2009, 2019.
[Richard Wilhelm 的 1911 年德语译本的转译]

1993   Alfonso Colodrón. *Tao Te King: Versión de John C. H. Wu*. Madrid, Mexico City, Buenos Aires, San Juan, Santiago, Miami: Edaf, 1993, 2005, 2008, 2013, 2016, 2018.
[John C. H. Wu 的 1961 年英语译本的转译]

1993   Ines Frid. *Tao Tê Ching*. Buenos Aires: Troquel Editorial.
[Ch'u Ta-kao 的 1937 年英语译本的转译]

1993   Esperana Melendez. *El Tao del Amor*. Atlanta: Humanics, 1993; Bogotá:

Intermedio Editores, 1993.

[Ray Grigg 的 1988 年 *The Tao of Relationships* 英语译本的转译]

1994　Inés Frid. *El Tao de la maternidad*. Buenos Aires: Editorial Troquel.

[Vimala Schneider McClure 的 1991 年英语译本的转译]

1994　Fernando Pardo. *Silencioso Tao: Reflexiones de un científico al otro lado del espejo*. Barcelona: La Liebre de Marzo, 1994, 2003.

[Ramond M. Smullyan 的 1977 年英语译本的转译]

1995　Jesús Cabanillas. *Las mil y una noches: El libro del Tao*. Barcelona: Salvat.

[Léon Wieger 的 1913 年法语译本的转译]

1995　*El Tao esencial: La sabiduría eterna del Tao Te Ching y Chuang-tzu*. Buenos Aires: Planeta.

[Thomas Cleary 的 1991 年 *The Essential Tao* 英语译本的转译]

1995　Mark Sánchez-Piltz, Olga Vilaplana Barrcro. *Tao Teh Ching: La obra clásica de Lao Tzu*. Santa Monica: Seven Star Communications.

[Hua-Ching Ni 的 1992 年英语译本的转译]

1997　Esteve Serra. *Tao Te King: El libro del Tao*. Palma: José J. de Olañeta, 1997, 2008, 2016.

[英语译本的转译]

<与 Esteve Serra 的 1997 年加泰罗尼亚语译本为配套>

1998　Pepe Aguado, Juan S. Paz. *Tao Te King*. Madrid: Mandala, 1998, 2004, 2008, 2011.

[Gia-fu Feng 和 Jane English 的 1972 年英语译本的转译]

1999　Francisco Páez de la Cadena. *Tao Te King*. Madrid: Debate.

[Ursula K. Le Guin 的 1997 年英语译本的转译]

1999　J. J. López. *Tao Tê Ching: Libro del camino y de la virtud*. Algete, Madrid: JM Ediciones, 1999, 2001, 2004, 2006.

[J. J. L. Duyvendak 的 1953 年法语译本的转译]

1999　Richardo A. Parada. *El Tao para todos*. Buenos Aires: Errepar.
[Ch'u Ta-Kao 的 1937 年英语译本的转译]

1999　Alejandro Pareja Rodríguez. *El poder verdadero: Lecciones del Tao Te King para la empresa*. Buenos Aires: Edaf, 1999; *El Tao Te King en la empresa: Lecciones de Taoísmo para el liderazgo y la empresa*. Madrid: Edaf, 2010.
[James A. Autry 和 Stephen Mitchell 的 1999 年 *Real Power：Lessons for Business from the Tao Te Ching* 英语译本的转译]

1999　Jorge Viñes Roig. *Tao Te Ching: Versión de Stephen Mitchell*. Gaia ediciones, 1999; Madrid: Alianza Editorial, 2007.
[Stephen Mitchell 的 1988 年英语译本的转译]

2003　Miguel Iribarren Berrade. *La puerta de todas las maravillas*. Málaga: Sirio.
[Mantak Chia，Tao Huang 的 2001 年 *Door to All Wonders：Application of the Tao Te Ching* 英语译本的转译]

2003　Fermín Navascués. *Tao Te King*. Madrid: Edaf, 2003, 2005.
[Stephen Hodge 的 2002 年英语译本的转译]

2004　Curro Bermejo. *Tao Teh King*. Málaga: Sirio, 2004, 2009.
[John C. H. Wu 的 1961 年英语译本的转译]

2007　Alfredo Salazar, Anton Teplyy. *Lao Tsé: Tao Te Ching*. Lakefield, Ontario: New Atlanteans, 2007, 2009, 2013.
[Vladimir Antonov 的 2007 年英语译本的转译]

2008　Miguel Iribarren Berrade. *Las enseñanzas secretas del Tao Te Ching*. Madrid: Neo Person.
[Mantak Chia 和 Tao Huang 的 2004（2001）年 *The Secret Teachings of the Tao Te Ching* 英语译本的转译]

2008　*El Tao de la gracia: Selecciones del Tao-te King de Lao Tzu.* Santiago de Chile: Editorial Cuatro Vientos.
[引用 Wing-tsit Chan 的 1963 英语译本、Gia-Fu-Feng 和 Jane English 的 1972 英语译本、Chung-yuan Chang 的 1975 英语译本、H. G. Ostwald 的 1985 英语译本、Richard Henricks 的 1989 英语译本译文的转译]

2009　Adriana Miniño. *Cambie sus pensamientos, cambie su vida: Vivir la sabiduría del Tao.* Carlsbad, CA: Hay House.
[Wayne W. Dyer 的 2007 年 *Change Your Thoughts, Change Your Life* 英语译本的转译]

2010　Miguel Portillo Díez. *El Tao Te Ching sobre el arte de la armonía.* Barcelona: Art Blume, 2010, 2013.
[Chad Hansen 的 2009 年英语译本的转译]

2010　José Gortázar. *Nuevos pensamientos para una vida mejor: La sabiduría del Tao.* Barcclona: Debolsillo.
[Wayne W. Dyer 的 2007 年 *Change Your Thoughts，Change Your Life* 英语译本的转译]

2011　Juan Manuel Ibeas Delgado. *Vive la sabiduría del Tao.* México: Debolsillo, 2011, 2013, 2022.
[Wayne W. Dyer 的 2007 年 *Change Your Thoughts，Change Your Life* 英语译本的转译]

2012　Seán Golden. *El libro del Tao: Great Ideas.* Madrid: Taurus, 2012, 2014.
[以 Seán Golden 自己的 2000 年加泰罗尼亚语译本为底本]

2012　Alejandro Pareja. *Tao Te Ching.* Madrid: Dojo.
[William Scott Wilson 的 2010 年英语译本的转译]

2004　Hilda Parisi. *Tao Te Ching: El libro clásico de la sabiduría china.* Barcelona: Oceano, 2004, 2005.
[英语译本的转译]

2015　Renate Lind. *La gnosis china: Primera parte del Tao Te King de Lao Tse.* Villamayor: Zaragoza Fundación Rosacruz.

[Jan van Rijckenborgh 和 Catharose de Petri 的 1987 年荷兰语译本的转译]

2016　Pedro Gómez Carrizo. *Tao Teh Ching: El libro del Camino y la Justicia.* Barcelona: Biblok.

[Charles Johnston 的 1921 年英语译本的转译]

2016　Arturo Hernandez Mancilla. *El Camino de la Virtud.* Self-Published.

[以 Wayne W. Dyer 的 2007 年 *Change Your Thoughts, Change Your Life* 英语译本为底本；以 James Legge 的 1891 英语译本、Paul Carus 的 1913（1897）年英语译本、Dwight Goddard 的 1919 英语译本为参考]

2016　*Tao Te Ching.* Madrid: Gaia ediciones.

[Stephen Mitchell 的 1988 年英语译本的转译]

2016　Ignacio Vega. *Lao-tse Tao Te King El libro del Tao y su Virtud.* Norderstedt Books on Demand.

[Wolfgang Kopp 的 1988 年德语译本的转译]

2019　Esteve Serra. *Tao Te Ching.* Barcelona: Editoria Alma.

[以英语译本为底本，Esteve Serra 的 1997 年转译的修订本]

2020　Jacinto Pariente. *Tao Te Ching: Un libro sobre el Camino y la Virtude.* Barcelona: Kōan Libros.

[Ursula K. Le Guin 的 1997 年英语译本的转译]

2020　AnaMaria Rivera, Mariángel Reales. *El Tao de Childfulness: Sabiduría del Tao Te Ching para la crianza consciente.* Self-Published.

[Wayne W. Dyer 的 2007 年 *Change Your Thoughts, Change Your Life* 英语译本的转译]

2021　Agustina Luengo. *Tao Te Ching: Ilustrado.* Barcelona: Herder.

[William Scott Wilson 的 2010 年英语译本的转译，包括 2018 年 *Tao*

Te Ching: A Graphic Novel 的图片]

《老子》注本转译: **1** 种

2000   Alejandro Pareja Rodríguez. *El Tao de la paz: El arte de manejar la dinámica de los conflictos*. Madrid: Edaf.
[Ralph D. Sawyer 的 2000 年王真《道德经论兵要义述》英语译本的转译]

《老子》语内转译: **4** 种

2012   Alejandra Llamas. *Una Vida Sin Limites: Reflexiones Basadas en el Tao Te Ching y el Coaching Ontologico*. Barcelona: Grijalbo, 2012; México: Penguin Random House Grupo Editorial México, 2012; *Una Vida Sin Límites: Un Camino a la serenidad del Tao*. Barcelona: Grijalbo, 2019.

2013   Campo Hermoso (Xabier Sánchez de Amoraga y de Garnica). *Tao Te Ching: Libro de la energía continua, fuerza que fluye y camino virtuoso del viejo sabio*. Madrid: Los Libros del Olivo.

2015   Claribel Alegria, Erik Flakoll. *Tao Te Ching: El Camino y la Virtud*. CreateSpace.

2019   Enrique Zafra. *Noego: Una versión del Tao Te Ching*. Self-Published.

类型尚未确定的翻译: **32** 种

1931   Pedro Guirao. *El Evangelio del Tao: Del libro sagrado Tao Te Ching*. Barcelona: B. Bauzá, 1931; México: Editora y Distribuidora Mexicana, 1964, 1975; Barcelona: Vision Libros, 1984; Barcelona: Edicomunicación, 1991, 2002.

1940   Juan F. Aschero, Ernesto B. Rodríguez. *El libro del sendero y la virtud*. Buenos Aires: Orión.

1957   Adolfo P. Carpio. *El Tao Te King de Lao Tse*. Buenos Aires: Editorial Sudamericana.

1972   Juan José Cussó, Claus F. Richard. *Tao Te King*. Buenos Aires: Ed. Claus F. Richard.

1972   Roberto Pla. *Tao Te King*. México: Diana.
{Gumbert}

1973   José M. Tola. *Tao Te King*. Barcelona: Ed. Barral, 1973; México: Premia Editora, 1978, 1985.

1980   Luis Carcamo. *Tao Te King*. Madrid: Luis Carcamo, 1980, 1982, 2013, 2014.
<Michael Baker, Huib Wilkes 的 1992 年荷兰语译本以其为参考>

1983   A. Laurent. *Tao Te Ching*. Barcelona: Teorema, 1983; Barcelona: Edicomunicación, 1986.
{Walf}

1983   *Tao Te Ching*. Buenos Aires: Orbis Hyspamérica.

1985   Leonor Calvera. *Tao Te Ching*. Buenos Aires: Leviatán, 1985, 1987, 1989, 2005.

1986   Ramón Hervás. *Tao Te King*. Barcelona: Ediciones 29, 1986, 1989, 1997, 2002.

1987   Susana Cano Méndez. *Tao-Tê-Ching*. Madrid: Alba, 1987, 1999.

1990   Gaston Soublette. *Tao Te King Libro del Tao y de su virtud*. Santiago de Chile: Cuatro vientos, 1990, 1999, 2001, 2007, 2010.

1993   *Lao Tse: Tao Te King*. Madrid: Libros de Autor.

1994   Antonio Medrano. *Tao Te King de Lao-Tse el taoismo y la inmortalidad*. Madrid: Editorial América Ibérica, 1994; *La Luz del Tao: Con une nueva versión del Tao-Te-King de Lao-Tse*. Madrid: Yatay Ediciones, 1996.

1995   Ernesto Nesh. *Fluyendo con el cambio: La sabiduría del Tao*. México: Yug.

1998　　Tao Tê Ching. San Jose, CA: ToExcel, 1998, 2000; Barcelona: Alba, 1998, 2000.

2003　　Jordi Fibla. Tao Te Ching. Madrid: Ediciones Martínez Roca, 2003, 2012.

2003　　Mireya Piñeiro Ortigosa. Tao Te King: Lao Tsé; Versión comparada con la Biblia. Guantánamo, Cuba: Editorial El Mar y la Montaña, 2003, 2005, 2012; Miami: DECO Mc Pherson, 2019.

2003　　Norberto Tucci. Tao Te King. Madrid: Ediciones Librería Argentina, 2003, 2011.

2004　　Cecilia Montesinos. Tao Te Ching: El libro clásico de la sabiduría china. Barcelona: Océano Ámbar.

2005　　Pedro Bayona. Las enseñanzas de Lao Tsé: El Tao Të King para la vida moderna. México: Prana, Lectorum.

2010　　Benjamin Briggent. Tao Te King. Barberà del Vallés, Barcelona: Plutón.

2015　　J. Antonio Pujol Lavin. Tao Tê Ching: El libro del camino y la virtud, el libro del Tao. Madrid: Mestas.

2016　　Santiago Jubany i Closas. Tao Te King. Barcelona: Sincronía JNG Editorial.

2016　　EFG. El Camino: Un regreso a tu verdadero ser. CreateSpace.

2019　　Sara Burillo Molinero. Tao Te King: El gran libro del Tao para despertar la energía interior. Amazon Digital Service.

2019　　Guido Montelupo. Lao Tse: Tao Te King. Self-Published.

2020　　Alfredo Carnevale. Tao Te King (En Español): Taoísmo Filosófico. Self-Published.

2020　　Carlos Ruiz. Tao Te King: Libro del tao y de su virtud. West Nyack, NY:

Parker Publishing Co.

2020   Shree Wind. *El libro del Tao Te King*. Self-Published.

2021   Gastón Soublette. *Tao Te King: Libro del Tao y de su virtud*. Santiago: Ediciones UC.
[修订本]

78. Swahili 斯瓦希里语: 1 种
《老子》转译
1990   *Jitihada ya Ainabinadamu ya Kutafuta Mungu*. New York: Watch Tower Bible and Tract Society of Pennsylvania.
[Gia-fu Feng 和 Jane English 的 1972 年英语译本的转译，包括第 9 章、第 16 章、第 25 章、第 51 章的译文]

79. Swedish 瑞典语: 13 种
《老子》原文翻译: 5 种
1927   Erik Folke. *Laotse och Tao Te Ching*. Stockholm: Bonnier 1927, 1972.

1952   Alf Henrikson, Hwang Tsu-Yü. *Boken om Tao*. Stockholm: Forum, 1952; *Kinesiska tänkare*. Stockholm: Forum, 1953, 1960, 1969.

1964   Bernhard Karlgren. "Lao-tsï." *Religion i Kina: Antiken*. Stockholm: Svenska Bokförlaget/Bonniers/Scandinavian University Books.
{Walf}

1991   Stefan Stenudd. *Tao te ching: Taoismens källa*. Orsa: Energica förlag, 1991; Flexband, Svenska: Arríba, 1996, 2012.
<Stefan Stenudd 自己的 2011 年英语译本以其为参考>

2008   Göran Malmqvist. *Dao De Jing*. Lund: Bakhåll, 2008, 2018.

《老子》转译：7 种

1888　Adolf Kolmodin. "Laò-tsè, en profet bland hedningarne, med ett försök till en kortfattad biblisk begrundning af hans system." PhD diss., Uppsala universitet.
　　　[以 Victor Von Strauss 的 1870 年德语译本为底本]

1990　Ebba Hamelberg. *Varandets Tao: En bok för tanke och handling.* Stockholm: Wahlström & Widstrand, 1990, 1991, 1996.
　　　[Ray Grigg 的 1988 年 *The Tao of Being* 英语译本的转译]

1995　Per Nyqvist. *Relationernas Tao: Lao Tzus Tao Te Ching anpassad till en ny tid.* Stockholm: Wahlström & Widstrand.
　　　[Ray Grigg 的 1989 年 *The Tao of Relationships* 英语译本的转译]

1996　Eva Trägårdh. *En liten bok om Tao te ching.* Vällingby: Strömberg.
　　　[John R. Mabry 的 1994 年英语译本的转译]

2002　Ebba Hamelberg. *Ledarskapets Tao: Lao Tzus Tao Te Ching anpassad till en ny tid.* Stockholm: Wahlström & Widstrand.
　　　[John Heider 的 1984 年 *The Tao of Leadership* 英语译本的转译]

2013　Richard Krusell. *Urban Tao: Kinesisk visdom på vanlig svenska; D. 1, Tao Ching.* Falköping: Björn Therkelson.
　　　[以几种英语译本为参考]

2020　Martin Hellkvist, Pontus Lindqvist. *Tao Te Ching.* Ordo Templi Orientis.
　　　[Aleister Crowley 的 1975 年英语译本的转译]

类型尚未确定的翻译：1 种

2014　Gustav Wik. *Tao Te Ching: Min tolkning.* CreateSpace.
　　　<与 Gustav Wik 的 2014 年英语译本为配套>

80. Tamil　泰米尔语：11 种①

《老子》转译：3 种

1998　த. கோவேந்தன். *தாவோ: ஆண் பெண் அன்புறவு.* சென்னை: உலக இலக்கியக் கழகம்.

　　　(Ta. Kōvēntan̠. *Tāvō: āṇ peṇ an̠pur̠avu.* Cen̠n̠ai: Ulaka Ilakkiyak Kal̠akam.)

　　　[Ray Grigg 的 1989 年 *The Tao of Relationships* 英语译本的转译]

2002　சி. மணி. *தாவோதேஜிங் லாவோட்சு.* சென்னை: கிரியா, 2002, 2007, 2009.

　　　(Ci. Maṇi. *Tāvōtējin̠ lāvōṭcu.* Chen̠n̠ai: Kriyā (Cre-A) Publishers, 2002, 2007, 2009.)

　　　[Ch'u Ta-Kao 的 1937 年英语译本的转译]

2010　சு. தீனதயாளன். *ஞானவியல்: ஞானத்தின் இலக்கணம் ஞானிகளின் இலக்கணம்.* சென்னை: தரணிஷ் பப்ளிகேஷன்ஸ், 2010, 2017.

　　　(Cu. Tīn̠atayāl̠an̠. *Ñān̠aviyal: Ñān̠attin̠ ilakkaṇam ñān̠ikal̠in̠ ilakkaṇam.* Chen̠n̠ai: Taraṇiṣ Papl̠ikēṣan̠s, 2010, 2017.)

　　　[Derek Lin 的 2006 年英语译本的转译]

类型尚未确定的翻译：8 种

1962　ஏ. பி. வாசு நம்பிசன். *தாயோ தெ சின்னு.* புது தில்லி: சாகித்ய அகடமி.

　　　(A. P. Vasu Nampisan. *Tayo te cinnu.* New Delhi: Sahitya Akademi.)

2000　செ. இலக்குவன். *தெளிவாக வாழும் கலை: லயோட்சுவின் தாவோ.* சென்னை: சேகர் பதிப்பகம்.

　　　(Ke. Ilakkuvan̠. *Tel̠ivāka vāl̠um kalai: Layōṭcuvin̠ Tāvō.* Cen̠n̠ai: Cēkar Patippakam.)

2000　மலர்ச்சி பிரபாகரன். *இருளுக்குள் ஒளிந்திருக்கும் இருள்: தாவோ*

---

　　① 宾夕法尼亚大学的瓦苏·雷葛南森（Vasu Renganathan）提供几个条目的泰米尔文字信息，也为此语种的校对人。

தே ஜிங். எழுத்து, 2000, 2010, 2019.

(Malarchi Prabakaran. *Iruḷukkuḷ oḷintirukkum iruḷ: Tāvō tē jiṅ.* Eḻuttu, 2000, 2010, 2019.)

2002　என். ரமணி. தௌ த ஜிங்: ஞானமும் நல்வாழ்க்கையும். சென்னை: கண்ணதாசன் பதிப்பகம்.

(En. Ramaṇi. *Tau ta jiṅ: Ñāṉamum nalvāḻkkaiyum.* Ceṉṉai: Kaṇṇatācaṉ Patippakam.)

2002　எம். எஸ். உதயமூர்த்தி. சீன ஞானம்: ஞானி லாட்சுவின் வாழ்க்கை வெளிச்சம். சென்னை: கங்கை புத்தக நிலையம், 2002, 2008.

(Em. Es. Utayamūrtti. *Cīṉa ñāṉam: Ñāṉi Lāṭcuviṉ vāḻkkai veḷiccam.* Ceṉṉai: Kaṅkai Puttaka Nilaiyam, 2002, 2008.)

2007　குருஜி வாசுதேவ். லாவோ த்ஸூவின் சீன ஞானக் கதைகள். சென்னை, இந்தியா: சிக்ஸ்த் சென்ஸ் பப்ளிகேஷன்ஸ், 2007, 2012.

(Kuruji Vācutēv. *Lāvō Tsūviṉ Cīṉa ñāṉak kataikaḷ.* Chennai: Cikstceṉs Papḷikēṣaṉs (Sixth Sense Publications), 2007, 2012.)

2020　ரேவதி கேசவமணி. தாவோ தே ஜிங்: பாதையற்ற வழி. திருப்பூர்: Books Forever, 2020, 2021.

(Rēvati kēcavamaṇi. *Tāvō tē jiṅ: Pātaiyaṟṟa vaḻi.* Tiruppūr: Books Forever, 2020, 2021.)

2020　சந்தியா நடராஜன். தாவோ தே ஜிங்: தாவோயிசத்தின் அடித்தளம். சென்னை: சந்தியா பதிப்பகம்.

(Cantiyā Naṭarājaṉ. *Tāvō tē jiṅ: Tāvōyicattiṉ aṭittaḷam.* Ceṉṉai: Cantiyā Patippakam.)

81. Tangut 西夏语: 1 种①

《老子》原文翻译

????　　上海古籍出版社编《新集文词九经抄》.《俄藏黑水城文献》,第 11

---

① 本条目由中国社会科学院的聂鸿音提供。

册，上海：上海古籍出版社，1996，117-132 页.

(Shanghai guiji chubanshe bian. "Xinji wenci jiujing chao." *E'cang Heishuicheng wenxian,* vol. 11. Shanghai: Shanghai Chinese Classics Publishing House, 1996, pp. 117-132.)

[这部西夏语蒙书也称为《经史杂抄》，包括来自《老子》猯鼷（Gọr¹ Nar²）的 14 章节译文]

82. Telugu 泰卢固语：**3** 种①

《老子》转译：**2** 种

2018　దివి సుబ్బారావు. తావొ తె చింగ్. హైదరాబాద్: నవోదయా బుక్ హౌజ్.

　　　(Deevi Subba Rao. *Tāvo te ciṅg.* Hyderabad: Navodaya Buk Hauj.)

　　　[英语译本的转译]

2018　మధు రొండా. మార్గం చూపిన పుస్తకం 2: టావో మార్గం. CreateSpace.

　　　(Madhu Ronda. *Mārgaṁ Cūpina Pustakaṁ 2: Ṭāvō Mārgaṁ.* Create-Space.)

　　　[英语译本的转译]

类型尚未确定的翻译：**1** 种

1970　జొన్నలగడ్డ సత్యనారాయణమూర్తి. తావొ తె చింగ్: చైనా దేశపు ఉదగ్రంథం. న్యూ ఢిల్లీ: సాహిత్య అకాడెమీ.

　　　(Jonnalagaḍḍa Satyanārāyaṇa Mūrti. *Tāvo-Te-Ciṅg: Cainādēśapu udgran thaṁ.* Nyūḍhillī: Sāhitya Akādemī.)

---

① 宾夕法尼亚大学的阿夫萨尔·穆罕默德（Afsar Mohammad）提供泰卢固文字的信息。

83. Thai　泰语：36 种①
《老子》原文翻译：12 种

1963　เสถียร โพธินันทะ. เมธีตะวันออก. ก.ศ.ม., 1963; กรุงเทพมหานคร: สร้างสรรค์บุ๊คส์, 2001.

（Sathian Bodhinanda. *Methi tawan ok*. K.S.M., 1963; Krung Thep Maha Nakhon [Bangkok]: Srangsank Buks, 2001.）

1973　จ่าง แซ่ตั้ง. เต้า. กรุงเทพฯ: อักษรสยามการพิมพ์, 1973; คัมภีร์เต้าเต๋อจิง. นครปฐม: สำนักพิมพ์ ลูก-หลาน จ่าง แซ่ตั้ง, 2010.

（Chang Saetang. *Tao*. Krung Thep [Bangkok]: Aksonsayamkanphim, 1973; *Khamphi taotoeching*. Nakhonpathom: Samnakphim luk-lan Chang Saetang, 2010.）

1974　เลียง เสถียรสุต. คัมภีร์เหลาจื๊อ. บ้านกลาง, ปทุมธานี: กรุงเทพฯ / กรุงสยามการพิมพ์, 1974; กรุงเทพฯ: ก.ไก่., 1990.

（Liang Sathirasut. *Khamphi laochue*. Krung Thep [Bangkok]/Ban Klang, Pathumthani: Krung sayam kanphim, 1974; Krung Thep [Bangkok]: K.Kai., 1990.）

1986　ทองสด เมฆเมืองทอง. เต๋าคือเต๋า. กรุงเทพฯ: สุขภาพใจ.

（Thongsot Mekmueangthong. *Tao khue tao*. Krung Thep [Bangkok]: Sukhaphapchai.）

1987　จ่าง แซ่ตั้ง. ปรมัตถ์เต๋า. กรุงเทพฯ: วันใหม่.

（Chang Saetang. *Paramat tao*. Krung Thep [Bangkok]: Wanmai.）

????　สุขสันต์ วิเวกเมธากร. ปรัชญาเหลาจื๊อ. กรุงเทพฯ: 泰國曼谷梅林基金会.

（Suksan Wiwekmethakon. *Pratya laochue*. Krung Thep [Bangkok]: Taiguo Mangu Meilin jijinhui.）

（廖梅林.《老子今解》.曼谷：泰國曼谷梅林基金会.）

---

　　① 由北京外国语大学的陈利提供本语种几个条目。意大利米兰语言与传播自由大学（Libera Universitá di Lingue e Comunicazione）的苏帕瓦黛·阿玛塔雅库（Supakwadee Amatayakul）审定部分泰语信息。泰国国立法政大学（Thammasat University）的宋悦君（Charintorn Nongbua）提供罗马化转写的信息；泰国朱拉隆宫大学（Chulalongkorn University）的阿利体·涉拉瓦尼驰库（Arthid Sheravanichkul）审定罗马化转写的信息。

1994　โชติช่วง นาดอน, เต๋าเต็กเก็ง. กรุงเทพฯ: ดอกหญ้า, 1994; กรุงเทพฯ: ข้าวหอม, 2005; กรุงเทพฯ: ชุมศิลป์ธรรมดา, 2010.

（Chotchuang Nadon. *Taotekkeng*. Krung Thep [Bangkok]: Dokya, 1994; Krung Thep [Bangkok]: Khaohom, 2005; Krung Thep [Bangkok]: Chumsin thammada, 2010.）

[马王堆帛书本的翻译]

1995　บัญชา ศิริไกร. คัมภีร์: ปรัชญาเหลาจื่อ. กรุงเทพฯ: ป.สัมพันธ์พาณิชย์.

（Bancha Sirikrai. *Khamphi: Pratya laochue*. Krung Thep [Bangkok]: P. Samphanphanit.）

1995　บุญสิริ สุวรรณเพ็ชร์. แสงสว่างแห่งสัจธรรมและคุณธรรมเต๋า. กรุงเทพฯ: เอส แอนด์เคบุคส์.

（Bunsiri Suwanphet. *Saengsawang haeng satchatham lae khunnatham tao*. Krung Thep [Bangkok]: Es aend Khe Buks.）

2004　ปกรณ์ ลิมปนุสรณ์. คัมภีร์เต๋าของเหลาจื๊อ. กรุงเทพฯ: สร้างสรรค์บุ๊คส์.

（Pakorn Limpanusorn. *Khamphi tao khong laochue*. Krung Thep [Bangkok]: Srangsank Buks.）

2017　เฉวียน ลี่, ฉิน ชิ่วหง. คัมภีร์เล่าจื่อฉบับคัดสรร. 桂林：广西师范大学出版社.

（Chwian Li, Chin Siwhong. *Khamphi Laochue chabap khat san*. Guilin: Guangxi shifan daxue chubanshe.）

（全莉和覃秀红.《老子选译》.桂林：广西师范大学出版社.）

[张葆全采选的章节为底本]

2020　อรพรรณ พงษ์กิจการุณ. คัมภีร์เต้าเต๋อจิง สอนอะไร. กรุงเทพฯ: วารา.

（Oraphan Phongkitkarun. *Khamphi Taoteching son arai*. Krung Thep [Bangkok]: Wara.）

[任法融 1988 年《道德经释义》的翻译]

《老子》转译: **16 种**

1977　พจนา จันทรสันติ. วิถีแห่งเต๋า. กรุงเทพฯ: เจริญวิทย์การพิมพ์, 1977; กรุงเทพฯ: เคล็ดไทย, 1978, 1980, 1981, 1982, 1987, 1990, 1994; กรุงเทพฯ: สำนักพิมพ์โอเพ่น, 2014; กรุงเทพฯ: โอเพ่น โซไซตี้, 2019.

(Phochana Chantarasanti. *Withi haeng tao.* Krung Thep [Bangkok]:
Charoenwit kanphim, 1977; Krung Thep [Bangkok]: Kled Thai, 1978,
1980, 1981, 1982, 1987, 1990, 1994; Krung Thep [Bangkok]: Samnak-
phim Open, 2014; Krung Thep [Bangkok]: Open Sosaiti, 2019.)
[英语译本的转译]

1983　โมทยากร. ลัทธิเต๋า. กรุงเทพฯ: พิทยาคาร.

(Mothayakon. *Latthi tao.* Krung Thep [Bangkok]: Phithayakhan.)
[英语译本的转译]

1984　สมเกียรติ สุขโข, เนาวรัตน์ พงษ์ไพบูลย์. คัมภีร์คุณธรรม. กรุงเทพฯ: เคล็ดไทย, 1984,
กรุงเทพฯ: อมรินทร์การพิมพ์, 1999.

(Somkianti Sukkho, Naowarat Phongphaiboon. *Khamphi khunnatham.*
Krung Thep [Bangkok]: Kled Thai, 1984; Krung Thep [Bangkok]:
Amarin kanphim, 1999.)
[英语译本的转译]

1986　ฉัตรสุมาลย์ กบิลสิงห์. คัมภีร์เต๋า: ฉบับสมบูรณ์ พร้อมอรรถกถา. กรุงเทพฯ: เคล็ดไทย, 1986;
กรุงเทพฯ: จารึก, 1987; กรุงเทพฯ: ศยาม, 2002.

(Chatsumal Kabilsingh. *Khamphi tao: Chabap sombun phrom attha
katha.* Krung Thep [Bangkok]: Kled Thai, 1986; Krung Thep
[Bangkok]: Charuek, 1987; Krung Thep [Bangkok]: Sayam, 2002.)
[Wing-tsit Chan 的 1963 年英语译本的转译]

1986　บุญมาก พรหมพ้วย, สมภพ โรจนพันธุ์. เต๋าสำหรับผู้จัดการยุคใหม่. ดำริพับลิเคชั่น, 1986,
1987; เต๋าที่เล่าแจ้ง. กรุงเทพฯ: หนึ่งสี่หนึ่งสอง, 1995.

(Bunmak Prompuai, Somphop Rochanaphan. *Tao samrap phuchatkan
yukmai.* Damri Paplikhechan, 1986, 1987; *Tao thi laochaeng.* Krung
Thep [Bangkok]: Nuengsinuengsong, 1995.)
[John Heider 的 1984 年 *The Tao of Leadership* 英语译本的转译]

1991　บุญมาก พรหมพ้วย. เต๋าย่อมไร้นาม. กรุงเทพฯ: มัณฑนาสถาปัตย์.

(Bunmak Prompuai. *Tao yom rai nam.* Krung Thep [Bangkok]:
Manthana sathapat.)

[英语译本的转译]

1991   มงคล สีหโสภณ. เต๋า. กรุงเทพฯ: ประกายพรึก, 1991, 1993, 1999.

(Mongkhon Sisophon. *Tao*. Krung Thep [Bangkok]: Prakaiphruek, 1991, 1993, 1999.)

[Gia-fu Feng, Jane English 的 1972 年英语译本的转译]

1995   ทองหล่อ วงษ์ธรรมา. ปรัชญาจีน. กรุงเทพฯ: โอเดียนสโตร์.

(Thonglo Wongthamma. *Pratya chin*. Krung Thep [Bangkok]: Odian Stor.)

[英语译本的转译]

1996   ประยงค์ สวรรณบุปผา. คัมภีร์ เต๋า เต้า จิง. กรุงเทพฯ: ศิลปาบรรณาคาร.

(Prayong Suwanbuppha. *Khamphi taotoeching*. Krung Thep [Bangkok]: Silapabannakhan.)

[英语译本的转译]

1998   อาจารย์สัมปันโน. สามลัทธิศาสนาที่น่าสนใจ. กรุงเทพฯ: โรงพิมพ์มิตรสยาม.

(Achan Sampanno. *Sam latthisatsana thi nasonchai*. Krung Thep [Bangkok]: Mitr Siam Printing House.)

[英语译本的转译]

1999   วันทิพย์ สินสูงสุด. เต๋าแห่งผู้นำ: ยุทธศาสตร์แห่งความเป็นผู้นำสำหรับยุคใหม่. กรุงเทพฯ: สายใจ, 1999, 2005.

(Wantip Sinsūngsut. *Tao haeng phunam: Yutthatsat haeng khwampen-phunam samrap yukmai*. Krung Thep [Bangkok]: Sai Chai, 1999, 2005.)

[John Heider 的 1984 年 *The Tao of Leadership* 英语译本的转译]

2004   ภาวิช ทองโรจน์. วิถีเต๋าของท่านเล่าจื๊อ.

(Phawit Thongrot. *Withitao khong than laochue*.)

[英语译本的转译]

2005   มาลัย จีรวัฒนเกษตร์ ทวีสุข. ผู้นำตามแนวคิดของลัทธิเต๋า. กรุงเทพฯ: รวมสาส์น.

(Malai Chirawatanakaset Thawisuk. *Phunam tam naewkhit khong latthi tao*. Krung Thep [Bangkok]: Ruamsan.)

[John Heider 的 1984 年 *The Tao of Leadership* 英语译本的转译]

2005　ชาตรี แซ่บ้าง. ปรัชญาเต๋า: วิถีแห่งธรรมชาติ วิถีคน วิถีใจ. สมุทรปราการ: เรือนบุญ, 2005,
2008.
(Chatri Saebang. *Pratya tao: Withi haeng thammachat Withikhon Withichai.*
Samutprakan: Rueanbun, 2005, 2008.)
[英语译本的转译]

2013　ถิง ซู, วิจักขณ์ พานิช. พ่อแม่เต้าเต๋อจิง: คำสอนเก่าแก่สำหรับพ่อแม่ยุคใหม่. กรุงเทพฯ:
ปลากระโดด.
(Thing Chu, Wichakkha Phanit. *Phomae taotoeching: Khamson kaokae
samrap phomae yukmai.* Krung Thep [Bangkok]: Pla kradot.)
[William Martin 的 1999 年 *The Parent's Tao Te Ching* 英语译本的
转译]

2016　ถิง ซู, วิจักขณ์ พานิช. คู่รักเต้าเต๋อจิง: คำสอนเก่าแก่สำหรับคู่รักยุคใหม่. กรุงเทพฯ: ปลากระโดด.
(Thing Chu, Wichakkha Phanit. *Khurak Taotoeching: Khamson kaokae
samrap khurak yukmai.* Krung Thep [Bangkok]: Pla kradot.)
[William Martin 的 1999 年 *The Couple's Tao Te Ching* 英语译本的
转译]

类型尚未确定的翻译: **8** 种

1984　สมภพ โรจนพันธุ์. เต๋าที่เล่าแจ้ง. กรุงเทพฯ: มัณฑนา สถาปัตย์, 1984, 1995.
(Somphop Rochananphan. *Tao thi laochaeng.* Krung Thep [Bangkok]:
Manthana sathapat. 1984, 1995.)

1998　เต้าเต๋อจิง: ฉบับอรรถความใหม่, 1998, 2017.
(*Taotoeching: Chabap atthakwam mai*, 1998, 2017.)

2000　ชาตรี แซ่บ้าง. ศึกษาคัมภีร์เต้าเต๋อ. กรุงเทพฯ: สุขภาพใจ.
(Chatri Saebang. *Sueksa khamphi taotoe.* Krung Thep [Bangkok]:
Sukhaphapchai.)

2003　กลิ่นสุคนธ์ อริยฉัตรกุล. เต้าเต๋อจิง. กรุงเทพฯ: ไทยเต้าซิ่น.

(Klinsukhon Ariyachatkun. *Taotoeching*. Krung Thep [Bangkok]:
Thaitaosin.)

2005　ประชา หุตานุวัตร. ผู้นำที่แท้: มรรควิธีของเล่าจื๊อ. กรุงเทพฯ: สวนเงินมีมา.

(Pracha Hutanuwat. *Phunam thi thae: Makkhawithi khong laochue*.
Krung Thep [Bangkok]: Suanngoenmima.)

2006　ณรงค์ เสรีจินตกูล. เต๋าเต๋อจิง. บ้านกลาง, ปทุมธานี: ม.ป.พ, 2006; กรุงเทพฯ: ทันตกิจคลีนิค,
2006.

(Narong Serichintakun. *Taotoeching*. Banklang, Pathumthani: M.P.Ph.,
2006; Krung Thep [Bangkok]: Thantakit Clinic, 2006.)

2006　ทองหล่อ วงษ์ธรรมา. เต๋า: ทางแห่งธรรมชาติ. กรุงเทพฯ: โอเดียนสโตร์.

(Thonglo Wongthamma. *Tao: Thang haeng thammachat*. Krung Thep
[Bangkok]: Odian Stor.)

2015　สรวงอัปสร กสิกรานันท์. เต๋าเต๋อจิง: คัมภีร์เต๋า. กรุงเทพฯ: ก้าวแรก.

(Suangapsorn Kasikaranan. *Taoteching: Khamphi tao*. Krung Thep
[Bangkok]: Kaoraek.)

84. Tibetan　藏语: 1 种①
《老子》原文翻译

2011　མགོ་ལོག་རྣམ་རྒྱལ་ (པདྨ་རྣམ་རྒྱལ). 《ལའོ་ཙི》. པེ་ཅིན། མི་རིགས་དཔེ་སྐྲུན་ཁང་ 2011, 2013, 2015.
(Mgolog rnamrgyal (Padma rnamrgyal). *La'o tsi*. Pecin: Mi rigs dpe
skun khang, 2011, 2013, 2015.)
(果洛南杰(班玛南杰).《老子》. 北京: 民族出版社, 2011, 2013, 2015.)

85. Tsonga　聪加语: 1 种
《老子》转译

1990　*Ku Lavisisa*. New York: Watch Tower Bible and Tract Society of

① 美国南卡罗来纳大学（University of South Carolina）的丹尼尔·斯图尔特（Daniel Stuart）为此
语种条目校对人。

Pennsylvania.

[Gia-fu Feng 和 Jane English 的 1972 年英语译本的转译，包括第 9
章、第 16 章、第 25 章、第 51 章的译文]

86. Tswana 茨瓦纳语: 1 种
《老子》转译

1990　*Matsapa.* New York: Watch Tower Bible and Tract Society of Penn-
sylvania.

[Gia-fu Feng 和 Jane English 的 1972 年英语译本的转译，包括第 9
章、第 16 章、第 25 章、第 51 章的译文]

87. Turkish 土耳其语: 23 种
《老子》原文翻译: 5 种

1946　Muhaddere N. Özerdim. *Taoizm: Tao te ching.* Ankara: Millî Eğitim
Basımevi, 1946, 1963; Ankara: Ankara Üniversitesi, 1978.

1994　Ömer Tulgan. *Tao Te Ching: Yol ve Erdem Kitabı.* İstanbul: Yayinlari,
1994; İstanbul: Yol Yayınları, 2006, 2015.

[以德语译本为参考]

2016　Sonya Özbey. *Tao Te Ching.* İstanbul: Türkiye İş Bankası Kültür
Yayınları, 2016, 2019.

[包括郭店楚简本的翻译]

2019　Sevda Beytaş. *Tao Te Ching: Nur ve Öz Kitabı.* Ankara: Gece Kitaplığı.

2019　Erdem Kurtuldu. *Tao Te Ching: Büyük Fikirler.* İstanbul: Kafka
Yayınevi.

《老子》转译: 7 种

1980　Vedat Gülşen Üretürk. *Yüce Aklin Erdemi: Tao-Te King.* İstanbul: Ruh
ve Madde Yayinlari, 1980, 1985.

[Kia-hway Liou 的 1967 年法语译本的转译]

2003　Burcu Gezek. *Modern ailelere bilgece öğütler*. İstanbul: Boyner
　　　　Yayınları.
　　　　[William Martin 的 1999 年英语译本的转译]

2009　Erhan Kibaroğlu. *Tao Sessiz*. İstanbul: Arka Bahçe Yayıncılık, 2009,
　　　　2017.
　　　　[Raymond M. Smullyan 的 1977 年英语译本的转译]

2009　Gökçe İnan Yağlı. *Hayatını değiştirmek için düşüncelerini değiştir*.
　　　　İstanbul: Kapital.
　　　　[Wayne W. Dyer 的 2007 年 *Change Your Thoughts, Change Your Life*
　　　　英语译本的转译]

2010　Levent Özşar. *Tao Te Ching*. Bursa: Biblos Kitabevi.
　　　　[James Legge 的 1891 年英语译本的转译]

2013　Doğan Kuban. *Tao Yolu öğretisi: Tao Te Ching'in yorumsal çevirisi*.
　　　　İstanbul: YEM Yayın.
　　　　[以不同欧洲语言译本为参考]

2018　Bülent Somay, Ezgi Keskinsoy. *Lao Tzu: Tao Te Ching*. İstanbul: Metis
　　　　Yayınları, 2018, 2021.
　　　　[Ursula K. Le Guin 的 1997 年英语译本的转译]

类型尚未确定的翻译：**11** 种

2007　Sharifah M. Alsagoff, Mehmet Sami Denker. *Tao Teh Ching*. Bursa: Alfa
　　　　Aktüel Yayınları, 2007, 2017.

2012　Tahsin Ünal. *Lao Tzu: Tao Te Ching*. İstanbul: Notos Kitap.

2012　Osman Yener. *Tao Te Ching: Yol ev Erdem Kitabı*. İstanbul: Anahtar
　　　　Kitaplar Yayınevi.

2013　Tahsin Yücel. *Tao Te Ching*. İstanbul: Notos Kitap Yayınevi.

2015　Ahmet Soysal. *Yolun Farki: Bir Tao To King Okumasi*. İstanbul: MonoKL.

2017　Birdal Akar. *Laozi: Yol ve Erdem Öğretileri*. İstanbul: Ötüken Neşriyat.

2018　Doğukan Bal. *Yol ve Erdemin Kitabı: Tao Te Ching*. İstanbul: Maya Kitap, 2018, 2020.

2018　Kerem Çalışkan. *Tao Te Ching: Erdem Rehberi*. İstanbul: Remzi Kitabevi.

2018　Sefer Guseynov. *Tao Te Ching*. İstanbul: Destek Yayınları.

2019　Merve Arkan. *Tao Te Ching: Yol ve Erdemin Kitabı*. İstanbul: Say Yayinlari.

2019　Burak Onur Yildiz. *Tao Te Ching*. İstanbul: Zeplin Kitap.

88. Twi 特维语: 1 种
《老子》转译

2000　*Adesamma Hwehwε*. New York: Watch Tower Bible and Tract Society of Pennsylvania.

　　　[Gia-fu Feng 和 Jane English 的 1972 年英语译本的转译，包括第 9 章、第 16 章、第 25 章、第 51 章的译文]

89. Ukrainian 乌克兰语: 4 种
《老子》原文翻译: 1 种

2020　Ірина Костанда. "Дао де цзин: Книга шляху та гідності." Vachendorf Strelbytskyy Multimedia Publishing.

　　　(Iryna Kostanda. *Dao-De-Tszin: Kniga shliakhu ta gidnosti*. Vachendorf Strelbytskyy Multimedia Publishing.)

　　　<与 Ирина Костанда (Iryna Kostanda)的 2020 年俄语译本为配套>

《老子》转译: **2** 种

1998　　Ж. Ліньов. "Лао-Цзи: Даодецзін." "Всесвіт" 10, 118-133; "Книга
про дао і де: Даодецзін." "Хрестоматія китайської літератури: Від
найдавніших часів до III ст. н.е." Київ: ВПЦ Київський університет,
2008.
(ZH. Linov. "Lao-Tszy: Daodetszin." *Vsesvit* 10, 118-133; "Knyha pro
dao i de: Daodetszin." *Khrestomatiia kytaiskoi literatury: Vid naidavnishykh
chasiv do III st. n.e.* Kyiv: VPTS Kyivskyi universytet, 2008.)
[Ян Хин-шун (Yang Xingshun)的 1950 年俄语译本的转译]

2009　　Сергія Косянчука. "Дао-Де-Цзін." Lakefield, Ontario: New Atlanteans.
(Serhiia Kosianchuka. Dao-De-Tszin. Lakefield, Ontario: New Atlanteans.)
[Valimir Antonov 的 2007 年英语译本的转译]

类型尚未确定的翻译: **1** 种

2010　　Володимир Дідик. "Українське Дао: Вчення про істину та благодать."
Львів: Каменяр, 2010; Львів: Академічний Експрес, 2013.(
(Volodymyr Didyk. *Ukraiinske Dao: Vchennia pro istynu ta blahodat.*
Lviv: Kameniar, 2010; Lviv: Akademichnyi Ekspres, 2013.)

90. Urdu 乌尔都语: **4** 种①
《老子》原文翻译: **2** 种

2019　　ملک اشفاق ۔ تاؤ اور کنفیوشس ازم ۔ لاہور: بک ہوم ۔ 86-100 ,2019.
(Arshad Masood Hashmi. "Daodejing: Kitab-e Fazael-e Adm-e Amal."
Rahrawan-e-Adab 2(9) (July-September 2019), 86-100.)
[第 1 章至第 37 章的翻译]

2021　　ارشد مسعود ہاشمی ۔ ڈاؤ ڈے جنگ (کتاب فضائل عدم عمل) ۔ رہروان ادب ۔ جولائی ۔ ستمبر
(Arshad Masood Hashmi. *Fazael-e Adm-e Amal: Dao De Jing.* Naʾī
Dihlī: Applied Books.)

①　宾夕法尼亚大学的（Mustafa A. Menai）提供一个条目的乌尔都文字信息。

《老子》转译: **2** 种

ارٹھ مسعود ہاشمی۔ فضائل ترک عمل : ڈاؤڈے جنگ۔ نئ دہلی۔ أیلانڈ بکس　　1978
(Yūsuf Ḥusain Khān. *Tā'ū te Cang*. Na'ī Dihlī: Sahityaḥ Akaḍmī.)

[英语译本的转译]

یوسف حسین خان۔ تاؤتے چنگ۔ نئ دہلی : ساہتیا اکادمی　　2001
(Malik Ashfaq. *Tā'ū aur Kanfiūshusizm*. Lāhawr: Buk hom.)

[Robert Van de Weyer 的 2000 年英语节译本的转译]

91. Uyghur 维吾尔语: **1** 种
《老子》原文翻译

دىلبەر ئابدۇرېھىم، نۇرگۈل ھېيت. ئەردەمنامە. قەشقەر: قەشقەر ئۇيغۇر نە شر ياتى　　2013
(Dilber Abdüréhim, Nürgül Héyt. *Erdemname*. Qeshqer: Qeshqer Üyfür
ne shr iyati.)

(迪丽拜尔·阿不都热依木, 努尔古丽·艾依提. 《道德经》. 喀什:
喀什维吾尔文出版社.)

92. Uzbek 乌兹别克语: **1** 种
《老子》原文翻译

2020　Ilhom Qosimov. *Dao: Fazilatlar kitobi*. Tashkent: Akademnashr.
[乌兹别克语和汉语双语本]

93. Vietnamese 越南语: **26** 种
《老子》原文翻译: **21** 种

1928　*Đạo-đức-kinh*. Saigon: Thái-Thơ-Thanh Xuất Bản Xã, Đức-Lưu-Phương
Ấn Quán.
（《道德經》. 嘉定：太書清出版社, 德流芳印館.）

1933　Nguyễn Kim Muôn. *Đạo-đức-kinh*. Giadinh: Long-Vân-Tự.

1942   Ngô Tất Tố. *Lão Tử*. Hà Nội: Nhà Xuất Bản Mai Lĩnh, 1942; Sài Gòn: Nhà Xuất Bản Khai Trí, 1959; Hồ Chí Minh: Nhà Xuất Bản Thành phố, 1997.

1959   Nghiêm Toản (嚴鑽). *Lão Tử Đạo đức kinh*. Tủ Sách Đại Học, 1959; Sài Gòn: Khai Trí, 1970, 1972; Hà Nội, 2007; Hồ Chí Minh: Nhà Xuất Bản Trẻ, 2013, 2017.

1963   Nguyễn Duy Cần (阮維勤). *Lão tử tinh hoa*. Saigon: Khai Trí, 1963, 1968; Fort Smith, AR: Sống Mới, 1980; Hồ Chí Minh, 2014.

1974   Nguyễn Duy Cần (阮維勤). *Đạo-dục-kinh*. Saigon: Khai-Trí, 1974; Houston, TX: Xuân Thu, 1985; Hồ Chí Minh: Nhà Xuất Bản Văn Học, 1994, 1995; *Lão Tử Đạo Đức Kinh*. Nhà Xuất Bản Trẻ, 2020.

1993   Nguyễn Hiến Lê (阮憲黎). *Lão Tử Đạo Đức Kinh*. Nhà Xuất Bản Văn học, 1993, 2006, 2017.

1995   Giáp Văn Cường. *Lão Tử: Đạo đức huyền bí*. Biên Hòa: Nhà Xuất Bản Đồng Nai, 1995; Đồng Nai: Đồng Nai, 1996.

1999   Nguyễn Tôn Nhan. *Lao Tử Đạo Đức Kinh*. Hà Nội: Nhà Xuất Bản Văn Học.

2001   Phan Ngọc. *Đạo Đức Kinh dễ hiểu*. Hà Nội: Nhà Xuất Bản Văn Học.

2004   Dương Thu Ái, Nguyễn Kim Hanh. *Lời dạy của Lão Tử, Trang Tử, Khổng Tử, Mạnh Tử*. Hà Nội: Nhà Xuất Bản Hà Nội.

2005   Vũ Thế Ngọc. *Lão Tử Đạo Đức Kinh: Dịch và khảo đính theo văn bản cổ mới phát hiện trong mộ cổ đời Hán tại Mã Vương Đôi*. Hồ Chí Minh: Nhà Xuất Bản Tổng Hợp, 2005, 2011; Hà Nội: Nhà Xuất Bản Thế Giới, 2019, 2020.
       [马王堆帛书本的翻译]

2006   Cư Kỷ Sở, Nguyễn Kim Hanh. *Đạo lý của Lão Tử*. Hà Nội: Công An Nhân Dân.

2006   Đỗ Anh Thơ. *Trí tuệ Lão Tử*. Hà Nội: Lao động Xã hội.

2008   Khai K. Pham. *Tinh hoa tư tưởng Đạo đức kinh*. Hà Nội: Nhà Xuất Bản Thanh Niên.

2010   Lý Minh Tuấn. *Lão Tử Đạo Đức Kinh Giải Luận*. Hồ Chí Minh: Nhà Xuất Bản Phương Đông, 2010; Hồ Chí Minh: Nhà Xuất Bản Trẻ, 2015, 2019.

2014   Nguyễn Văn Lâm. *Lão Tử: Tinh hoa trí tuệ qua danh ngôn*. Thanh Hóa: Nhà Xuất Bản Thanh Hóa.
      [黄友敬《老子其书其人》的翻译]

2016   Hoàng Thần Thuần. *Lão Tử: Tinh Hoa Trí Tuệ Qua Danh Ngôn*. Hà Nội: Nhà Xuất Bản Hồng Đức.

2016   Liu Zhiqiang, Nuyễn Thị Tuyết. *Lão Tử Tuyền Dịch*. Guilin: Guangxi shifan daxue chubanshe.
      (刘志强, 阮氏雪.《老子选译》.桂林：广西师范大学出版社.)
      [张葆全采选的章节为底本]

2020   Phan Quang Sáng. *Lão Tử Đạo Đức Kinh*. Hà Nội: Nhà Xuất Bản Hồng Đức.

2021   Nguyễn Hiến Lê. *Bách Gia Tranh Minh: Lão Tử Đạo Đức Kinh*. Hà Nội: Nhà Xuất Bản Hồng Đức.

《老子》转译: **1** 种

2008   Bản Quyên. *Thay đổi tư duy thay đổi cuộc sống: Sống với tuệ của đạo*. Hồ Chí Minh: Văn Hóa Sài Gòn.
      [Wayne W. Dyer 的 2007 年 *Change Your Thoughts, Change Your Life* 英语译本的转译]

类型尚未确定的翻译: **4** 种

1994   Huỳnh Kim Quang. *Đức Đạo Kinh*. Monterey Park, CA: Viện Triết Lý

Việt Nam và Triết Học Thế Giới.

1998　Đinh Sĩ Trang. *Đạo và đức: Bản dịch mới trọn bộ Đạo Đức Kinh của Lão Tử*. Westminster, CA: Văn Nghệ.

2001　Phan Như Huyên, Teresa Anh Phan Thu. *Em học Lão Tử Đạo Đức Kinh*. Garden Grove, CA: Phan Như Huyên.

2003　Phong Huy, Yến Anh. *Đọc lại Lão Tử Đạo Đức Kinh*. Newark, CA: Mekong Ty Nạn & Tiếng Dân, Inc.

94. Welsh　威尔士语：1 种

《老子》原文翻译

1987　Cedric Maby. *Y Cocatŵ Coch*. Caerdydd: Gwasg Prifysgol Cymru.
　　　[中国诗歌集，包括《老子》的节译]

95. Xhosa　科萨语：1 种

《老子》转译

1990　*Iphulo Loluntu*. New York: Watch Tower Bible and Tract Society of Pennsylvania.
　　　[Gia-fu Feng 和 Jane English 的 1972 年英语译本的转译，包括第 9 章、第 16 章、第 25 章、第 51 章的译文]

96. Yiddish　意地绪语：2 种

类型尚未确定的翻译：2 种

ר. זעליגמאן. לאָאָטסע: דער בוך פֿונם געטליכן געזעץ. בערלין: כלל פֿאַרלאַג.　1923

(R. (Refā'ēl) Zelîgman. *Laotse: Der Bukh funm Geṭlikhn Gezets*.
　　　　　　　　　　　　　　　　　　　Berlin: Klal Farlag.)
　　　　　　<与 Refā'ēl Zelîgman 的 1923 年德语译本为配套>

א. אלמי. די כינעזישע פֿילאָזאָפֿיע און פּאָעזיע. ניו יאָרק: מ. נ. מייזעל.　1925

(A. Almi (Elias Sheps). *Di Khinezishe Filozofye un Poezye*. Nyu Yorķ:
M.N. Mayzel.)

97. Zulu 祖鲁语: **1** 种
《老子》转译
1990　*Ukufuna Kwesintu*. New York: Watch Tower Bible and Tract Society of
Pennsylvania.
[Gia-fu Feng 和 Jane English 的 1972 年英语译本的转译，包括第 9
章、第 16 章、第 25 章、第 51 章的译文]